判例解釈でひもとく

働き方改革関連法と企業対応策

弁護士 岩出 誠 編著

清文社

新版にあたって

　令和2年4月6日に、「働き方改革関連法 判例解釈でひもとく改正法解説と企業対応策」の出版後、同一労働同一賃金関連で、同年10月に、ほとんどの企業に重大な影響を与えるメトロコマース事件、日本郵便事件など5件の重要最高裁判例が示され、ハラスメント関連でも裁判例が積み重ねられ、育休法関係では、男性の育児休業取得促進策等が打ち出されるなどの動きも具体化しています。

　おりしも、令和3年4月1日からは、パート有期法8条・9条や同一労働同一賃金ガイドラインが中小企業にも適用されます。

　そこで、本書は、初版で目指した、同一労働同一賃金、パワハラ、セクハラ、マタハラ等について、さらに積みあがった新たな法的根拠等について織り込んで詳解するとともに、事案を含む判例を解説しながら、令和3年4月1日から同一労働同一賃金への対応を一層迫られる中小企業にも留意しつつ、企業の実践的実務対応上の留意点について解説することを、アップデートされた情報に基づき提供することを目指しています。

　最後に、本書の企画、刊行全般について、株式会社清文社編集第三部藤本優子様、当事務所の担当の吉野麻耶氏をはじめとする皆さんに色々とお骨折りいただいたことに御礼申し上げます。

令和3年3月

執筆者代表
ロア・ユナイテッド法律事務所代表パートナー
弁護士　岩出　誠

はじめに

　平成30年6月29日に、「働き方改革を推進するための関係法律の整備に関する法律」（働き方改革関連法）が成立したことはまだ記憶に新しく、特に柱となる「同一労働同一賃金ガイドライン」をベースにして企業に求められる非正規雇用労働者への公正な処遇（均衡・均等待遇）については、各企業も法施行を控えまさに準備や対策に追われているところです。

　その後、この働き方改革関連法については、関係法令・通達・指針やQ&Aもほぼ出そろいました。
　加えて、企業へのパワハラ防止措置義務を盛り込んだ女性活躍推進法（労働施策総合推進法）等の改正が令和元年5月29日成立し、令和2年6月（中小企業は令和4年4月）の施行を控え、パワハラ指針が既に告示公表されています（令和2年1月5日厚労告5号）。同指針には、パワハラに該当する「アウト（×）」の例や、指導レベルに該当する「セーフ（○）」の例などその判断基準が示され、企業が取り組むべき防止策の内容が示されています。合わせて、セクハラ、マタハラ関連法令・指針の改正もなされました（令和2年1月5日厚労告6号）。

　そこで、本書は、同一労働同一賃金、パワハラ、セクハラ、マタハラ等について、法的根拠等について詳解するとともに、事案を含む判例を解説しながら、企業の実践的実務対応上の留意点について解説することを目指しています。
　最後に、本書の企画、刊行全般について、株式会社清文社編集第三部藤本優子様、当事務所の担当の吉野麻耶氏をはじめとする皆さんに色々とお骨折りいただいたことに御礼申し上げます。

令和2年3月

執筆者代表
ロア・ユナイテッド法律事務所代表パートナー

弁護士　岩出　誠

CONTENTS

目　　次

第3章 労働施策総合推進法（旧雇用対策法）

第4節　取引先や顧客からの著しい迷惑行為(カスハラ)に関する指針

※本書の内容は、令和3年2月末日現在の法令等によっています。

【法律】

※単に「法」を略したものは記載していない。

安衛(法)：労働安全衛生法

育介(法)：育児休業、介護休業等育児又は家族介護を行う労働者の福祉に関する法律

2019年改正育介(法)：2019年改正育児休業、介護休業等育児又は家族介護を行う労働者の福祉に関する法律

石綿：石綿による健康被害の救済に関する法律

確定給付法：確定給付企業年金法

行政個人情報保護法：行政機関の保有する個人情報の保護に関する法律

行訴法：行政事件訴訟法

行服法：行政不服審査法

金商法：金融商品取引法

均等(法)：雇用の分野における男女の均等な機会及び待遇の確保等に関する法律

改正均等(法)：2019年改正雇用の分野における男女の均等な機会及び待遇の確保等に関する法律

金融再生法：金融機能の再生のための緊急措置に関する法律

刑訴法：刑事訴訟法

原子炉等規制法：核原料物質、核燃料物質及び原子炉の規制に関する法律

憲法：日本国憲法

厚生年金(法)：厚生年金保険法

高年(法)：高年齢者等の雇用の安定等に関する法律

国賠法：国家賠償法

個人情報保護法：個人情報の保護に関する法律

個別紛争(法)：個別労働関係紛争の解決の促進に関する法律

最賃(法)：最低賃金法

裁判員(法)：裁判員の参加する刑事裁判に関する法律

JAS法：農林物質の規格化等に関する法律

障害雇用(法)：障害者の雇用の促進等に関する法律

承継(法)：会社分割に伴う労働契約の承継等に関する法律

職安(法)：職業安定法

徴収(法)：労働保険の保険料の徴収等に関する法律

賃確法：賃金の支払の確保等に関する法律

賃確則：賃金の支払の確保等に関する法律施行規則

通則(法)：法の適用に関する通則法

道交法：道路交通法

独禁(法)：私的独占の禁止及び公正取引の確保に関する法律

入管(法)：出入国管理及び難民認定法

パート(法)：短時間労働者の雇用管理の改善等に関する法律

パート有期（法）：短時間労働者及び有期雇用労働者の雇用管理の改善等に関する法律

廃棄物処理法：廃棄物の処理及び清掃に関する法律

改正前派遣(法)：労働者派遣事業の適正な運営の確保及び派遣労働者の保護等に関する法律（2015 年改正法）

派遣(法)：労働者派遣事業の適正な運営の確保及び派遣労働者の保護等に関する法律（2018 年改正法）

改正派遣(法)／改：2019 年改正労働者派遣事業の適正な運営の確保及び派遣労働者の保護等に関する法律

働き方改革法：働き方改革を推進するための関係法律の整備に関する法律

不正アクセス禁止法：不正アクセス行為の禁止等に関する法律

不競(法)：不正競争防止法

身元保証(法)：身元保証ニ関スル法律

民執(法)：民事執行法

民訴(法)：民事訴訟法

改正民法：2020 年 4 月 1 日施行の債権法改正後の民法

民保(法)：民事保全法

労基(法)：労働基準法：2018 年改正労働基準法

改正前労基(法)：2018 年改正前労働基準法

労契(法)：2018 年改正労働契約法

改正前労契(法)：2018 年改正前労働契約法

労災(法)：労働者災害補償保険法

労審(法)：労働審判法

労組(法)：労働組合法

労調(法)：労働関係調整法

労働保険徴収法：労働保険の保険料の徴収等に関する法律

労保審査(法)：労働保険審査官及び労働保険審査会法

有期特措(法)：専門的知識等を有する有期雇用労働者等に関する特別措置法

労総施策法（改正雇用対策法）：労働施策の総合的な推進並びに労働者の雇用の安定及び職業生活の充実等に関する法律

改正労総施策法：2019 年改正労働施策の総合的な推進並びに労働者の雇用の安定及び職業生活の充実等に関する法律

【政省令・規則・裁判所規則】

安衛則：労働安全衛生法施行規則

育介則：育児休業、介護休業等育児又は家族介護を行う労働者の福祉に関する法律施行規則

会社則：会社法施行規則

均等則：雇用の分野における男女の均等な機会及び待遇の確保等に関する法律施行規則

クーリング基準：労働契約法第18条第1項の通算契約期間に関する基準を定める省令（平 24.10.26 厚労令 148）

高年則：高年齢者等の雇用の安定等に関する法律施行規則

最賃則：最低賃金法施行規則

支給則：労働者災害補償保険特別支給金支給規則

承継則：会社分割に伴う労働契約の承継等に関する法律施行規則

職安則：職業安定法施行規則

女性則：女性労働基準規則

徴収則：労働保険の保険料の徴収等に関する法律施行規則

特化則：特定化学物質障害予防規則

年少則：年少者労働基準規則

パート則：短時間労働者の雇用管理の改善等に関する法律の施行規則

パート有期則：短時間労働者及び有期雇用労働者の雇用管理の改善等に関する法律の施行規則

派遣令：労働者派遣事業の適正な運営の確保及び派遣労働者の保護等に関する法

律施行令

派遣則：労働者派遣事業の適正な運営の確保及び派遣労働者の保護等に関する法律施行規則

民訴則：民事訴訟規則

労委則：労働委員会規則

労基則：労働基準法施行規則

労災則：労働者災害補償保険法施行規則

労審則：労働審判規則

労働時間令：労働基準法第32条第1項の労働時間等に関わる暫定措置に関する政令

労保審査令：労働保険審査官及び労働保険審査会法施行令

【告示】

育介指針：子の養育又は家族の介護を行い、又は行うこととなる労働者の職業生活と家庭生活との両立が図られるようにするために事業主が講ずべき措置に関する指針（平21厚労告509）

企画業務型指針：労働基準法第38条の4第1項の規定により同項第1号の業務に従事する労働者の適正な労働条件の確保を図るための指針（平11.12.27労告149、改正：平15.10.22厚労告353）

均等指針：労働者に対する性別を理由とする差別の禁止等に関する規定に定める事項に関し、事業主が適切に対処するための指針（平18.12.24厚労告614、最終改正平27年厚労告458）

区分基準：労働者派遣事業と請負により行われる事業との区分に関する基準を定める告示（昭61.4.17労告37号、最終改正平24.9.27厚労告518）

指針通則編：個人情報保護委員会「個人情報の保護に関する法律についてのガイドライン（通則編）」（最終改正2017.3）

経産省指針：「個人情報の保護に関する法律についての経済産業分野を対象とするガイドライン」（平16.10.22厚労・経産告4、最終改正平28.12.28経産告2、平29.5.30廃止）

高年法指針：高年齢者雇用確保措置の実施及び運用に関する指針（平24.11.9厚労告560）

雇用管理指針：雇用管理分野における個人情報保護に関するガイドライン（平

16.7.1 厚労告 259、最終改正平 24.5.14 厚労告 357)

承継指針：分割会社及び承継会社等が講ずべき当該分割会社が締結している労働契約及び労働協約の承継に関する措置の適切な実施を図るための指針（平 12.12.27 労告 127、最終改正平 28.12.21 厚労告 429）

セクハラ指針：事業主が職場における性的な言動に起因する問題に関して雇用管理上講ずべき措置についての指針（平 18.10.11 厚労告 615、最終改正平成 28.8.24 厚労告 314）

育介指針＝子の養育又は家族の介護を行い、又は行うこととなる労働者の職業生活と家庭 生活との両立が図られるようにするために事業主が講ずべき措置に関する指針（平 21 年厚労告 509 号、最終改正平 29.9.27 厚労告 307）

特例基準：労働基準法第 14 条第 1 項第 1 号の規定に基づき厚生労働大臣が定める基準（平 15.10.22 厚労告 356）

パート有期指針：事業主が講ずべき短時間労働者及び有期雇用労働者の雇用管理の改善等に関する措置等についての指針（最終改正平 30.12.28 厚労告 429）

派遣先指針：派遣先が講ずべき措置に関する指針（平 11 労告 138、最終改正平 30.12.28 厚労告 428（2019.4.1 施行））

派遣元指針：派遣元事業主が講ずべき措置に関する指針（平 11.11.17 労告 137、最終改平 30.12.28 厚労告 427（2019.4.1 施行））

雇止め基準：有期労働契約の締結、更新及び雇止めに関する基準（平 15.10.22 厚労告 357、改正平 24.10.26 厚労告 551）

同一指針案：2016.12.20「同一労働同一賃金ガイドライン案」

不合理指針：短時間・有期雇用労働者及び派遣労働者に対する不合理な待遇の禁止等に関する指針（平 30 厚労告 430）

職安指針：職業紹介事業者、求人者、労働者の募集を行う者、募集受託者、募集情報等提供事業を行う者、労働者供給事業者、労働者供給を受けようとする者等が均等待遇 、労働条件等の明示、求職者等の個人情報の取扱い 職業紹介事業者の責務、募集内容の的確 な表示、労働者の募集を行う者等の責務、労働者供給事業者の責務等に関して適切に対するための指針（平成 11 年労告 141 号、最終改正平成 31 年厚労告 78 号）

番号法：行政手続における特定の個人を識別するための番号の利用等に関する法律

【通達】

育介法通達：育児休業、介護休業等育児又は家族介護を行う労働者の福祉に関する法律の施行について（最終改正平 29.9.29 児均発 00929 第 3）

改正安衛法基本通達：労働安全衛生法等の一部を改正する法律（労働安全衛生法関係）等の施行について（平 18.2.24 基発 0224003）

改正労組法通達：労働組合法の一部を改正する法律の施行について（平 16.12.1 政発 1201001）

過労死等認定基準：脳・心臓疾患の認定基準の改正について（平 13.12.12 基発 1063、最終改正令 2.8.21 基発 0821 第 3）

疑義応答集：「労働者派遣事業と請負により行われる事業との区分に関する基準」（37 号告示）に関する疑義応答集

第 1 集（平 21.3.31 職発 0331007）

第 2 集（平 25.8.29 職発 0829 第 1）

健診後措置指針：健康診断結果に基づき事業者が講ずべき措置に関する指針（平 8.10.1 労公 1、最終改正平 29.4.14 厚労告 9）

昭 63 解釈例規：労働基準法関係解釈例規について（昭 63.3.14 基発 150、婦発 47）

昭 63 基本通達：改正労働基準法の施行について（昭和 63.1.1 基発 1）

新総合対策：過重労働による健康障害防止のための総合対策について（平 14.2.12 基発 0212001、最終改正平 31.4.1 基発 0401 第 41、雇均発 0401 第 36）

08・09・26 通達：いわゆる「2009 年問題」への対応について（平 20.9.26 職発 0926001）

09・09 通達：多店舗展開する小売業、飲食業等の店舗における管理監督者の範囲の適正化について（平 20.9.9 基発 0909001）

パート基本通達：短時間労働者の雇用管理の改善等に関する法律の一部を改正する法律の施行について（平 26.7.24 基発 0724 第 2・職発 0724 第 5・能発 0724 第 1・雇児発 0724 第 1）

パート有期基本通達：短時間労働者及び有期雇用労働者の雇用管理の改善等に関する法律の施行について（平 31.1.30 基発 0130 第 1・職発 0130 第 6・雇均発 0130 第 1・開発 0130 第 1、最終改正令 2.12.25 雇均発 1225 第 20）

平 15 基本通達：労働基準法の一部を改正する法律の施行について（平 15.10.22 基発 1022001）

平 21 基本通達：労働基準法の一部を改正する法律の施行について（平 21.5.29 基

発 0529001）

限度基準：労働基準法第36条第2項の規定に基づき労働基準法第36条第1項の協定で定める労働時間の延長の限度等に関する基準（平10.12.28労省154、最終改正平21.5.29厚労告316）

平30基本通達：働き方改革を推進するための関係法律の整備に関する法律による改正後の労働基準法の施行について（平30.9.7基発0907第1）

平30労基法解釈：働き方改革を推進するための関係法律の整備に関する法律による改正後の労働基準法関係の解釈について（平30.12.8基発1228第15）

平30労基法Q&A：改正労働基準法に関するQ＆A（平31.3.15厚労省HP）

高プロ通達：働き方改革を推進するための関係法律の整備に関する法律による改正後の労働基準法及び労働安全衛生法の施行について（新労基法第41条の2及び新安衛法第66条の8の4関係）平31.3.25基発0325第1

平30安衛法通達：働き方改革を推進するための関係法律の整備に関する法律による改正後の 労働安全衛生法及びじん肺法の施行等について（平30.9.7基発0907第2）

平30安衛法解釈：働き方改革を推進するための関係法律の整備に関する法律による改正後の労働安全衛生法及びじん肺法関係の解釈等について（平30.12.8基発1228第16）

平30改善通達：働き方改革を推進するための関係法律の整備に関する法律による改正後の労働時間等の設定の改善に関する特別措置法の施行について（平30.9.7基発0907第12・雇均発0907第2）

上限指針：労働基準法第36条第1項の協定で定める労働時間の延長および休日の労働について留意すべき事項等に関する指針（平30厚労告323）

上限規制解説：「時間外労働の上限規制　わかりやすい解説」厚労省HP掲載パンフ

時季指定解説：「年5日の年次有給休暇の確実な取得　わかりやすい解説」厚労省HP掲載パンフ

高プロ指針：労働基準法第41条の2第1項の規定により同項第1号の業務に従事する労働者の適正な労働条件の確保を図るための指針（平31厚労告88）

高プロ解説：「高度プロフェッショナル制度わかりやすい解説」厚労省HP掲載パンフ

平30改正派遣法概要：「平成30年労働者派遣法改正の概要〈同一労働同一賃金〉」

厚労省 HP 掲載パンフ

フレックス解説：「フレックスタイム制のわかりやすい解説＆導入の手引き」厚労省 HP 掲載パンフ

労契法施行通達：労働契約法の施行について平 20.1.23 基発 0123004（改正：平 24.8.10 基発 0810 第 2、平 26.11.28 基発 1128 第 2、最終改正平成 27 年 3 月 18 日基発 0318 第 2）

過労自殺等認定基準：心理的負荷による精神障害の労災認定基準（平 23.12.26 基発 1226 第 1、最終改正令 2.5.29 基発 0529 第 1）

労働時間把握指針：労働時間の適正な把握のために使用者が講ずべき措置 に関するガイドライン（平 29.1.20 基発 0120 第 3）

改善基準：自動車運転者の労働時間等の改善のための基準（平元労告 7、最終改正平 9 労告 4）

【ガイドライン・報告書など】

円卓会議報告：「職場のいじめ・嫌がらせ問題に関する円卓会議ワーキング・グループ報告」（2012.1.30 厚労省）

パワハラ報告：2018.03.30 付「職場のパワーハラスメント防止対策についての検討会報告書」

改正安衛法 Q&A：改正労働安全衛生法 Q&A 集（平 26.9.1 厚労省労働基準局安全衛生部）

公益通報指針：消費者庁「公益通報者保護法を踏まえた内部通報制度の整備・運用に関する 民間事業者向けガイドライン」（2016 年 12 月 9 日最終改正）」（消費者庁 HP）

行動指針：労働者の個人情報の保護に関する行動指針（平 12.12.20 労働省）

行動指針解説：労働者の個人情報の保護に関する行動指針の解説（労働者の個人情報保護に関する研究会報告書（平 12.12.20 労働省））

心身情報指針：心身の状態の情報の取扱い措置指針（2018.9.7 公示第 1）

高年法 Q&A：高年齢者雇用安定法 Q&A（高年齢者雇用確保措置関係）（平 24.11.13 厚労省雇用開発部高齢者雇用対策課）

職場復帰の手引き：心の健康問題により休業した労働者の職場復帰支援の手引き（平 16.10.14、改訂平 22.9.30、最終改正平成 24.7 厚労省）

逐条解説：公益通報者保護法逐条解説抜粋（消費者庁 HP 掲載）

通報報告：公益通報者保護制度の実効性の向上に関する検討会　最終報告書
（2016.12 消費者庁 HP 掲載）
指針通則編＝個人情報保護委員会「個人情報の保護に関する法律についてのガイドライン（通則編）」（最終改正令 3.1 一部改正）
指針 Q & A = 2018.12.25 更新「個人情報の保護に関する法律についてのガイドライン」及び「個人データの漏えい等の事案が発生した場合等の対応について」に関する Q & A
健康留意＝平 29.5.29 雇用管理分野における個人情報のうち健康情報を取り扱うに当たっての留意事項
要領：労働者派遣事業関係業務取扱要領（2021.4.1 以降版・厚労省職業安定局）
供給要領：労働者供給事業業務取扱要領（2018.1 版・厚労省職業安定局）
労契研報：今後の労働契約法制の在り方に関する研究会報告書（2005.9.15）
時間報告：今後の労働時間制度に関する研究会報告書（2006.1.27）
協定 Q&A：労使協定方式に関する Q & A（厚労省 HP 掲載）
協定通達：令和 3 年度の「労働者派遣事業の適正な運営の確保及び派遣労働者の保護等 に関する法律第 30 条の 4 第 1 項第 2 号イに定める「同種の業務に従事する 一般の労働者の平均的な賃金の額」」等について（令 2.10.20 職発 1020 第 3）

【条約】
女子差別撤廃条約：女子に対するあらゆる形態の差別の撤廃に関する条約

【判例集】
民(刑) 集：最高裁判所民(刑) 事判例集
民録：大審院民事判決録
集民：最高裁判所裁判集民事
裁時：裁判所時報
高刑特：高等裁判所刑事裁判特報
高刑：高等裁判所刑事判例集
東高時報：東京高等裁判所判決時報（刑事）
労民：労働関係民事裁判例集
労裁集：労働関係民事事件裁判例集
労委年報：労働委員会年報

訟月：訟務月報

命令集：不当労働行為事件命令集

中労時：中央労働時報

別中労時：別冊中央労働時報

労ジャ：労働ジャーナル

交民集：交通事故民事裁判例集

労判：労働判例

　※引用頁数に示した「ダ」「¥_c10117」は同誌の「判例(労働審判) ダイジェス
　　ト」「本誌未登載判例リスト」を示す。

労経速：労働経済判例速報

判時：判例時報

判タ：判例タイムズ

金判：金融・商事判例

判決速報：知的財産権判決速報

【引用文献】

○定期刊行物

季労：季刊労働法

重判解：重要判例解説ジュリスト

ジュリ：ジュリスト

曹時：法曹時報

中労時：中央労働時報

日労研：日本労働研究雑誌

法協：法学協会雑誌

法時：法律時報

労旬：労働法律旬報

労働法：日本労働法学会誌・労働法

○単行本・論文

荒木＝菅野＝山川：荒木尚志＝菅野和夫＝山川隆一『詳説　労働契約法〔第2
版〕』(有斐閣、2014)

荒木：荒木尚志『労働法〔第4版〕』(有斐閣、2020)、〔初版〕(2009)

有泉：有泉　亨『労働基準法』(有斐閣、1963)

石井：石井照久『新版労働法〔第3版〕』（弘文堂、1969）

石川：石川吉右衛門『労働組合法』（有斐閣、1978）

今井ほか・研究：今井功ほか「救済命令等の取消訴訟の処理に関する研究」司法研究報告書38輯1号(1987)

岩出・論点：岩出誠『労働契約法・改正労基法の個別論点整理と企業の実務対応』（日本法令、2007）

岩出・労契法：岩出誠＝中村博＝大濱正裕『労働契約法って何？』（岩出執筆）（労務行政、2008）

岩出・現代：岩出誠編著『論点・争点　現代労働法〔改訂増補版〕』（岩出執筆）（民事法研究会、2008）

岩出・労基法：岩出誠『改正労基法と企業の実務対応』（日本法令、平21）、〔初版〕（2003）

岩出・最新：岩出誠編著『新版　労働関係法改正にともなう就業規則変更の実務』（清文社、2013）

岩出・就規3版：岩出誠編著『「働き方改革関連法」にともなう就業規則変更の実務』（清文社、2018）

岩出・健康管理：岩出誠『社員の健康管理と使用者責任』（労働調査会、2004）

岩出・企業対応：岩出誠『平成24年改正労働法の企業対応―派遣法、労働契約法、高年齢者雇用安定法改正の実務留意点』（中央経済社、2013）

岩出・26企業対応：岩出誠『平成26年改正労働法の企業対応―有期特例法、改正パート労働法、改正安衛法等の実務留意点』（中央経済社、2014）

岩出・27企業対応：岩出誠『平成27年改正労働法の企業対応―改正派遣法、女性活躍推進法、マイナンバー制度等の実務留意点』（中央経済社、2016）

岩出・大系＝岩出誠「労働法実務大系」第2版(民事法研究会、2019)

岩出・働き方：岩出誠編『働き方改革の解説と企業に実務対応』（ロギカ書房、2018）

岩出・働き方実務：岩出誠『働き方改革関連法・パワハラ対応の企業実務』（中央経済社、2019）

佐々木他・実務：佐々木宗啓他編「類型別労働関係訴訟の実務」(2017、青林書院)

塩崎ほか・不法行為：塩崎勤＝羽成守＝小賀野晶一編著『実務　不法行為法講義〔第2版〕』（岩出執筆）（民事法研究会、2012）

下井・労基法：下井隆史『労働基準法〔第5版〕』（有斐閣、2019）

下井・労使関係法：下井隆史『労使関係法』（有斐閣、1995）

白石・実務：白石哲編「労働関係訴訟の実務〔第2版〕」（商事法務、2018）

新堂：新堂幸司『新民事訴訟法〔第5版〕』（弘文堂、2011）

菅野：菅野和夫『労働法〔第12版〕』（弘文堂、2019）、〔初版〕（1985）、〔第5版補正版〕（2001）、〔第7版補正2版〕（2007）、〔第8版〕（2008）

菅野ほか・労働審判：菅野和夫ほか『労働審判制度—基本趣旨と法令解説〔第2版〕』（弘文堂、2007）

菅野古希：荒木尚志＝岩村正彦＝山川隆一編『菅野和夫先生古希記念論集・労働法学の展望』（有斐閣、2013）

土田：土田道夫『労働法概説〔第3版〕』（弘文堂、2014）

土田・労契法：土田道夫『労働契約法』（第2版）（有斐閣、2017）

東弁・慰謝料＝東京弁護士会労働法制特別委員会編著『労働事件における慰謝料』〔経営書院・2015〕

西谷：西谷敏『労働法〔第3版〕』（日本経論社、2020）、〔初版〕（2008）、〔第2版〕（2013）

西谷古希：根本到＝奥田香子＝米津孝司編『西谷敏夫先生古希記念論集・労働法と現代法の理論』上下（日本評論社、2013）

西村：西村健一郎『社会保障法』（有斐閣、2005）

日弁・債権＝日本弁護士連合会編『実務解説・改正債権法』（弘文堂、2017）

野川・労契法：野川忍『わかりやすい労働契約法〔第2版〕』（商事法務、2012）

野川・労働法：野川忍『新訂 労働法』（商事法務、2010）

野川：野川忍『労働法』（日本評論社、2018）

水町：水町勇一郎『労働法〔第8版〕』（有斐閣、2020）

水町・詳解：水町勇一郎『詳解 労働法』（東大出版、2019）

盛：盛誠吾『労働法総論・労使関係法』（新世社、2000）

山川：山川隆一『雇用関係法〔第4版〕』（新世社、2008）

山川・渡辺大系Ⅰ～Ⅲ：山川隆一・渡辺弘編『労働関係訴訟』Ⅰ～Ⅲ（最新裁判実務大系8～9）（青林書院、2018）

山口ほか・審理：山口幸雄＝三代川美千代＝難波孝一『労働事件審理ノート〔第3版〕』（判例タイムズ社、2011）

労基局・労基法（上）（下）＝厚生労働省労働基準局編著『平成22年版 労働基準法上・下』〔労務行政・（上）2011、（下）2011〕

○講座・コンメンタール等

厚労省・労基法：厚労省労働基準局編『労働法コンメンタール No.3　平成 22 年版　労働基準法上下』（労務行政研究所、2011）

厚労省・新実務：厚労省監修『新・労働法実務相談〔改訂新版〕』労政時報別冊（労働行政研究所、2004）

新基本法コメ・労基・労契法：西谷敏＝野田進＝和田肇＝奥田香子編『新基本法コンメンタール労働基準法・労働契約法』第 2 版（日本評論社、2020）

東大労研・注釈労働時間法：東京大学労働法研究会『注釈労働時間法』（有斐閣、1990）

東大労研・注釈労基法上下：東京大学労働法研究会『注釈労働基準法』上下（有斐閣、2003）

東弁・実務：東京弁護士会労働法制特別委員会編著『新　労働事件事務マニュアル〔第 5 版〕』（ぎょうせい、2020）

【その他】

JIL：独立行政法人労働政策研究・研修機構

※その他、コンパクト化のため下記のような略語を適宜用いている。

　厚労省：厚生労働省

　労災保険：労働者災害補償保険

　監督官：労働基準監督官

　組合：労働組合

【参考資料】同一労働同一賃金に関する判例一覧　　※定年後再雇用に関する判決

事件名	裁判所及び日付	掲載誌	不合理性が肯定されたもの	不合理性が否定されたもの	
ハマキョウレックス(差戻審)事件	大津地彦根支判 平成27年9月16日	労判1135号 59頁	通勤手当	無事故手当 作業手当 給食手当 住宅手当 皆勤手当 家族手当 定期昇給 賞与 退職金	
ハマキョウレックス(差戻審)事件第二次控訴審	大阪高判 平成28年7月26日	労判1143号 5頁	無事故手当 作業手当 給食手当 通勤手当	住宅手当 皆勤手当	
ハマキョウレックス事件上告審	最判 平成30年6月1日	労判1179号 20頁	無事故手当 作業手当 給食手当 皆勤手当 通勤手当	住宅手当	
※長澤運輸事件	東京地判 平成28年5月13日	労判1135号 11頁	基本給 能率給 職務給 精勤手当 住宅手当 家族手当 役付手当 超勤手当 賞与	なし	
※長澤運輸事件控訴審	東京高判 平成28年11月2日	労判1144号 16頁	なし	基本給 能率給 職務給 精勤手当 住宅手当 家族手当 役付手当 超勤手当 賞与	
※長澤運輸事件上告審	最判 平成30年6月1日	労判1179号 34頁	精勤手当 超勤手当(精勤手当が割増賃金の計算の基礎に含まれていないことから不合理性を肯定)	基本給 能率給 職務給 住宅手当 家族手当 役付手当 賞与	
メトロコマース事件	東京地判 平成29年3月23日	労判1154号 5頁	早出残業手当の割増率	本給 資格手当 賞与 住宅手当 退職金 褒賞	
メトロコマース事件控訴審	東京高判 平成31年2月20日	労判1198号 5頁	早出残業手当の割増率 住宅手当 退職金(正社員の4分の1) 褒賞	本給 資格手当 賞与	
メトロコマース事件上告審	最判 令和2年10月13日	裁判所HP	住宅手当 褒賞	退職金	
日本郵便(東京)事件	東京地判 平成29年9月14日	労判1164号 5頁	年末年始勤務手当(8割) 住居手当(6割) 夏期冬期休暇 病気休暇	外務業務手当 早出勤務等手当 祝日給 夏期年末手当 夜間特別勤務手当 郵便外務・内務業務精通手当	
日本郵便(東京)事件控訴審	東京高判 平成30年12月13日	労判1198号 45頁	年末年始勤務手当(全部) 住居手当(全部) 夏期冬期休暇 病気休暇	外務業務手当 早出勤務等手当 祝日給 夏期年末手当 夜間特別勤務手当 郵便外務・内務業務精通手当	
日本郵便(東京)事件上告審	最判 令和2年10月15日	裁判所HP	年末年始勤務手当 夏期冬期休暇 病気休暇		

事件名	裁判所及び日付	掲載誌	不合理性が肯定されたもの	不合理性が否定されたもの	
産業医科大学事件	福岡地裁 小倉支部判 平成29年10月30日	労判1198号 74頁	なし	基本給	
産業医科大学事件 控訴審	福岡高判 平成30年11月29日	労判1198号 63頁	基本給（月３万円）	なし	
学校法人大阪医科薬 科大学事件	大阪地判 平成30年1月24日	労判1175号 5頁	なし	賃金・賞与 年末年始等の休日の賃金支給 年休の日数 夏期特別休暇 私傷病による欠勤時の手当 医療費補助	
学校法人大阪医科薬 科大学事件控訴審	大阪高判 平成31年2月15日	労判1199号 5頁	賞与（6割） 夏期特別休暇 私傷病による欠勤時の手当 （満額1月分、休職手当2月分）	基本給 年末年始等の休日の賃金支給 年休の日数 医療費補助	
学校法人大阪医科薬 科大学事件上告審	最判 令和2年10月13日	裁判所ＨＰ		賞与 私傷病による欠勤時の手当	
日本郵便（大阪）事件	大阪地判 平成30年2月21日	労経速2338 号3頁	年末年始勤務手当 住居手当 扶養手当	外務業務手当 早出勤務等手当 祝日給 夏期年末手当 郵便外務業務精通手当	
日本郵便（大阪）事件 控訴審	大阪高判 平成31年1月24日	労判1197号 5頁	5年を超えた勤務者に対する年末年始 勤務手当 5年を超えた勤務者に対する祝日給 5年を超えた勤務者に対する夏期冬期 休暇 5年を超えた勤務者に対する病気休暇 住居手当	外務業務手当 早出勤務等手当 夏期年末手当 郵便外務業務精通手当 扶養手当	
日本郵便（大阪）事件 上告審	最判 令和2年10月15日	裁判所ＨＰ	年末年始勤務手当 祝日給 扶養手当 夏期冬期休暇		
井関松山ファクトリー 事件	松山地判 平成30年4月24日	労判1182号 5頁	物価手当	賞与	
井関松山製造所事件	松山地判 平成30年4月24日	労判1182号 20頁	家族手当 住宅手当 精勤手当	賞与	
井関松山製造所事件 控訴審 （井関松山ファクト リー事件2）	高松高判 令和元年7月8日	労判1208号 25頁 労判1208号 38頁	家族手当 住宅手当 精勤手当／物価手当	賞与	
日本郵便（佐賀）事件	佐賀地判 平成29年6月30日	労経速2323 号30頁	なし	基本賃金 通勤手当 割増賃金 非番日勤務の割増率 祝日給 早出勤務等手当 外務業務手当 賞与 作業能率評価手当 特別休暇	
日本郵便（佐賀）事件 控訴審	福岡高判 平成30年5月24日	労経速2352 号3頁	特別休暇	基本賃金・通勤手当 祝日給 早出勤務等手当 夏期・年末手当（賞与） 作業能率評価手当 外務業務手当	
日本郵便（佐賀）事件 上告審	最判 令和2年10月15日	裁判所ＨＰ	夏期冬期休暇		
九水運輸商事事件	福岡高判 平成30年9月20日	労判1195号 88頁	通勤手当		※皆勤手当は労契 法10条の不利益 判断の合理性がな いとして認容

(15)

事件名	裁判所及び日付	掲載誌	不合理性が肯定されたもの	不合理性が否定されたもの	
※北日本放送事件	富山地判 平成30年12月19日	労経速2374 号18頁		基本給 賞与(不支給) 住宅手当 裁量手当 祝金	
学校法人X事件	京都地判 平成31年2月28日	労経速2376 号3頁		大学夜間担当手当	
※日本ビューホテル 事件	東京地判 平成30年11月21日	労判1197号 55頁		基本給(時間給)	
ヤマト運輸(賞与) 事件	仙台地判 平成29年3月30日	労判1158号 18頁		賞与(支給)	
※五島育英会事件	東京地判 平成30年4月11日	労経速2355 号3頁		基本給 調整手当 賞与(支給)	
日本郵便(休職)事件	東京高判 平成30年10月25日	労経速2386 号3頁		病気休暇(非正規のみ無給) 休職制度	
社会福祉法人青い鳥 事件	横浜地判 令和2年2月13日	労判1222号 38頁		出産休暇(正社員のみ有給)	
※名古屋自動車学校事 件	名古屋地判 令和2年10月28日	労判1233号 5頁	基本給と賞与(6割を下回る部分)、皆精勤 手当及び敢闘賞(精励手当)の減額分		

第1章

働き方改革関連法の動き

第 1 節　概要

1　働き方改革関連法の制定経緯

　2018 年 6 月 29 日に成立した働き方改革を推進するための関係法律の整備に関する法律（以下、「働き方改革関連法」という）は、2015 年に国会に上程された労基法改正案を廃案とし、その 2015 年労基法改正案に罰則付き時間外労働の規制を含む長時間労働の是正の強化策を加え、雇用形態にかかわらない公正な待遇の確保を目的としたパート労働法、労契法、労働者派遣法の改正など 8 つの法改正が一括法案として、上程され、成立したものです。改正雇用対策法（改正後の労総施策法）については、公布日 2018 年 7 月 6 日から施行されています。

　国会に上程された際の提案理由では、「労働者がそれぞれの事情に応じた多様な働き方を選択できる社会を実現する働き方改革を推進するため、時間外労働の限度時間の設定、高度な専門的知識等を要する業務に就き、かつ、一定額以上の年収を有する労働者に適用される労働時間制度の創設、短時間・有期雇用労働者及び派遣労働者と通常の労働者との間の不合理な待遇の相違の禁止、国による労働に関する施策の総合的な推進に関する基本的な方針の策定等の措置を講ずる必要がある。これが、この法律案を提出する理由である。」とされています。

2 働き方改革関連法の概要

　少子高齢化の急激な進行に伴い、日本政府としても、日本人口の減少への歯止めとして、結婚して子供を設ける家庭生活が営めない非正規労働者の処遇改善を目指して、雇用形態にかかわらない公正な待遇の確保を目指すことが、厚労省から 2017 年 6 月 9 日「同一労働同一賃金に関する法整備について（報告）」で公表され、労政審議会にて、パート労働法、労契法、労働者派遣法等の改正が建議されました。さらに、この方向性の中で、2016 年 12 月 20 日付けで同一労働同一賃金ガイドライン案（以下、「同一指針案」という）が公表されました（全文は厚労省ホームページに掲載）。

　他方、過労死等を防止し、子供を育てられる生活の確保に向けた時間外労働の上限規制等については、「働き方改革実行計画」（2017 年 3 月 28 日働き方改革実現会議決定）を踏まえ、労政審労働条件分科会において、2017.6.5 付「時間外労働の上限規制等について」報告（以下「上限報告」という）が示され、同年 6 月 6 日付で建議がなされ、これに沿い、同年 9 月 8 日には、働き方改革法法案要綱が公表されました（全文は厚労省ホームページ掲載）。しかし、中小企業への配慮を求める自民党の厚生労働部会などの合同会議での意見集約が遅れていたことに加えて、同法案要綱に挿入されていた企画型裁量労働制の適用範囲の拡大部分が、法案提出の根拠となった厚労省による労働時間調査資料に重大な不備が指摘され（裁量労働制の下で働く労働者の時間外労働時間数がその適用を受けない労働者より少ないとの報告資料で、JILPT の「調査シリーズ No.125 裁量労働制等の労働時間制度に関する調査結果労働者調査結果」＜ JILPT のホームページ参照＞にも反する内容でした）、2018 年 4 月 6 日に国会に上程された働き方改革法法案からは削除されました。与党および経済界は、高プロより格段に利用範囲が広いと見られていたこの削除に対しては強い抵抗をもっており、同案が国会に、2021 年中には無

理としても、数年以内に再提出されることは確実でしょう（既に、2018年9月20日から厚労省内に「裁量労働制実態調査に関する専門家検討会」が立ち上げられ、2020年4月段階では、調査票等の調査方法が検討されている段階です）。

　そこで、衆院や参院での修正や付帯決議を経て、下記【図1-1】のような働き方改革関連法が成立しました。

【図1-1】

働き方改革を推進するための関係法律の整備に関する法律（平成30年法律第71号）の概要

労働者がそれぞれの事情に応じた多様な働き方を選択できる社会を実現する働き方改革を総合的に推進するため、長時間労働の是正、多様で柔軟な働き方の実現、雇用形態にかかわらない公正な待遇の確保等のための措置を講ずる。

Ⅰ　働き方改革の総合的かつ継続的な推進

　働き方改革に係る基本的考え方を明らかにするとともに、国は、改革を総合的かつ継続的に推進するための「基本方針」（閣議決定）を定めることとする。（雇用対策法）
　※（衆議院において修正）中小企業の取組を推進するため、地方の関係者により構成される協議会の設置等の連携体制を整備する努力義務規定を創設

Ⅱ　長時間労働の是正、多様で柔軟な働き方の実現等

1　労働時間に関する制度の見直し（労働基準法、労働安全衛生法）
・時間外労働の上限について、月45時間、年360時間を原則とし、臨時的な特別の事情がある場合でも年720時間、単月100時間未満（休日労働含む）、複数月平均80時間（休日労働含む）を限度に設定。
　※（自動車運転業務、建設事業、医師等について、猶予期間を設けた上で規制を適用等の例外あり。研究開発業務について、医師の面接指導を設けた上で、適用除外。）
・月60時間を超える時間外労働に係る割増賃金率（50%以上）について、中小企業への猶予措置を廃止する。また、使用者は、10日以上の年次有給休暇が付与される労働者に対し、5日について、毎年、時季を指定して与えなければならないこととする。
・高度プロフェッショナル制度の創設等を行う。（高度プロフェッショナル制度における健康確保措置を強化）
　※（衆議院において修正）高度プロフェッショナル制度の適用に係る同意の撤回に係る規定を創設
・労働者の健康確保措置の実効性を確保する観点から、労働時間の状況を省令で定める方法により把握しなければならないこととする。（労働安全衛生法）
2　勤務間インターバル制度の普及促進等（労働時間等設定改善法）
・事業主は、前日の終業時刻と翌日の始業時刻の間に一定時間の休息の確保に努めなければならないこととする。
　※（衆議院において修正）事業主の責務として、短納期発注、発注の内容の頻繁な変更を行わないよう配慮する努力義務規定を創設
3　産業医・産業保健機能の強化（労働安全衛生法）
・事業者から、産業医に対しその業務を適切に行うために必要な情報を提供することとするなど、産業医・産業保健機能の強化を図る。

Ⅲ　雇用形態にかかわらない公正な待遇の確保

1　不合理な待遇差を解消するための規定の整備（パートタイム労働法、労働契約法、労働者派遣法）
　短時間・有期雇用労働者及び派遣労働者に関する正規雇用労働者との不合理な待遇の禁止に関し、個々の待遇ごとに、当該待遇の性質・目的に照らして適切と認められる事情を考慮して判断されるべき旨を明確化。併せて有期雇用労働者の均等待遇規定を整備。派遣労働者について、①派遣先の労働者との均等・均衡待遇、②一定の要件※を満たす労使協定による待遇のいずれかを確保することを義務化。また、これらの事項に関するガイドラインの根拠規定を整備。　※同種業務の一般の労働者の平均的な賃金と同等以上の賃金であること等
2　労働者に対する待遇に関する説明義務の強化（パートタイム労働法、労働契約法、労働者派遣法）
　短時間労働者・有期雇用労働者・派遣労働者について、正規雇用労働者との待遇差の内容・理由等に関する説明を義務化。
3　行政による履行確保措置及び裁判外紛争解決手続（行政ADR）の整備
　1の義務や2の説明義務について、行政による履行確保措置及び行政ADRを整備。

施行日：Ⅰ：公布日（平成30年7月6日）
　　　　Ⅱ：平成31年4月1日（中小企業における時間外労働の上限規制に係る改正規定の適用は平成32年4月1日、1の中小企業における割増賃金率の見直しは平成35年4月1日）
　　　　Ⅲ：平成32年4月1日（中小企業におけるパートタイム労働法・労働契約法の改正規定の適用は平成33年4月1日）
※（衆議院において修正）改正後の各法の検討を行う際の観点として、労働者と使用者の協議の促進等を通じて、労働者の職業生活の充実を図ることを明記。

(厚労省ホームページ)

3 働き方改革関連法による変更の骨子

① 改正労基法関係

　改正点の詳細は、第2章以下の各改正法を参照頂きますが、まず【図1-2】のように、原則、2019年4月1日施行の改正労基法による、罰則付き時間外労働上限規制の導入は、正に、戦後労働法にとって70年振りの大変

革と言われています。まず、時間外労働の罰則付き上限規制の導入は、好況時に残業で人を増やさず不況期に雇用を維持してきた経営体質の変更を迫るでしょう。次に、確実に、同規制自体が、企業のリスクを多様な面で高めています。例えば、仮に、企業が、残業代の抑制や労働時間の規制から逃れようとして、裁量労働制に逃げ込もうとしても、その適用要件を遵守していなかった場合、ほぼ全月例賃金が算定基礎となる高額な未払残業代の支払と罰則の適用が待っています。さらに、これらの制度を利用した場合、これらの制度自体の欠陥である労働時間管理の弛緩は、過重労働による過労死・過労自殺等によるリスクを各段に高めることになりかねません。そこで、健康管理時間の適確な把握等によるインターバル制度等を含んだ健康確保措置の履行を徹底する態勢整備が必要です。

【図1-2】

Ⅱ 長時間労働の是正、多様で柔軟な働き方の実現等
1 労働時間に関する制度の見直し（労働基準法、労働安全衛生法）
・時間外労働の上限について、月45時間、年360時間を原則とし、臨時的な特別な事情がある場合でも年720時間、単月100時間未満（休日労働含む）、複数月平均80時間（休日労働含む）を限度に設定。
（※）自動車運転業務、建設事業、医師等について、猶予期間を設けた上で規制を適用等の例外あり。研究開発業務について、医師の面接指導を設けた上で、適用除外。
・月60時間を超える時間外労働に係る割増賃金率（50%以上）について、中小企業への猶予措置を廃止する。また、使用者は、10日以上の年次有給休暇が付与される労働者に対し、5日について、毎年、時季を指定して与えなければならないこととする。
・高度プロフェッショナル制度の創設等を行う。（高度プロフェッショナル制度における健康確保措置を強化）
（※衆議院において修正）高度プロフェッショナル制度の適用に係る同意の撤回について規定を創設。
・労働者の健康確保措置の実効性を確保する観点から、労働時間の状況を省令で定める方法により把握しなければならないこととする。（労働安全衛生法）
2 勤務間インターバル制度の普及・促進等（労働時間等設定改善法）
・事業主は、前日の終業時刻と翌日の始業時刻の間に一定時間の休息の確保に努めなければならないこととする。
（※衆議院において修正）事業主の責務として、短納期発注や発注の内容の頻繁な変更を行わないよう配慮する努力義務規定を創設。
3 産業医・産業保健機能の強化（労働安全衛生法等）
・事業者から、産業医に対しその業務を適切に行うために必要な情報を提供することとするなど、産業医・産業保健機能の強化を図る。

❷ パート有期法と改正派遣法関係

　もう一つの目玉である、図【1-3】（9ページ）のような、雇用形態にかかわらない公正な待遇の確保に向けた動きでは、パート有期法や改正派遣法の施行による同一企業内における正規雇用労働者と非正規雇用労働者の間の、あるいは、派遣先正規雇用労働者と派遣労働者との間の、各々、不合理な待遇差の実効ある是正は、安価な非正規労働者の非基幹的業務への利用という枠組から、非正規労働者の人材育成により、是正された賃金に見合った、生産性の高い、基幹的業務への利用方法の導入等の人材活用方

法の構造的変化を引き起こすことになるでしょう。

　具体的には、2020年4月1日施行予定であった同一指針案については、既に、2018年6月1日の長澤運輸事件とハマキョウレックス事件の両最高裁判決（以下、「6.1最判」ともいう）などを受けて精緻化され、「短時間・有期雇用労働者及び派遣労働者に対する不合理な待遇の禁止等に関する指針」（以下、「不合理指針」という）と命名され、既に、「短時間労働者及び有期雇用労働者の雇用管理の改善等に関する法律の施行について（平31.1.30基発0130第1・職発0130第6・雇均発0130第1・開発0130第1・最終改正（令2.12.25雇均発1225第1）以下、「パート有期基本通達」という）」や「労働者派遣事業関係業務取扱要領（2021.1.1以降版・厚労省職業安定局。以下、「要領」という）や各種の指針やQ&Aも示されて、パート有期法や改正派遣法に従い行政指導・監督の対象になるものです。6.1最判や下級審裁判例と不合理指針との間にはかなりの乖離があって実務的な混乱を招いたところ、2020年10月に5件の最高裁判例（学校法人大阪医科薬科大学（旧大阪医科大学）事件・最判・令2.10.13労判1229号77頁、メトロコマース事件・最三小判・令2.10.13労判1229号90頁〈以下、「10.13最判」ともいう〉、日本郵便事件三判決（日本郵便（大阪）事件・最一小判・令2.10.15労判1229号67頁、日本郵便（時給制契約社員ら・東京）事件・最一小判・令2.10.15労判1229号58頁、日本郵便（佐賀）事件・最一小判・令2.10.15労判1229号5頁〈以下、「10.15最判」ともいう〉。以上の5件の最判を一括して「2020年最判」ともいう）ともいう）、が示され、同指針自体の修正や運用への影響が議論されています。

　留意すべきは、第1に6.1最判も2020年最判のいずれも、形式的には、上記改正法等を先取りして取り込みながらも、改正前労契法20条の解釈として示されています。したがって、2021年3月31日までパート有期法8条や不合理指針の適用が猶予された中小企業にも適用されるはもちろん、大企業にとっても、2020年3月末までの改正前20条違反による損害賠償請

求を受ける危険があるということです。

　第2に、6.1最判も2020年最判のいずれも、実態的には、パート有期法8条の解釈につき、その適用基準を示し、かつ適用事例を示したという意義があるという点です。したがって、中小企業も含めて、企業としては、上記改正法等を踏まえた正規・非正規の処遇の均衡に向けた対応については、6.1最判と2020年最判のいずれをも踏まえてなすことが必要であるということです。

　改正派遣法でも、派遣先正社員との均衡・均等待遇の原則が規定されました（改正法30条の3第1項。不合理性の判断基準については、「短時間・有期雇用労働者及び派遣労働者に対する不合理な待遇の禁止等に関する指針（平30厚労告430）」（以下、「不合理指針」という）第4や、要領第7の4(3)～(5)(7)を参照する必要があります）。しかし、派遣元での適用除外労使協定が利用されることが予定され（改正法第30条の4第1項）、大きな混乱は回避できるのではないかと予想されていましたが、同協定が求める「『同種の業務に従事する一般労働者の賃金』と同等以上であること」の要件が（詳細については、令和3年度の「労働者派遣事業の適正な運営の確保及び派遣労働者の保護等に関する法律第30条の4第1項第2号イに定める「同種の業務に従事する一般の労働者の平均的な賃金の額」」等について（令2.10.20職発1020第3）、労使協定方式に関するQ＆A第1集、第2集、要領第7の5各厚労省ホームページに掲載）、派遣元には大きな負担となり、派遣先均等・均衡方式への模索や、派遣から業務請負・委託等への回帰が検討されることさえ起っています。また。労使協定を採用しても、上記水準を超えない賃金の場合のように（派遣元が、協定事項で定めた事項を遵守しなかった場合、または、公正な評価を行わなかった場合には、適用除外の効果が認められません。改正法30条の4第1項但書）、同労使協定の有効性をめぐる紛争が起こることもあり得ます。

【図1-3】

┌───┐
│ **1. 不合理な待遇差を解消するための規定の整備** │
└───┘

○ 短時間・有期雇用労働者に関する同一企業内における<u>正規雇用労働者との不合理な待遇の禁止</u>に関し、個々の待遇ごとに、当該待遇の性質・目的に照らして適切と認められる事情を考慮して判断されるべき旨を明確化。
　（有期雇用労働者を法の対象に含めることに伴い、題名を改正（「短時間労働者及び有期雇用労働者の雇用管理の改善等に関する法律」））

○ 有期雇用労働者について、正規雇用労働者と①職務内容、②職務内容・配置の変更範囲が同一である場合の<u>均等待遇の確保を義務化</u>。

○ 派遣労働者について、<u>①派遣先の労働者との均等・均衡待遇</u>、②一定の要件（同種業務の一般の労働者の平均的な賃金と同等以上の賃金であること等）を満たす労使協定による待遇のいずれかを確保することを義務化。

○ また、これらの事項に関する<u>ガイドラインの根拠規定を整備</u>。

┌───┐
│ **2. 労働者に対する待遇に関する説明義務の強化** │
└───┘

○ 短時間労働者・有期雇用労働者・派遣労働者について、正規雇用労働者との待遇差の内容・理由等に関する説明を義務化。

┌───┐
│ **3. 行政による履行確保措置及び裁判外紛争解決手続（行政ADR）の整備** │
└───┘

○ 1の義務や2の説明義務について、<u>行政による履行確保措置及び行政ADRを整備</u>。

（厚労省ホームページ）

❸ 企業対応の遅れのリスク

　上記❶、❷のいずれの対応についても、これらを怠った場合、改正労基法関係では刑事罰の適用だけでなく割増賃金請求や過労死等についての損害賠償請求のいずれについても莫大な請求を受ける危険があります。パート有期法関係では、非正規労働者を多く使用している企業においては、非正規労働者の相当数の者から集団訴訟を提起される危険があります。これらの訴訟リスクに留まらず、いずれの制度にも厚労省による指導・是正勧告、企業名公表制度の制裁があり（ただし、パート有期法8条に関する労働局の指導に関しては、パート有期基本通達の第3の14(1)ハは「8条については、職務の内容、職務の内容及び配置の変更の範囲その他の事情の違いではなく、短期間・有期雇用労働者であることを理由とする不支給など、同条に違反することが明確な場合を除き、法第18条第1項に基づく助言、指導及び勧告の対象としない」としており、過剰な反応は不要と思量されます）、これらによる風評リスクや、採用活動での応募者の警戒感の醸成や辞退など、無視できない多様なリスクを背負うことになりかねないことに留意しなければなりません（詳細については、岩出・働き方実務1～41頁参照）。

第2節 働き方改革関連法（施行）の タイムスケジュール

1 働き方改革関連法の施行時期と経過措置

　厚労省労働局が働き方改革法成立後に、各改正法の施行時期を整理した図解を示していますので、これを紹介しておきます。以下の施行時期は、働き方改革関連法附則で定められています。改正労基法、パート有期法、改正派遣法で、適用が猶予される中小事業主は、その資本金の額又は出資の総額が3億円（小売業又はサービス業を主たる事業とする　事業主については5千万円、卸売業を主たる事業とする事業主については1億円）以下である事業主及びその常時使用する労働者の数が300人（小売業を主たる事業とする事業主については50人、卸売業又は サービス業を主たる事業とする事業主については100百人）以下である事業主をいいます（働き方方改革関連法附則3条が各改正法にも適用されます）。猶予期間中に、この中小事業主でなくなれば、猶予の利益は失われます。

　留意すべきは、第1に、改正派遣法による派遣先正規雇用労働者と派遣労働者との間の、各々、不合理な待遇差の実効ある是正については、中小企業への猶予措置はなく、2020年4月1日から施行されていることです。

　第2に、パート有期労働者たる派遣労働者については、派遣元の通常労働者との均衡・均等処遇の問題があり（要領第7の5⑻参照）、この適用は、中小企業については、2021年4月1日となっている点です。

【図1−4】

中小企業該当の有無についての確認表

業　種	(1)資本金の額または出資の総額		(2)常時使用する労働者数(企業全体)	(1)(2)とも該当なし
小 売 業	5,000万円以下	または	50人以下	
サービス業	5,000万円以下		100人以下	
卸 売 業	1億円以下		100人以下	
そ の 他	3億円以下		300人以下	

　　　　　　　　　▼▼　　　　　　　　　▼▼　　　　　　　　▼▼
　　　　　　　　　中小企業　　　　　　　中小企業　　　　　　大企業

(例)　製造業(「その他」の業種に該当)の場合
　　　・資本金 1億円、労働者数 100人 → 中小企業
　　　・資本金 1億円、労働者数 500人 → 中小企業
　　　・資本金 5億円、労働者数 100人 → 中小企業
　　　・資本金 5億円、労働者数 500人 → 大企業

※業種は日本標準産業分類(第13回改訂)に従って、4つに分類されています。

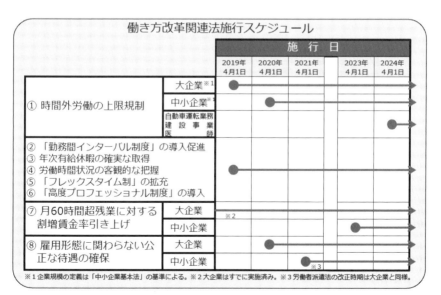

（愛知労働局ホームページ）

2 労働施策総合推進法によるパワハラ防止措置義務についての施行時期

　働き方改革の流れの中、政府の構想する働き方改革の全貌は、2017年3月28日働き方改革実現会議決定の「働き方改革実行計画」が示していますが、その中で、「4. 罰則付き時間外労働の上限規制の導入など長時間労働の是正」の具体的内容として、「パワーハラスメント対策、メンタルヘルス対策」が指摘されていたところ、働き方改革関連法の成立後の2019年5月成立した改正労働施策総合推進法によるパワハラ防止措置義務についての施行時期は、2020年6月1日とされ、中小事業主に対しては、2022年3月31日までは努力義務として施行されます。

罰則付き労働時間の上限規制と年休の5日の時季指定義務化について

Ⅰ 罰則付き労働時間の上限規制への対応上の留意点

1. 2018年労基法改正の趣旨・方向性

　従前の時間外労働の規制では、いわゆる36協定で定める時間外労働の限度を厚生労働大臣の限度基準告示で定めていました。ここでは、36協定で締結できる時間外労働の上限を、原則、月45時間以内、かつ年360時間以内と定めていましたが、罰則等による強制力がない上、臨時的な特別の事情がある場合として、労使が合意して特別条項を設けることで、上限無く時間外労働が可能となっていました。2018年法改正は、まさに、従前の限度基準告示（平10労告。最終改正平21.5.29厚労告316）を法律に格上げし、罰則による強制力を持たせるとともに、従来、上限無く時間外労働が可能となっていた臨時的な特別の事情がある場合として労使が合意した場合であっても、上回ることのできない上限を設定するものです。すなわち、従前の告示を厳しくして、かつ、法律により強制力を持たせたものであり、厳しいものとなっています。

2. 罰則付き時間外労働の上限規制

⑴　上限時間の法文化

　週40時間を超えて労働可能となる時間外労働の限度を、基準から法文化し、原則として、月45時間、かつ、年360時間（以下、「限度時間」という）としました（3箇月を超える変形労働時間制を利用している場合には月42時間、かつ、年320時間。労基36条4項）。特例として、臨時的な特別の事情がある場合として、

労使が合意して労使協定（いわゆる特別条項）を結ぶ場合においても、上回ることができない時間外労働時間を年720時間（＝月平均60時間）とされました（同5項）。かつ、年720時間以内において、一時的に事務量が増加する場合について、最低限、上回ることのできない上限を設けられています。この上限について、①2か月、3か月、4か月、5か月、6か月の平均で、いずれにおいても、休日労働を含んで、80時間以内を満たさなければならないとされました（同6項3号）。②単月では、休日労働を含んで100時間未満を満たさなければなりません（同6項2号）。③加えて、時間外労働の限度の原則は、月45時間、かつ、年360時間であることに鑑み、これを上回る特例の適用は、年半分を上回らないよう、年6回を上限とされました（同5項）。上記の各規定を図解すると以下の構造になっています。

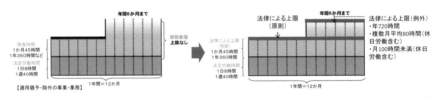

（厚労省ホームページ）

　留意すべきは、6項の時間外・休日労働時間の罰則付き上限規制は、上記図解では、あたかも特別条項の場合だけの規制に見えますが、これは誤解です。なぜなら、特別条項を締結せずに、通常の月45時間上限の36協定を締結し、時間外労働をその範囲内で抑えても、休日労働が月55時間を超せば（毎週14時間以上の休日労働をした場合など）には、月の上限100時間を超えてしまうからです。他方、労使が上限値までの協定締結を回避する努力が求められる点で合意したことに鑑み、さらに可能な限り労働時間の延長を短くするため、新たに上限指針を定める規定を設けられ（同7項※）、労基署は、当該指針に関し、使用者及び労働組合等に対し、必要な助言・指導を行えるようにされました（同

９項)。労基署は、この助言及び指導を行うに当たっては、労働者の健康が確保されるよう特に配慮しなければなりません（同10項)。

※　上限指針では、従前の限度基準の内容や健康確保措置に関する措置の協定化などが求められています。上限時間の算定につき、平30労基法解釈第２の「転勤の場合」につき、「同一企業内のＡ事業場からＢ事業場へ転勤した労働者について、①法第36条第４項に規定する限度時間、②同条第５項に規定する１年についての延長時間の上限、③同条第６項第２号及び第３号の時間数の上限は、両事業場における当該労働者の時間外労働時間数を通算して適用するのか。」との問７につき、「①法第36条第４項に規定する限度時間及び②同条第５項に規定する１年についての延長時間の上限は、事業場における時間外・休日労働協定の内容を規制するものであり、特定の労働者が転勤した場合は通算されない。これに対して、③同条第６項第２号及び第３号の時間数の上限は、労働者個人の実労働時間を規制するものであり、特定の労働者が転勤した場合は法第38条第１項の規定により通算して適用される。」とするなど、疑問な点もありますが、実務的対応としては留意せねばなりません（問７・答7)。同様の取扱いは出向の場合についても指摘されています（問19・答19)。

⑵　罰則の適用関係

2018年改正の最大の目玉として、上記上限規制違反には罰則が課されています。ただし、36条６項違反とそれ以外の同１項〜５項違反では扱いが異なっています。たとえば、４項や５項の違反については、従前の改正法限度基準違反自体は法令違反ではなかったのとは異なり、法令に違反したものして36協定が無効となり、同協定の免罰的効果が及ばず、法32条違反として同119条１号違反となるものと解されます※。これに対して、36条６項違反は119条に明示され、時間外労働・休日労働の合計労働時間が６項の限度時間を超えて労働させた行為自体が罰則対象となっています。

※　2017年10月19日「働き方改革を推進するための関係法律の整備に関する法律案要綱」の注で、「なお、一の要件に適合しない一の1の協定は無効となり、第32条等の違反を構成する。」と付言しているのも同旨と解されます。さらに、36協定や特別条項なしに上記上限規制を超過した場合の罰則適用については、従前の事実上の労働関係への法理（岩出・大系30頁）と同様な処理がなされ、罰則の適用を受けるものと解されます。

(3)　適用除外事業の取扱い

　2018年改正では、時間外労働の上限規制の適用除外制度等の取扱いにつき、次の5業務につき、特例が設けられました（平30基本通達第2の10参照）。

①自動車の運転業務

　自動車の運転業務については、従前の限度基準告示の適用除外とされていました。その特殊性を踏まえ、拘束時間の上限を定めた改善基準で自動車運送事業者への監督を行っていましたが、限度基準告示の適用対象となっている他業種と比べて長時間労働が認められていました。これに対し、罰則付きの時間外労働規制の適用除外とせず、労基法の一般則の施行期日の5年後の2024年に、年960時間（＝月平均80時間）以内の規制を適用することとし、かつ、将来的には一般則の適用を目指す旨の規定を設けることとされました（労基140条、則69条2項）。2024年の施行に向けて、荷主を含めた関係者で構成する協議会で労働時間の短縮策を検討するなど、長時間労働を是正するための環境整備を強力に推進することが予定されています（既に、厚労省の労働政策審議会労働条件分科会自動車運転者労働時間等専門委員会にて、自動車運転者の労働時間等に係る実態調査を踏まえて改善基準の見直しが検討されています）。

②建設事業

　建設事業については、限度基準告示の適用除外とされていました。これに対

し、罰則付きの時間外労働規制の適用除外とせず、労基法の一般則の施行期日の5年後に、罰則付き上限規制の一般則を適用します（労基139条。労基則69条1項。ただし、復旧・復興の場合については、単月で100時間未満、2か月ないし6か月の平均で80時間以内の条件は適用しません）。併せて、将来的には一般則の適用を目指す旨の規定を設けることとされました。5年後の2024年の施行に向けて、発注者の理解と協力も得ながら、労働時間の段階的な短縮に向けた取組が強力に推進されています（厚労省社会・援護局福祉基盤課長「建設業の働き方改革の推進について」平30.4.26社援基発0426第4等参照）。なお、建設事業の認定につき労基則附則69条が新設され、特に同条1項2号に「二事業場の所属する企業の主たる事業が法別表第一第三号に掲げる事業である事業場における事業」と規定された「主たる事業」の意義が問題となります。しかし、厚労省の説明では、従前の運用を変えるものではないとされています。

③医師

医師については、時間外労働規制の対象としますが、医師法に基づく応召義務等の特殊性を踏まえた対応が必要なため、2024年を目途に規制を適用することとし（労基141条、則71条）、2019年3月「医師の働き方改革に関する検討会最終報告」が示され、健康確保措置を踏まえた、「地域医療確保暫定特例水準」や「診療従事勤務医に2024年度以降適用される水準」などの特定措置の設置が固まってきました。詳細は平30基本通達第2の10⑶参照。検討内容については、厚労省「医師の働き方改革を進めるためのタスク・シフト／シェアの推進に関する検討会」の令和2年12月23日付「医師の働き方改革を進めるためのタスク・シフト／シェアの推進に関する検討会議論の整理」参照）。なお、留意すべきは、適用猶予は、医業ではなく医師のみであり、看護師、パラメディカル、医療事務職員には猶予措置はないという点です。

④鹿児島県及び沖縄県における砂糖製造業

　鹿児島県及び沖縄県における砂糖製造業については、2024年3月31日までは、1か月100時間未満・複数月80時間以内の要件は適用しません（労基142条、則71条）。

⑤新技術、新商品等の研究開発の業務

　新技術、新商品等の研究開発の業務については、限度基準告示の適用除外とされていましたが、恒久的な措置として適用除外とされました（労基36条11項）。これについては、医師による面接指導、代替休暇の付与など実効性のある健康確保措置を課すことを前提に（安衛66条の8の2）、安衛則52条の7の2で定めるところにより、医師による面接指導を行わなければなりません。

⑷　施行時期等の中小企業向け猶予措置

　施行時期は、原則、2019年4月1日ですが、中小企業（上記第2節の1参照）における時間外労働の上限規制に係る改正規定の適用は2020年4月1日です（行政官庁は、当分の間、中小事業主に対し改正法36条9項の助言及び指導を行うに当たっては、中小企業における労働時間の動向、人材の確保の状況、取引の実態等を踏まえて行うよう配慮するものとされていました。厚労省ホームページ参照）※。

※　平30基本通達第2の14⑵

3. 実務的留意点－健康配慮義務上の問題点

⑴　36協定事項の再確認

　36協定に定めなければならないのは、時間外労働の上限時間だけではありません。労基法36条2項で規定されているのは、①労働時間の延長・休日労働させることのできる労働者の範囲②対象期間（労働時間の延長・休日労働をさせることのできる期間）③労働時間の延長・休日労働させることのできる場合④対象

期間における１日、１か月、１年のそれぞれの期間について延長できる労働時間及び休日日数⑤そのほか労基則の定める事項（17条１項。限度時間を超えて労働させることができる場合、労働者の健康確保措置、限度時間を超えて労働する場合における手続など）です。したがって、36協定で時間外労働について定めている会社であっても、現状の協定内容で遺漏なく必要な事項をカバーできているか、確認すべきです。対象期間につき、１年間に限ることが明文化されている点にも留意が必要です（労基36条２項２号）。

(2) 休日労働時間への配慮の必要

　時間外労働の上限規制については、上記２(1)のように休日労働時間を含んでいる規制が、年間720時間には明記されていません。そのため、年間の時間外と休日労働時間の合計が、特別条項の時間外休日を含めて、月80時間×12＝960時間となり得るところから、野党や労働団体等から"特別条項分を加えた実際の上限は年720時間にとどまらず、計算上は最大で年960時間になる"という抜け穴の存在が指摘され批判されています。さらに、月の最後の２週と翌月の最初の２週で各80時間の残業をさせれば「２カ月平均で月80時間」ではあっても、その連続４週間では計160時間となり「月100時間」を超え、過労自殺等認定基準の発症直前月160時間超過による「特別な出来事」となり、発症があれば労災は当然に認められる数値となり、損害賠償義務を回避することは困難となることに留意しなければなりません（ただし、平30基本通達第２の７では、かかる運用が望ましくないと指摘するにとどまっています）。

(3) 時間外・休日労働時間の合計時間上限への留意した休日日数の抑制

　さらに、前述２(1)のように特別条項を使わない場合にも、時間外と休日労働時間の合計が月100時間の超える場合があり得ます。そこで、その予防のためには、法的規制はありませんが（36協定指針が「できる限り短くする」努力義務を

規定)、36協定での休日労働日数を抑えておく必要があります。

⑷　健康配慮義務への留意

　国会やマスコミの議論でも指摘されたとおり、上限時間は、労災認定における、いわゆる過重労働の判断基準である時間的基準の月80時間や100時間という過労死ラインに近いものです（岩出・大系476頁以下参照）。改正法の上記規制を遵守していても、精神障害等が発症した場合には、労災に関係する責任は回避できず、労災認定や民事賠償事件を招く危険が大であることに留意した健康配慮義務の履行は不可欠です（36協定指針3も同旨）。

⑸　労働者過半数代表者選出手続

　36協定を含む、労基法に規定されている「労働者の過半数を代表する者」は、一定の要件を満たす者※でなければなりません（則6条の2）。

※　①41条2号に規定する監督または管理の地位にある者でなく、②労使協定の締結等をする者を選出することを明らかにして実施される投票、挙手等の方法による手続により選出された者であること、です。

　2018年改正により、過半数代表者は、使用者の意向によって選出されたものでないものされ（則11条1項2号）、使用者は、過半数代表者が法令に基づく事務を円滑に遂行できるよう必要な配慮を行わなければならない（則11条4項）、とされました。

　近時でも、上記36協定の手続違反につき、電通が是正勧告を受けたことが大きく各紙で報じられており（2019.12.5朝日新聞等）、風評被害も意識すべきです。

Ⅱ　５日の年次有給休暇の時季指定義務履行上の留意点

1.　2018年改正による５日の年次有給休暇の確実な取得の趣旨

　年次有給休暇の取得率が低迷し、いわゆる正社員の約16％が年次有給休暇を1日も取得しておらず、また、年次有給休暇をほとんど取得していない労働者

については長時間労働者の比率が高い実態にあることを踏まえ、年5日以上の年次有給休暇の取得が確実に進むような仕組みを導入する改正です。

2. 制度内容

(1) 概要

具体的には、年次有給休暇の付与日数が10日以上である労働者を対象に、有給休暇の日数のうち年5日については、使用者が時季指定しなければなりません（39条7項）。ただし、労働者が時季指定した場合や計画的付与がなされた場合、あるいはその両方が行われた場合には、それらの日数の合計を年5日から差し引いた日数について使用者に義務づけるものとし、それらの日数の合計が年5日以上に達したときは使用者は時季指定の義務を免れます（同条8項、労基則24条の5）。

(2) 時季指定義務化に伴う使用者の負担する諸義務

労基則で、①年休権を有する労働者に対して時季に関する意見を聴くものとされ（24条の6第1項）、②時季に関する労働者の意思を尊重するよう努めなければならず（同条第2項）、③以上のような新たな仕組みを設けることに伴い、使用者が各労働者の年次有給休暇の取得状況を確実に把握することが重要になるため、使用者に年次有給休暇の管理簿の作成を義務づけられ、これを3年間確実に保存することが義務付けられました（24条の7）。この義務の違反に対する罰則は、従前の39条違反（6か月以内の懲役刑を含む同法119条1号）よりは、軽減し、罰金刑のみにしていますが（30万円以下の罰金に留める同120条1号）、刑事罰があります。

(3) 時季指定義務をめぐる留意点－半休と時間単位年休等

付与義務の対象から、計画年休のみでなく、労働者自らの時季指定分も控除

するとなると、実際の影響はかなり少ないと予想されます。逆に、条文の反対解釈と計画年休規定との論理解釈として、使用者にとっては、5日は義務であるが、意見聴取をしたうえで、計画年休における本人利用の権利日数を5日残せば、5日を超す年休指定も可能と解する余地もありますが、「5日については」との文言からはこの解釈は困難でしょう。やはり、季節や月間等で繁閑の差が激しく、その予想が可能な企業においては、繁忙期の労働力確保のためには、従前からの計画年休制度の効率的利用が検討されるべきです。とくに、現状で年休取得率の低い会社では、年休消化の推奨や計画的付与制度の導入を積極的に進めるなど、事前に対応を検討しておく必要が高いでしょう。

　なお、半休への言及は法文上ありませんが、当該年休制度が導入されている企業においては、合計5日以内に達する限度で、時季指定義務の行使、逆に言えば、労働者は指定された年休の取得義務があるものと解されます。しかし、時間単位年休（39条4項）に関しては、「使用者は、第一項から第三項までの規定による有給休暇」と限定しているため、時季指定義務の行使や労働者の指定された年休の取得義務は許されないものと解されます（平30労基法解釈第3の問3・答23同旨）。時季指定に当たっては、前述の通り、年休権を有する労働者に対して時季に関する意見を聴かねばなりませんが、業務に繁閑の差がある企業においては、閑散期での年休消化を促進し、繁忙期での年休消化を事実上圧縮させ、生産性の向上を図るべきです。

⑷　年休付与基準日をめぐる実務的諸問題

　法定の基準日（雇入れの日から半年後）より前に年次有給休暇を付与する場合などの時季指定義務の取扱いについては（労基則24条の5）、厚労省ホームページ「年次有給休暇の時季指定義務」、時季指定解説3頁以下を参照してください。

①年度途中の出向の場合

　年休時季指定の履行期間（労基則24条の5第2項）の途中で在籍出向した場合に、出向元で自ら消化した年休は、出向先での時季5日の時季指定義務の場合には、出向協定等で明確にしておかないと、出向先では別途5日の時季指定義務が発生する場合があり得ることに留意しなければなりません。

②経過措置

　基準日の設定時期に関係しますが、平30基本通達第3の7によれば、改正法の施行日である2019年4月1日以外の日が基準日（年休に係る基準日より前の日から与えることとした場合はその日）である労働者に係る年休については、同年4月1日後の最初の基準日の前日までの間は、改正39条7項の規定にかかわらず、なお従前の例によることとし、改正前労基法39条が適用されるものとされています。たとえば、上記基準日を1月1日にしている企業であれば、2019年12月31日までは現行通りで、5日時季指定義務が発生するのは2020年1月1日からということになります。

③繰り越し年休や積み立て休暇の使用と時季指定の関係

　実務的な問題として、繰り越し年休や積み立て休暇の使用と時季指定の関係が問題となり得ます。39条7項を厳格に解釈すれば、当該年休年度に発生した労基法上の年休の範囲内のみで時季指定義務があると解することもあり得ます。しかし、基準日のズレに応じた平30基本通達第3の2⑵などから見ても、「前倒し場合の取扱い」においては、法定年休発生日以前の法定外年休の利用を5日に算入しています。このことからも、前年度から繰り越している（115条）年休の利用をもって時季指定義務の日数に算入されるものと解されます（後から発生したものから消化させるのは、岩出・大系293頁の「年休の充当順位」にも反します）。問題は、企業によって、未消化年休の積み立て制度を設け、年休の繰

り越しを 3 年まで繰り越し 60 日まで保有できるような場合です。この場合で、当該繰り越し年休の利用や時季変更権の処理などが法定年休と変わらなければ同様に解されます（平 30 労基法解釈問 4・答 4 も同旨）。さらに問題となるのは、利用目的を、傷病時や育児・養育・介護などに限定している積み立て休暇の場合です。この場合は、目的が限定されており、法定年休とは性格が異なるもので、積み立て休暇の利用をもって時季指定日数に算入したり、5 日から控除することはできないものと解されます（平 30 労基法解釈問 12・答 12 も同旨）。

（弁護士：岩出 誠）

第2章

パートタイム・有期雇用労働法
〜 同一労働同一賃金関連 〜

第1節 同一労働同一賃金の考え方

1 厚労省等における同一労働同一賃金をめぐる審議の経過

　厚労省の検討会の資料によれば（厚労省2017年4月22日「第3回「同一労働同一賃金の実現に向けた検討会」における水町勇一郎「同一労働同一賃金の推進について」参照）、同一労働同一賃金とは、「職務内容が同一または同等の労働者に対し同一の賃金を支払うべきという考え方」です。欧州は職務給、日本は職能給（職務＋キャリア展開）なので、日本への同一労働同一賃金原則の導入は難しいという議論がありました。しかし、欧州でも、労働の質、勤続年数、キャリアコースなどの違いは同原則の例外として考慮に入れられており、同一労働に対し常に同一の賃金を支払うことが義務づけられているわけではなく、賃金制度の設計・運用において多様な事情が考慮に入れられています。そこで、これらの点を考慮に入れれば、日本でも同一労働同一賃金原則の導入は可能と考えられる、とされています。この考え方の導入の緊要性については、日本の現状では、とりわけ家庭生活上の制約が大きい女性、正規雇用に就けない若者、定年後の高齢者などにおいて、その働きぶりに見合わない低い処遇を受け、その能力を発揮できていない者が数多く存在するところから、同一労働同一賃金原則により非正規労働者の処遇の改善（公正な処遇）を促し、多様な状況にある人々がそれぞれの状況のなかでその能力を十分に発揮できる多様で魅力的な就業環境を整え

ていくことが、一億総活躍社会の実現に向けた不可欠の取組みの1つであると指摘されています。

　同一労働同一賃金をめぐっては、(独) 労働政策研究・研修機構の2011年7月の「雇用形態による均等処遇についての研究会報告書」(JILPTのホームページに掲載) をはじめとして、厚労省2017年3月「同一労働同一賃金の実現に向けた検討会報告書」を経て、同省「労働政策審議会　職業安定分科会　雇用環境・均等分科会　同一労働同一賃金部会」の2017年6月9日付「同一労働同一賃金に関する法整備について（報告）」まで、EU指令や、英独仏の立法・判例も含む比較法的研究成果をも踏まえて検討がなされてきました（比較法上の研究資料については、厚労省ホームページ掲載の「同一労働同一賃金の実現に向けた検討会」の資料参照）。そして、同年6月16日付けの労政審議会による「同一労働同一賃金に関する法整備について（建議)」により、労契法の改正、パート有期法への発展、派遣法改正に至ったものです（厳密には、政府の構想する働き方改革については、官邸主導で動いた実態があり、「働き方改革実行計画」(2017年3月28日働き方改革実現会議決定)と同会議から公表された同一指針案の公表の影響が大きなものとなっています。首相官邸ホームページ参照）。

2 不合理指針が示す同一労働同一賃金の考え方

　以上の審議を経て、最終的に確定した不合理指針が示す我が国における同一労働同一賃金の考え方は、以下のように整理されています。

① 不合理と認められる待遇の相違の解消

　不合理指針第1は、「我が国が目指す同一労働同一賃金は、同一の事業主に雇用される通常の労働者と短時間・有期雇用労働者との間の不合理と認められる待遇の相違及び差別的取扱いの解消並びに派遣先に雇用される通

常の労働者と派遣労働者との間の不合理と認められる待遇の相違及び差別的取扱いの解消（協定対象派遣労働者にあっては、当該協定対象派遣労働者の待遇が労働者派遣法第30条の4第1項の協定により決定された事項に沿った運用がなされていること）を目指すもの」とその内容を示しています。

② 欧州と比較した大きな待遇の相違の改善

　問題意識として、欧州と比較した大きな待遇の相違の改善が、次のように指摘されています。即ち、「もとより賃金等の待遇は労使の話合いによって決定されることが基本である。しかし、我が国においては、通常の労働者と短時間・有期雇用労働者及び派遣労働者との間には、欧州と比較して大きな待遇の相違がある。政府としては、この問題への対処に当たり、同一労働同一賃金の考え方が広く普及しているといわれる欧州の制度の実態も参考としながら政策の方向性等を検証した結果、それぞれの国の労働市場全体の構造に応じた政策とすることが重要であるとの示唆を得た。」と比較法的検討を踏まえた内容であることを明言しています。

③ 我が国の賃金体系の実態を踏まえた対応の必要性

　しかし、我が国の賃金体系の実態を踏まえた対応の必要性を踏まえ、次のような指摘をしています。即ち、「我が国においては、基本給をはじめ、賃金制度の決まり方には様々な要素が組み合わされている場合も多いため、まずは、各事業主において、職務の内容や職務に必要な能力等の内容を明確化するとともに、その職務の内容や職務に必要な能力等の内容と賃金等の待遇との関係を含めた待遇の体系全体を、短時間・有期雇用労働者及び派遣労働者を含む労使の話合いによって確認し、短時間・有期雇用労働者及び派遣労働者を含む労使で共有することが肝要である。また、派遣労働者については、雇用関係にある派遣元事業主と指揮命令関係にある派遣先とが存在するという特殊性があり、これらの関係者が不合理と認められる待遇の相違の解消等に向けて認識を共有することが求められる。

今後、各事業主が職務の内容や職務に必要な能力等の内容の明確化及び
その公正な評価を実施し、それに基づく待遇の体系を、労使の話合いによ
り、可能な限り速やかに、かつ、計画的に構築していくことが望ましい。」
との指摘です。

④ **賃金のみならず、福利厚生、キャリア形成、職業能力の開発及び向上**
　　等を含めた取組の必要性

　そのうえで、賃金のみならず、福利厚生、キャリア形成、職業能力の開発
及び向上等を含めた取組の必要性につき、次のような指摘をしています。
即ち、「通常の労働者と短時間・有期雇用労働者及び派遣労働者との間の不
合理と認められる待遇の相違の解消等に向けては、賃金のみならず、福利
厚生、キャリア形成、職業能力の開発及び向上等を含めた取組が必要であ
り、特に、職業能力の開発及び向上の機会の拡大は、短時間・有期雇用労
働者及び派遣労働者の職業に必要な技能及び知識の蓄積により、それに対
応した職務の高度化や通常の労働者への転換を見据えたキャリアパスの構
築等と併せて、生産性の向上と短時間・有期雇用労働者及び派遣労働者の
待遇の改善につながるため、重要であることに留意すべきである。」と。

⑤ **我が国から「非正規」という言葉の一掃**

　そのうえで、我が国から「非正規」という言葉の一掃を目指すべく、次
のような指摘をしています。即ち、「このような通常の労働者と短時間・有
期雇用労働者及び派遣労働者との間の不合理と認められる待遇の相違の解
消等の取組を通じて、労働者がどのような雇用形態及び就業形態を選択し
ても納得できる待遇を受けられ、多様な働き方を自由に選択できるように
し、我が国から『非正規』という言葉を一掃することを目指す。」と。

パート社員・契約社員・派遣社員の
待遇改善と改正のポイント

1 パート社員・契約社員に関する待遇改善と改正点

❶ 非正規雇用への公正な待遇の確保（改正前労契法 20 条関係）──パート
有期労働者の不合理な待遇の禁止[パート有期法 8 条・改正前労契法 20 条]

①改正経緯

　2018 年労働契約法改正の主要点の一つが、改正前労働契約法 20 条を取り
込んだパート有期法 8 条によるパート有期労働者の不合理な待遇の禁止で
す（以下につき、岩出・大系 117 頁以下参照）。以下で詳述するように、判断要
素・枠組が、後述する不合理指針を踏まえてより具体的になっています。
パート有期法 8 条により、事業主は、その雇用するパート有期労働者の「基
本給、賞与その他の待遇のそれぞれについて、当該待遇に対応する通常の
労働者」（以下、「正社員」という）「の待遇との間において」、当該パート有
期労働者及び」正社員「の業務の内容及び当該業務に伴う責任の程度（以
下「職務の内容」という）、当該職務の内容及び配置の変更の範囲その他の事
情のうち、当該待遇の性質及び当該待遇を行う目的に照らして適切と認め
られるものを考慮して、不合理と認められる相違を設けてはならない」と
定められています（従前は、改正前パート労働法 8 条で「短時間労働者の待遇の
原則」とされていたものです）。8 条でも、労働条件の相違があれば直ちに不
合理とされるものではなく、パート有期法 8 条に列挙されている要素を考

慮し、不合理な労働条件の相違と認められる場合が禁止されます。

　なお、「通常の労働者」は、厳密には、正規型の労働者が居ない場合は、当該業務に基幹的に従事するフルタイム労働者を示す場合もありますが（平26基発0724第2第1の2（5イ））、圧倒的多数の企業において問題となるのは正社員との比較であるため、ここでは、正社員と称します（岩出・大系118頁参照）。

②均衡待遇における禁止対象の労働条件

　パート有期法8条の禁止対象は、明示された「基本給、賞与」だけでなく、「その他の待遇」の中には、賃金や労働時間等の狭義の労働条件のみならず、労働契約の内容となっている災害補償、服務規律、休職制度、教育訓練、付随義務、福利厚生等労働者に対する一切の待遇を包含されます（不合理指針第3の4参照）。

　既に、傷病休職制度については、改正前労働契約法20条をめぐる日本郵便（新東京局・雇止め）事件・東京地判・平29.9.11労判1180号56頁では、休職制度の有無が争われ、この事件では不合理でないとされました。

　他方、傷病有給休暇制度については、大阪医科薬科大学（旧大阪医科大学）事件・大阪高判・平31.2.15労判1199号5頁では私傷病欠勤中の賃金1か月分・休職給2か月分について、労契法20条に違反する不合理な待遇差と認定されたものが、学校法人大阪医科薬科大学（旧大阪医科大学）事件・最判・令2.10.13労判1229号77頁では不合理でないとされ、日本郵便（時給制契約社員ら・東京）事件・最一小判・令2.10.15労判1229号58頁では不合理とされるなど事案ごとの判断であることに留意してください。

③6.1最判と2020年最判とパート有期法8条の関係

　改正前労働契約法20条に関するハマキョウレックス事件・最二小判・平30.6.1労判1179号20頁や長澤運輸事件・最二小判・平30.6.1労判1179号34頁（以下、両判決を一括して「6.1最判」ともいう）は、その判示上から

も、パート有期法 8 条の条文や 2016.12.20「同一労働同一賃金ガイドライン案」（以下、「同一指針案」という。同案は不合理指針として確定しています）の趣旨・手法を取り込んでおり、実質的に、同法 8 条に関する最高裁の判断枠組を示した重要判例と解されます。

さらに、6.1 最判を踏まえて判断を下した 2020 年最判も、単に改正前労契法 20 条の解釈を示したというよりは、積極的に、パート有期法 8 条の解釈を示したものと解されます。メトロコマース事件最判の補足意見でも、同判決がパート有期法 8 条の理念に沿うものと指摘しています。

以下は、かかる認識の下で、6.1 最判や 2020 年最判を踏まえて、8 条を分析・解説してみます。

なお、6.1 最判では、従前の下級審の裁判例に沿い（日本郵便事件・大阪地判・平 30.2.21 労経速 2338 号 3 頁等）、改正前労働契約法 20 条における「『期間の定めがあることにより』とは、有期契約労働者と無期契約労働者との労働条件の相違が期間の定めの有無に関連して生じたものであることをいうものと解するのが相当である」としました。しかし、パート有期法 8 条では、この要件自体が明文で無くなっていますし、2020 年最判では既に争点となっていないので、この要件には深入りしないこととします。

ただし、「短時間労働者及び有期雇用労働者の雇用管理の改善等に関する法律の施行について（平 31.1.30 基発 0130 第 1・職発 0130 第 6・雇均発 0130 第 1・開発 0130 第 1、最終改正令 2.12.25 雇均発 1225 発 20）（以下、パート有期基本通達という）第 3 の 3⑵によれば、「法第 8 条の不合理性の判断の対象となるのは、待遇の『相違』であり、この待遇の相違は、『短時間・有期雇用労働者であることに関連して生じた待遇の相違』であるが、法は短時間・有期雇用労働者について通常の労働者との均衡のとれた待遇の確保等を図ろうとするものであり、法第 8 条の不合理性の判断の対象となる待遇の相違は、『短時間・有期雇用労働者であることに関連して生じた』待遇の相違

であることが自明であることから、その旨が条文上は明記されていないことに留意すること」とされています。

④均衡処遇の原則

　パート有期法8条は、職務の内容等の違いがあっても、「違いに応じた均衡のとれた処遇を求め」た規定です。6.1最判の判示を踏まえると、同条は、パート有期労働者については、無期労働契約の正社員と比較して「合理的な労働条件の決定が行われにくく、両者の労働条件の格差が問題となっていたこと等を踏まえ」、パート有期労働者の「公正な処遇を図るため、その労働条件につき、期間の定めがあることにより不合理なものとすることを禁止したもの」です。そして、同条は、パート有期労働者と正社員「との間で労働条件に相違があり得ることを前提に、職務の内容、当該職務の内容及び配置の変更の範囲その他の事情（以下、「職務の内容等」という）を考慮して、その相違が不合理と認められるものであってはならないとするものであり、職務の内容等の違いに応じた均衡のとれた処遇を求める規定である」ということになります。

　そのため、企業が、パート有期法8条対策として、職務の内容等を区分した職務峻別対策をしても、均衡処遇を求められる根拠を完全には根絶仕切れないということになり得ます。不合理指針第2でも、「事業主は、通常の労働者と短時間・有期雇用労働者及び派遣労働者との間で職務の内容等を分離した場合であっても、当該通常の労働者と短時間・有期雇用労働者及び派遣労働者との間の不合理と認められる待遇の相違の解消等を行う必要がある。」と同旨を指摘しています。

⑤法的効果

(イ)　不合理な相違の無効と補充効の否定

　パート有期法8条は、私法上の効力を有します。6.1最判の判示を踏まえると、「不合理と認められる相違を設けてはならない」と規定しているこ

とや（改正前の「不合理と認められるものであってはならない」との措辞の違いがここでの補充効の否定には影響しないものと解されます）、その趣旨がパート有期労働者の「公正な処遇を図ることにあること等に照らせば、同条の規定は私法上の効力を有するものと解するのが相当で」、パート「有期労働契約のうち同条に違反する労働条件の相違を設ける部分は無効となる」と解されます。

　そこで、処遇の相違に不合理性が認められる場合には相違が無効となりますが、パート有期法８条には、正社員の就業規則等と同一の処遇をなすべき効果（補充効）を定める規定がなく、補充効はないと解されます。したがって、パート有期労働者と正社員との労働条件の相違が不合理であっても、同条の効力により当該パート有期労働者の労働条件が比較の対象である正社員の労働条件と同一のものとなるものではありません。6.1最判の判示を踏まえれば、パート有期法８条は、パート有期契約労働者について無期契約の正社員「との職務の内容等の違いに応じた均衡のとれた処遇を求める規定であり、文言上も、両者の労働条件の相違が同条に違反する場合に」、当該パート有期契約労働者の労働条件が比較の対象である」正社員「の労働条件と同一のものとなる旨を定めていない」ことが理由とされます。

㈡　就業規則の別個独立化による就業規則の合理的解釈による補充の困難

　正社員に適用される就業規則や給与規程と、パート有期労働者に適用されるパート有期労働者就業規則とが、別個独立のものとして作成されている場合には、両者の労働条件の相違が同条に違反する場合に、正社員就業規則または正社員給与規程の定めがパート有期労働者契約社員に適用されることとなると解することは、就業規則の合理的な解釈としても困難である、とされ易くなっています（6.1最判）。従前から行われてきた（岩出・大系115～116頁参照）、正社員就業規則の合理的意思解釈（例えば、芝電化事件・

東京地判・平22.6.25労判1016号46頁では、正規従業員と同様の雇用実態にあった労働者につき、退職金の支給がない「パートタイマー」であったとする会社の主張につき、「同項ただし書にいう『パートタイマー』とは、単に正規従業員（正社員）と格差のある待遇を受けている従業員一般を指すものではなく、飽くまで当該雇用契約上、当該企業において正規（フルタイム）の所定労働時間（日数）よりも少ない時間（日数）で働くことが予定された、本来的な意味におけるパートタイマー労働者をいうものと解するのが相当である」と判示し、会社が「雇用契約の締結に当たって、上記のような意味におけるパートタイマーとして……雇い入れたと認めるに足る的確な証拠は見当たらない」として、会社の主張を退けた）を全て否定するものではないでしょうが、パート有期労働者用に別個独立のものとして作成されている場合には従前に比較して、合理的意思解釈が困難になったといえます（6.1最判後の九水運輸商事事件・福岡高判・平30.9.20労判1195号88頁でも同様の判断がなされています）。

(ハ)　地位確認の否定

　　上記(イ)の補充効が否定される結果、正社員の就業規則等と同一の処遇をなすべき地位確認や差額賃金請求は認められません。6.1最判の判示を踏まえれば、仮に賃金等に係る相違がパート有期法8条に違反するとしても、パート有期労働者の賃金等に係る労働条件が正社員の労働条件と同一のものとなるものではありませんから、パート有期労働者が、賃金等に関し、正社員と同一の権利を有する地位にあることの確認を求める確認請求は理由がなく、また、同一の権利を有する地位にあることを前提とする差額賃金請求も理由がない、とされることになります。

(ニ)　不法行為による差額賠償責任

　イ．不法行為該当事由

　　　不合理とされる処遇の相違を設けていた場合、設けていたことが不法行為とされ、差額相当額の損害賠償によって、処理されます（前掲ハ

マキョウレックス事件・最判）。長澤運輸事件6.1最判の判示によれば、「会社が、本件組合との団体交渉において、嘱託乗務員の労働条件の改善を求められていたという経緯に鑑みても、会社が、嘱託乗務員に精勤手当を支給しないという違法な取扱いをしたことについては、過失があった」とされ、改正前労働契約法20条違反の「違法な取扱いをしたことについては、過失があった」としています。さらに、ハマキョウレックス（差戻審）事件・大阪高判・平30.12.21労経速2369号18頁は労働契約法20条の施行時までには、同条の趣旨に合致するように、契約社員の労働条件である諸手当について、正社員の労働条件と均衡のとれた処遇とするように取り組むべき注意義務違反を過失と断じています。

ロ．差額請求の範囲

　しかし、パート有期法8条が均衡処遇の規定であれば、「職務の内容等の違いに応じた均衡のとれた処遇」で足りるはずで、差額の全額賠償に限らず、割合的認容もあり得ることとなります。

　例えば、日本郵便（時給制契約社員ら）事件・東京地判・平29.9.14労判1164号5頁では、民訴法248条を援用して損害額の割合認定の手法を取りましたが（しかし、同控訴事件・東京高判・平30.12.13労判1198号45頁は全額賠償とした）、パート有期法8条を均衡処遇の規定と理解した場合には、民訴法の援用によらずとも、違いに応じて差額の全額賠償は不均衡な場合があり得ます（古くは、丸子警報器事件・長野地上田支判・平8.3.15労判690号32頁）。既に、学校法人大阪医科薬科大学（旧大阪医科大学）事件・大阪高判・平31.2.15労判1199号5頁では、正職員の賞与額の約6割の支払いを命じ、東京メトロコマース事件・東京高判・平31.2.20労判1198号5頁では、退職金の内、正社員の少なくとも25％は支払われるべきとしました。なお、日本郵便（非正規格

差）事件・大阪高判・平31.1.24労判1197号5頁は、割合的認定を取らなかったのですが、不合理といえる対象者を勤続5年超過者に限定し、均衡を図っています。

しかし、2020年最判においては、割合的認定の手法を使わず、不合理性の存否で一刀両断しています。とはいえ、均衡処遇の規定と理解した場合には、むしろ差額の全額賠償は不均衡ともいえ、今後も裁判例の動きを注視する必要があります。

他方で、日本郵便事件最判3判決（日本郵便（大阪）事件・最一小判・令2.10.15労判1229号67頁、日本郵便（時給制契約社員ら・東京）事件・最一小判・令2.10.15労判1229号58頁、日本郵便（佐賀）事件・最一小判・令2.10.15労判1299号5頁の10.15最判）が、有給病気休暇につき言及している、「正社員との間で休暇日数に相違を設けることはともかく、有給か無給かの相違は不合理と認められる。」との判示は、均衡考慮の中で一定の有給の病気休暇日数の相違により不合理性を否定する余地を示していて、これがその他の手当等にも援用される含みを残しています。

同様な判断は、大阪医科大学事件上告不受理決定が、年休の日数に1日の相違が生ずることも、不合理な相違とはいえないとした判断や、正職員とアルバイト職員との基本給の相違が「約2割にとどまっていることからすると、賃金（基本給）の相違は不合理と認めるに足りない」との判断、メトロコマース事件不受理決定が「契約社員Bに対する賞与が相当低額に抑えられていることは否定できないものの、その相違が直ちに不合理であるとはいえない」とした判断や、基本給についても、「売店業務に従事する正社員の72.6％～74.7％と一概に低いとはいえず」不合理とはいえないなどの判示からも読み取れます。

まさに、下級審で示された割合的賠償の法理は、待遇差につき、「0か100」ではなく、一定の処遇差を設ける対応を認める含みを示して

います。

　2020 年最判自体は、割合的な一定の差異を合理性の判断要素に組み込んでいると解されます。しかし、損害の割合的認容には、今回は踏み込みませんでした。

　そこで、少なくとも、今回の 2020 年最判対応で、就業規則等の改正をなす際に、業務内容や変更の範囲の相違に応じて、「当該待遇の性質及び当該待遇を行う目的に照らして適切と認められるものを考慮して」、「0 か 100」ではなく、最高裁が認めた一定の差異、一定の処遇差を設ける対応策導入を工夫すべきです。

⑥不合理性の判断

㋑　不合理性の意義

　パート有期法 8 条にいう「不合理と認められる相違」とは、パート有期労働者と正社員との労働条件の相違が不合理であると評価することができるものであることをいいます。6.1 最判の判示を踏まえれば、パート有期法 8 条が「不合理と認められる相違を設けてはならない。」と規定していることに照らせば、同条は飽くまでも労働条件の相違が不合理と評価されるか否かを問題とするものと解することが文理に沿うものといえます。

　逆にいえば、合理的でないものと同義ではなく、合理的とはいえないが不合理とはいえないグレーゾーンを許容することを明示したことになるものと解されます。しかも、職務が違っても均衡を求めたうえで、不合理か否かの判断要素に、「労使間の交渉や使用者の経営判断を尊重すべき面があること」を認めています。ただし、この経営判断には、会社法の「経営判断の原則」で使われるよりは縛りがあるようで、パート有期法 8 条により、「その他の事情のうち、当該待遇の性質及び当該待遇を行う目的に照らして適切と認められるものを考慮」するとして適切性という規範的な判断による歯止めがかかっています。

10.13 最判によれば、よりパート有期法 8 条の条文に近くなり、正社員と
パート有期労働者の間に労働条件の相違が退職金、賞与、各種手当の支給
に係るものであったとしても、それらが改正前労契法 20 条やパート有期
法 8 条にいう不合理と認められるものに当たる場合はあり得ます。その判
断に当たっては、退職金、賞与、各種手当のそれぞれについて、正社員と
パート有期労働者の間において、当該使用者における業務の内容及び当該
業務に伴う責任の程度（以下「職務の内容」という）、当該職務の内容及び配
置の変更の範囲その他の事情のうち、当該待遇の性質及び当該待遇を行う
目的に照らして適切と認められるものを考慮して、当該労働条件の相違が
不合理と評価することができるものであるか否かが検討されます。

(ロ) 不合理性の主張立証責任

　パート有期法 8 条にいう、パート有期労働者と正社員の労働条件の相違
が不合理であるか否かの判断は規範的評価を伴うものですから、当該相違
が不合理であるとの評価を基礎付ける事実（評価根拠事実）については当該
相違が同条に違反することを主張する者（非正規労働者）が、当該相違が不
合理であるとの評価を妨げる事実（評価障害事実）については当該相違が同
条に違反することを争う者（使用者）が、それぞれ主張立証責任を負います
（前掲ハマキョウレックス事件・最判でも、従前の前掲日本郵便事件・大阪地判・
平 30.2.21 等の裁判例を踏襲して同旨を判示しています）。

(ハ) 不合理性判断要枠組

　イ．職務内容及び変更範囲以外の広範な「その他の事情」の考慮肯定

　(a) 職務内容及び変更範囲

　　不合理性判断要素として、パート有期法 8 条で「業務の内容及び当該
業務に伴う責任の程度（以下、「職務の内容」という）、当該職務の内容及
び配置の変更の範囲その他の事情」は明記されています。しかし、「その
他の事情」につき、その内容を職務内容及び変更範囲に関連する事情に

限定すべきではないと解されています（前掲長澤運輸事件最判では、「労働者の賃金に関する労働条件は、労働者の職務内容及び変更範囲により一義的に定まるものではなく、使用者は、雇用及び人事に関する経営判断の観点から、労働者の職務内容及び変更範囲にとどまらない様々な事情を考慮して、労働者の賃金に関する労働条件を検討するもの」であることと、「労働者の賃金に関する労働条件の在り方については、基本的には、団体交渉等による労使自治に委ねられるべき部分が大きい」ことも理由に挙げています）。

(b)　その他の事情としての定年後再雇用の要素

　パート有期労働者が定年退職後に再雇用された者であることは、当該パート有期労働者と正社員との労働条件の相違が不合理と認められるものであるか否かの判断において、「その他の事情」として考慮されます（長澤運輸事件・東京高判・平 28.11.2 労判 1144 号 16 頁／前掲長澤運輸事件・最判では、使用者が定年退職者を有期労働契約により再雇用する場合、当該者を長期間雇用することは通常予定されておらず、定年退職後に再雇用される有期契約労働者は、定年退職するまでの間、無期契約労働者として賃金の支給を受けてきた者であり、一定の要件を満たせば老齢厚生年金の支給を受けることも予定されていることなどの事情は、定年退職後に再雇用される有期契約労働者の賃金体系の在り方を検討するに当たって、その基礎になるとしています。ただし、不合理指針第 3 の 1 の注 2 は「定年に達した後に有期雇用労働者として継続雇用する場合の待遇について、様々な事情が総合的に考慮されて、通常の労働者と当該有期雇用労働者との間の待遇の相違が不合理と認められるか否かが判断される」とするに留めていることに留意すべきです）。

ロ．個々の賃金項目等の性質・目的等を個別考慮した不合理性判断の枠組

　パート有期法 8 条に明記されたように、「基本給、賞与その他の待遇のそれぞれについて、……当該待遇の性質及び当該待遇を行う目的に照らして適切と認められるものを考慮して」、すなわち、個々の賃金項目の性

質・目的等を個別考慮して、不合理性の存否判断がなされます。

　そこで、「労働者の賃金が複数の賃金項目から構成されている場合、個々の賃金項目に係る賃金は、通常、賃金項目ごとに、その趣旨を異にするものである」ところから、パート有期労働者と正社員との賃金項目に係る労働条件の相違が不合理と認められるものであるか否かを判断するに当たっては、当該賃金項目の性質・目的により、その考慮すべき事情や考慮の仕方も異なり得ます（前掲長澤運輸事件最判。前掲ハマキョウレックス事件・最判はこの基準を明言しないものの、この理を前提に、個々の手当等の不合理性審査に入っています。おおむね、同一指針案に沿っています。2020年最判は、不合理指針案というよりパート有期法8条に即して判断しています）。また、ある賃金項目の有無及び内容が、他の賃金項目の有無及び内容を踏まえて決定される場合もあり得ます（前掲長澤運輸事件・最判では、皆勤手当の不支給の不合理性が割増賃金の差額の不合理性に関連付けられています）。

　実務的には、6.1最判、法令とガイドラインだけでは抽象的で、下級審でもガイドラインと乖離する判断が少なからず出ていたところから、実務的指針となるべき最高裁判決の蓄積が待たれていました。その中で、2020年10月、企業には大きな負担をかけることとなる退職金や賞与の不支給のほか、有給の病気休暇の不給付、扶養手当等の諸手当の不支給について、具体的な判断を示した2020最判が示されました。

　なお、2020年最判も、6.1最判と同じく、形式的には改正前労契法20条の不合理性の存否への判断を示した事案です。しかし、内容的には、以下で述べるように、2018判決と同様に、パート有期法8条やガイドラインを踏まえながらも、ガイドラインとの乖離も示すなど、留意すべき点が多々あります。

ハ．具体的な当てはめ——退職金、賞与、各種手当

(a)契約社員への退職金不支給の不合理性

　最高裁判例上、パート有期社員への退職金不支給につき、改正前労契法20条やパート有期法8条の不合理性肯定例はありません（下級審でも、肯定例は割合的認定をしたメトロコマース事件・東京高判・平31.2.20労判1198号5頁のみ）。

　上記不合理性を否定した例として、前掲長澤運輸事件最判上告棄却例（「原審の上記判断のうち、精勤手当及び超勤手当（時間外手当）を除く本件各賃金項目に係る労働条件の相違が労契法20条に違反しないとした部分は結論において是認することができる」との判断）がありましたが、本格的にこれを論じた最高裁判例としては、前掲メトロコマース事件最判があります。ここでは、「退職金は職務遂行能力や責任の程度等を踏まえた労務の対価の後払いや継続的な勤務等に対する功労報償等の複合的な性質を有するものであり、Ｙは、正社員としての職務を遂行し得る人材の確保やその定着を図るなどの目的から、様々な部署等で継続的に就労することが期待される正社員に対し退職金を支給することとしたもの」で、いわゆる年功的職能給制度の下で「正社員としての職務を遂行し得る人材の確保やその定着を図るなどの目的」（有為人材確保論）を認定のうえ、正社員の代行業務、複数の売店を統括等の業務内容と変更の範囲の一定の相違を認めたうえで、「その他の事情」としての正職員への登用制度の実効性を重視し不合理性を否定しました。

　逆に、年功的職能給制度ではなく、業務内容と変更の範囲の相違がより小さく、正社員登用制度がなかったら結論が変わった可能性があります。

(b)契約社員への賞与不支給の不合理性

　最高裁判例上、パート有期社員への賞与不支給につき、改正前労契法

20条やパート有期法8条の不合理性肯定例はありません（下級審でも、肯定例は割合的認定をした大阪医科薬科大学事件・大阪高判・平31. 2.15労判1199号5頁と定年後再雇用につき6割を下回る部分を不合理とした名古屋自動車学校事件・名古屋地判・令2.10.28労判1233号5頁のみ）。

　上記不合理性を否定した例として、定年後再雇用に伴うその他の事情を考慮して不合理性を否定した長澤運輸事件最判がありましたが、本格的にこれを論じた最高裁判例としては、大阪医科薬科大学事件最判が、「正職員としての職務を遂行し得る人材の確保やその定着を図るなどの目的から、正職員に対して賞与を支給することとしたもので、……教室事務員である正職員とアルバイト職員の職務の内容等を考慮すれば、正職員に対する賞与の支給額がおおむね通年で基本給の4.6か月分であり、そこに労務の対価の後払いや一律の功労報償の趣旨が含まれることや、正職員に準ずるものとされる契約職員に対して正職員の約80％に相当する賞与が支給されていたこと、アルバイト職員であるXに対する年間の支給額が平成25年4月に新規採用された正職員の基本給及び賞与の合計額と比較して55％程度の水準にとどまることをしんしゃくしても、教室事務員である正職員とXとの間に賞与に係る労働条件の相違があることは、不合理であるとまで評価することができるものとはいえない。」と判示しました。

　なお、メトロコマース事件最判不受理決定も原審（東京高判・平31.2.20労判1198号5頁）の"本件賞与は、長期雇用を前提とする正社員に対し賞与の支給を手厚くすることにより有為な人材の獲得・定着を図るというYの人事施策上の目的にも一定の合理性が認められること（有為人材確保論）、正社員に対する賞与は、主として労務の対価としての後払いの性格や人事施策上の目的を踏まえた意欲向上策等の性格を帯びているが、時給制の契約社員Bに対する賞与が労務の対価の後払いを予定すべきであ

るということはできないこと等の事情から、契約社員Bに対する賞与が相当低額に抑えられていることは否定できないものの、その相違が直ちに不合理であるとはいえない"、との判断を維持しました。

　大阪医科薬科大学事件最判もメトロコマース事件最判不受理決定も年功的職能給制度下での判示で、「正職員としての職務を遂行し得る人材の確保やその定着を図るなどの目的」（有為人材確保論）を認定のうえ、正職員の業務内容と変更の範囲の一定の相違を認めたうえで、「その他の事情」としての正職員への登用制度の実効性を重視し、不合理性を否定しました。

　逆に、年功的職能給制度ではなく、業務内容と変更の範囲の相違がより小さく、正社員登用制度がなかったら結論が変わった可能性があります。

(c)その他の手当等――10.15最判における不合理性判断

(i)概要

　10項目の手当・特別休暇がないことなどについて改正前労契法20条が禁じる「不合理な格差」だと主張された日本郵便事件三判決（日本郵便（大阪）事件・最一小判・令2.10.15労判1229号67頁、日本郵便（時給制契約社員ら・東京）事件・最一小判・令2.10.15労判1229号58頁、日本郵便（佐賀）事件・最一小判・令2.10.15労判1299号5頁。以下、「10.15最判」ともいう）では、下記図解の手当不支給が争われ、その不合理性を肯定しています。

手当・休暇の格差についての裁判所判断

○ =認める ✕ =認めず	18年12月 **東京高裁**	19年1月 **大阪高裁**		18年5月 **福岡高裁**	10月15日 **最高裁**
扶養手当	―	✕		―	○
年末年始勤務手当	○	―		―	○
祝日給	✕	―		―	○
		勤務 5年以下	勤務 5年超		
夏休み・冬休み（有給）	○	✕	○	○	○
病気休暇（有給）	○	―		―	○

（朝日 WEB 版、2020.10.16 より）

(ii)諸手当不支給等の処遇差への不合理性判断の可能性とその判断基準

　「有期労働契約を締結している労働者と無期労働契約を締結している労働者との個々の賃金項目に係る労働条件の相違が労契法 20 条にいう不合理と認められるものであるか否かを判断するに当たっては、両者の賃金の総額を比較することのみによるのではなく、当該賃金項目の趣旨を個別に考慮すべきものと解するのが相当である（最高裁平成 29 年（受）第 442 号同 30 年 6 月 1 日第二小法廷判決・民集 72 巻 2 号 202 頁＊ハマキョウレックス事件最判）ところ、賃金以外の労働条件の相違についても、同様に、個々の労働条件の趣旨を個別に考慮すべきものと解するのが相当である。」と判示したうえで下記個別の手当等の相違の不合理性を判示しました。

　ただし、ここでの判断基準の判示は、日本郵便（佐賀）事件・最一小判・令 2.10.15 労判 1299 号 5 頁のみで判示されていますが、他の 2 件も前提としていると解されます。ところが、実際の不合理性判断の具体的分析における用語からすると、ハマキョウレックス事件最判によるというよりは、パート有期法 8 条の用語「当該待遇の性質及び当該待遇を行う目的に照らして適切と認められるものを考慮」に沿って判断しています。

⒤扶養手当不支給の不合理性

　「扶養手当は、長期・継続的な勤務が期待される正社員の生活保障や
福利厚生を図り、扶養親族のある者の生活設計を容易にさせることで、
継続的な雇用を確保する目的と考えられる。継続的な勤務が見込まれる
労働者への扶養手当支給は、使用者の経営判断として尊重し得ると解さ
れる。

　もっともこの支給の趣旨は、契約社員でも相応に継続的な勤務が見込
まれれば妥当する。原告ら契約社員の契約期間は 6 カ月以内または 1 年
以内とされ、契約更新を繰り返す者がいるなど、相応に継続的な勤務が
見込まれている。そうすると正社員と契約社員で職務内容などに相応の
相違があることを考慮しても、扶養手当に係る相違は、改正前労契法 20
条にいう不合理なものと認められる。」

　なお、10.15 最判では、有為人材確保の目的を認めつつパート有期法 8
条の「当該待遇の性質及び当該待遇を行う目的に照らして適切と認めら
れるものを考慮して」として、各趣旨の非正規への妥当性から不合理性
を認めており、10.13 最判以上に同条に沿った判断をしていると解されま
す。

　また、判示された「相応に継続的な勤務が見込まれれば」(以下、「相応継
続勤務要件」ともいう)の具体的内容が不分明で判例の蓄積が待たれます。

　この「相応継続勤務要件」の具体的な認定基準については判例の蓄積
を待つほかありません。少なくとも、日本郵便事件（大阪）事件最判の原
審・日本郵便（非正規格差）事件・大阪高判・平 31.1.24 労判 1197 号 5 頁
では、年末年始勤務手当等について、契約期間を通算した期間がすでに
5 年（労契法 18 条参照）を超えている場合には不合理としていた判断を最
高裁は受け入れなかったところからは（ただし、病気休暇については上記基
準を採用した原審を維持しており微妙な点がありますが）、大阪医科薬科大学

事件最判の3年余と5年の中間地帯を、更新限度特約の存否を含めて、探るということになると解されます。

(iv)年末年始勤務手当不支給の不合理性

　「正社員の年末年始勤務手当は、最繁忙期の勤務への対価としての性質を有し、業務の内容等に関わらず、実際に勤務したこと自体が支給要件である。この性質や要件に照らせば、支給の趣旨は契約社員にも妥当し、正社員との相違は不合理と認められる。」とされました。

　これ以降の判断では、明確な有為人材確保目的に言及なく、直截に、当該待遇の性質・目的から不合理性判断に踏み込んでいます。ここでは相応継続勤務要件が入っていないことに留意下さい。

(v)年始の祝日給不支給の不合理性

　「正社員の祝日給は、最繁忙期である年始期間に勤務した代償として、通常の賃金に割り増しして支給するものである。この趣旨は、繁忙期に限定された勤務ではなく、業務の繁閑に関わらない勤務が見込まれている契約社員にも妥当し、正社員との相違は不合理と認められる。」とされました。ここでは、相応継続勤務要件が入っていないことに留意下さい。

(vi)有給の病気休暇不付与の不合理性

　「有給の病気休暇は、長期・継続的な勤務が期待される正社員の生活保障を図り、傷病の療養に専念させることで、継続的な雇用を確保する目的と考えられる。この趣旨は、契約社員についても相応に継続的な勤務が見込まれれば妥当する。そして同社の契約社員は相応に継続的な勤務が見込まれている。正社員との間で休暇日数に相違を設けることはともかく、有給か無給かの相違は不合理と認められる。」とされました。ここでは、「相応に継続的な勤務も見込」（相応継続勤務要件）を要素としていることに留意下さい。「休暇日数に相違を設けることはともかく」と

の判示は、均衡考慮の中で一定の有給の病気休暇日数の相違の不合理性を認める余地を示していて、これがその他の手当等にも援用される含みを残しています。実務的な休暇制度の見直しに際しても参考とすべきです。

　なお、明確な有為人材確保論ではありませんが、それに近い「長期・継続的な勤務が期待される正社員の生活保障」を判示していますが、当該待遇の性質・目的から不合理性判断に踏み込んでいます。

(vii)夏期冬期休暇不付与の不合理性

　「正社員の夏期冬期休暇は、労働から離れる機会を与えて心身の回復を図る目的のものと解される。この趣旨は、繁忙期限定の短期間勤務ではなく、業務の繁閑に関わらない勤務が見込まれている契約社員にも妥当する。正社員との相違は不合理と認められる。」とされました。ここでは、相応継続勤務要件が入っていません。

(viii)令和2年10月15日の日本郵便事件3判決への留意点

　扶養手当や有給の病気休暇については、大阪医科薬科大学事件最判やメトロコマース事件最判における「正職員（正社員）としての職務を遂行し得る人材の確保やその定着を図るなどの目的」に近い「正社員の生活保障や福利厚生を図り、正社員の生活設計を容易にすることを通じ、継続的雇用を確保することを目的に支給されている。」ことを認めながら、各諸手当や有給休暇につきその目的は継続的な勤務が見込まれる契約社員にも適用しないのは不合理としています。そのため、10.13最判と10.15最判に理論的整合性がどこまであるかには疑問の余地はありますが、退職金・賞与支給を認めた場合の影響の大きさを考慮して、細かな諸手当や有給休暇で不支給の不合理性を認めてバランスを取った感も否めません。ここでの「相応継続勤務要件」の具体的な認定基準については前述の通り（47ページ参照）判例の蓄積を待つほかありません。

これに対して、年末年始勤務手当や夏期冬期休暇については、「正職員（正社員）としての職務を遂行し得る人材の確保やその定着を図るなどの目的」などは認められず、「最繁忙期である年始期間に勤務した代償」や「労働から離れる機会を与えて心身の回復を図る目的」が認定され、それが契約社員にも妥当する、とされ不合理性を認めています。さらに留意すべきは、年始の祝日給、年末年始勤務手当や夏期冬期休暇については、扶養手当や有給の病気休暇とは異なって、「継続的な勤務が見込まれる契約社員」への限定がないことです。共に、「繁忙期に限定された勤務ではなく、業務の繁閑に関わらない勤務が見込まれている契約社員」に適用していることです。つまり、「繁忙期に限定された」アルバイト等には妥当しないことを示唆しています。

(d) 6.1 最判や最高裁上告不受理決定をも視野に入れてのその他の処遇での不合理性判断状況

　さらに、以上で紹介しなかった 6.1 最判や最高裁上告不受理決定をも視野に入れてのその他の処遇での不合理性判断状況を実務的な参考とすべく紹介しておきます。

(i) 基本給（本給）

　不合理性肯定例はありません（下級審でも、肯定例は、30 年勤続した臨時職員の事案の学校法人産業医科大学事件・福岡高判・平 30.11.29 労判 1198 号 63 頁と、定年後再雇用につき 6 割を下回る部分を不合理とした名古屋自動車学校事件・名古屋地判・令 2.10.28 労判 1233 号 5 頁のみです）。

　不合理性否定例として、大阪医科薬科大学最判不受理決定が、基本給の相違（月給制・時給制の違い、額は 2 割程度の相違につき、不合理性を否定した原審・大阪医科薬科大学（旧大阪医科大学）事件・大阪高判・平 31.2.15 労判 1199 号 5 頁を支持しました。則ち、正職員とアルバイト職員とでは、実際の職務、職務に伴う責任、配転の可能性、採用に際

し求められる能力に大きな相違があり、賃金（基本給）の性格も、正職員の賃金は勤続に伴う職務遂行能力の向上に応じた職能給的な賃金、アルバイト職員の賃金は特定の簡易な作業に対応した職務給的な賃金と異なっていることを踏まえると、両者の間で一定の相違が生ずることも不合理とはいえないというべきであり、その相違も約２割にとどまっていることからすると、賃金（基本給）の相違は不合理と認めるに足りないとされました。

　また、メトロコマース事件最判不受理決定も、原審・メトロコマース事件・東京高判・平 31.2.20 労判 1198 号 5 頁の "X らの本給は、売店業務に従事する正社員の 72.6％～ 74.7％と一概に低いとはいえず、正社員と異なり、皆勤手当及び早番手当が支給されている上、契約社員 A、正社員への各登用制度によってその相違を解消する機会も与えられている。また、売店業務に従事する正社員は、関連会社再編によって転籍してきた者等であり、契約社員への切り替え、賃金切り下げができなかったこと、勤務条件についての労使交渉が行われたことも認められる。" として、年功的職能給制度下で、不合理性を否定しました。

(ⅱ)能率給及び職務給不支給の不合理性

　不合理性否定例として、長澤運輸事件最判があり、" 職務内容及び変更範囲の同一性を認めながら、「その他の事情」の考慮肯定をし、経営判断、団交等の要素を例示し、その他の事情としての定年後再雇用の要素として、再雇用期間、定年までの賃金獲得、老齢年金の受給等を例示し、基本給・歩合給の団交を経ての高額設定等の収入安定のための配慮への考慮、上記配慮の結果による取得賃金の差額割合の寡少性、老齢厚生年金受給と団交を経ての報酬比例部分の支給が開始までの調整給の支給などを総合考慮したうえで、" 嘱託乗務員と正社員との職務内容及び変更範囲が同一であるといった事情を踏まえても、正社員に対して能率

給及び職務給を支給する一方で、嘱託乗務員に対して能率給及び職務給を支給せずに歩合給を支給するという労働条件の相違は、不合理であると評価することができるものとはいえないから、労契法20条にいう不合理と認められるものに当たらないと解するのが相当である。"としています。

　ただし、定年後再雇用の特殊性と年金給付を踏まえた差額の希少性が大きな要素と解され、定年後再雇用に関しない事案での職務給制度利用の場合、不合理性が肯定される可能性があります。

(iii)役付手当（資格手当）不支給の不合理性

　不合理性否定例として、長澤運輸事件最判があり、"嘱託乗務員らは、嘱託乗務員に対して役付手当が支給されないことが不合理である理由として、役付手当が年功給、勤続給的性格のものである旨主張しているところ、会社における役付手当は、その支給要件及び内容に照らせば、正社員の中から指定された役付者であることに対して支給されるものである"としています。

　役付手当てが「正社員の中から指定された役付者であることに対して支給されるものである」ことからは当然の判断と解されます。不合理指針でも、「②役職手当について、役職の内容、責任の範囲・程度に対して支給しようとする場合」につき「役職手当について、役職の内容、責任の範囲・程度に対して支給しようとする場合、無期雇用フルタイム労働者と同一の役職・責任に就く有期雇用労働者又はパートタイム労働者には、同一の支給をしなければならない。また、役職の内容、責任に一定の違いがある場合においては、その相違に応じた支給をしなければならない。」としており、判例との間で齟齬はないといえます。

　メトロコマース事件最判不受理決定でも、原審・メトロコマース事件・東京高判・平31.2.20労判1198号5頁の"資格手当については、契約社

員Bにはその業務内容に照らして正社員と同様の資格を設けることは困難であると認められる。したがって、資格手当の相違は、不合理であるとは認められない。"との判断を維持しました。

(iv)住宅手当（住居手当）の不支給の不合理性

　住宅手当については、事案に応じ、判断が分かれています。

　不合理性肯定例として、メトロコマース事件最判不受理決定が、原審・メトロコマース事件・東京高判・平31.2.20労判1198号5頁の判示 "本件住宅手当は、従業員に対する福利厚生及び生活保障の趣旨で支給されるものであり、その手当の名称や扶養家族の有無によって異なる額が支給されるものであるから、職務内容等によって差異が生じるものではなく、また、正社員であっても転居を必然的に伴う配置転換は想定されていないのであるから、住宅手当の相違は不合理である。"との判断を維持しました。

　日本郵便大阪事件・同東京事件最判不受理決定も、原審の判示、即ち、大阪高判・平31.1.24労判1197号5頁が引用する地裁判決「①住居手当の支給額は、家賃の額や住宅購入の際の借入額に応じて決定されていること……に照らすと、被告において、住居手当が支給される趣旨目的は、主として、配転に伴う住宅に係る費用負担の軽減という点にあると考えられること、②新一般職は、本件契約社員と同様に、転居を伴う配転が予定されていない……にもかかわらず、住居手当が支給されていること、③住居手当の支給の有無によって、最大で月額2万7,000円の差異が生じるところ、本件契約社員には、住居に係る費用負担の軽減という観点からは何らの手当等も支給されていないこと、以上の点に鑑みれば、上記のとおり住居手当には福利厚生的な要素があること等を考慮したとしても、住居手当の支給についての新一般職と本件契約社員との労働条件の相違は、不合理なものであるといわざるを得ない。」との判断を

維持しています。

　不合理性否定例としては、ハマキョウレックス事件最判が、転居を伴う配転の有無に基づく住宅手当不支給の不合理性を否定しました。則ち、"正社員に対してのみ支給されている住宅手当は、従業員の住宅に要する費用を補助する趣旨で支給されるものと解されるところ、契約社員については就業場所の変更が予定されていないのに対し、正社員については、転居を伴う配転が予定されているため、契約社員と比較して住宅に要する費用が多額となり得る。したがって、正社員に対して上記の住宅手当を支給する一方で、契約社員に対してこれを支給しないという労働条件の相違は、不合理であると評価することができるものとはいえない"としました。

　不合理指針では、「②転勤者用社宅」につき、「無期雇用フルタイム労働者と同一の支給要件（転勤の有無、扶養家族の有無、住宅の賃貸、収入の額など）を満たす有期雇用労働者又はパートタイム労働者には、同一の利用を認めなければならない。」とされており、判例との間に乖離はないといえます。

　ところが、長澤運輸事件最判では、①住宅手当及び家族手当の趣旨（従業員に対する福利厚生及び生活保障の趣旨で支給されるものであるから、使用者がそのような賃金項目の要否や内容を検討するに当たっては、上記の趣旨に照らして、労働者の生活に関する諸事情を考慮する）と嘱託乗務員への老齢厚生年金の支給とのバランス、②総額の均衡の範囲での判断により不合理性を否定しました。

　住宅手当について、転勤の有無等がない場合には、その不支給につき不合理性なしとするには、老齢厚生年金の支給を受けることの予定や、その報酬比例部分の支給開始までの調整給で均衡が取れているなど、判断基準を示した各手当の趣旨・必要性による判断ではなく、総額の均衡

の範囲での判断もなされていると解されます。逆に、定年後再雇用でなかったら、上記メトロコマース事件最判不受理決定や日本郵便大阪事件・同東京事件最判不受理決定のように、住宅手当不支給が不合理とされる可能性が大きいと解されます。

(v)無事故手当・作業手当不支給の不合理性

　ハマキョウレックス事件最判が、"無事故手当は、優良ドライバーの育成や安全な輸送による顧客の信頼の獲得を目的として支給されるものであると解されるところ、……乗務員については、契約社員と正社員の職務の内容は異ならないから、安全運転及び事故防止の必要性については、職務の内容によって両者の間に差異が生ずるものではない。また、上記の必要性は、当該労働者が将来転勤や出向をする可能性や、……中核を担う人材として登用される可能性の有無といった事情により異なるものではない。"とし、"作業手当は、特定の作業を行った対価として支給されるものであり、作業そのものを金銭的に評価して支給される性質の賃金であると解される。しかるに、……乗務員については、契約社員と正社員の職務の内容は異ならない。また、職務の内容及び配置の変更の範囲が異なることによって、行った作業に対する金銭的評価が異なることになるものではない。"として、不合理性を認めています。

　不合理指針は、無事故手当には言及がありませんが、「④交替制勤務など勤務形態に応じて支給される特殊勤務手当」につき、「無期雇用フルタイム労働者と同一の勤務形態で業務に当たる有期雇用労働者又はパートタイム労働者には同一の支給をしなければならない。」として同旨を指摘していて、判例との乖離はありません。

(vi)給食手当の不支給の不合理性

　不合理性肯定例として、ハマキョウレックス事件最判があり、"給食手当は、従業員の食事に係る補助として支給されるものであるから、勤務

時間中に食事を取ることを要する労働者に対して支給することがその趣旨にかなうものである。しかるに、……乗務員については、契約社員と正社員の職務の内容は異ならない上、勤務形態に違いがあるなどといった事情はうかがわれない。また、職務の内容及び配置の変更の範囲が異なることは、勤務時間中に食事を取ることの必要性やその程度とは関係がない。"としています。

不合理指針も「⑨勤務時間内に食事時間が挟まれている労働者に対する食費の負担補助として支給する食事手当」につき、「有期雇用労働者又はパートタイム労働者にも、無期雇用フルタイム労働者と同一の支給をしなければならない。」として同旨を指摘し、判例との間に乖離はありません。

(vii)通勤手当の不支給の不合理性

不合理性肯定例として、ハマキョウレックス事件最判があり、"通勤手当は、通勤に要する交通費を補填する趣旨で支給されるものであるところ、労働契約に期間の定めがあるか否かによって通勤に要する費用が異なるものではない。また、職務の内容及び配置の変更の範囲が異なることは、通勤に要する費用の多寡とは直接関連するものではない。"とされています。

労契法施行通達も不合理例で挙げていましたが、不合理指針も「⑧通勤手当・出張旅費」につき、「有期雇用労働者又はパートタイム労働者にも、無期雇用フルタイム労働者と同一の支給をしなければならない。」として同旨を指摘し、判例との間に乖離はありません。

(viii)割増賃金の不支給・算定基礎除外の不合理性

不合理性肯定例として、長澤運輸事件最判があり、"嘱託乗務員に精勤手当を支給しないことは、不合理であると評価することができるものに当たり、正社員の超勤手当の計算の基礎に精勤手当が含まれるにもか

かわらず、嘱託乗務員の時間外手当の計算の基礎には精勤手当が含まれないという労働条件の相違は、不合理であると評価することができるものであるから、労契法20条にいう不合理と認められるものに当たると解するのが相当である。" としています。

　メトロコマース事件最判不受理決定も、原審・メトロコマース事件・東京高判・平31.2.20 労判1198号5頁の " 時間外労働の抑制という観点から有期契約労働者と無期契約労働者とで割増率に相違を設けるべき理由はないので、早出残業手当についての割増率の相違は不合理 " との判断を維持しています。

⑨法定外年休日数の相違の不合理性

　不合理性否定例として、大阪医科大学事件最判上告不受理決定があり、原審・大阪医科薬科大学（旧大阪医科大学）事件・大阪高判・平31.2.15労判1199号5頁の年休の日数に1日の相違が生ずることも、不合理な相違とはいえない、との判断を維持しています。

⑩褒章不支給の不合理性

　不合理性肯定例として、メトロコマース事件最判不受理決定があり、原審・メトロコマース事件・東京高判・平31.2.20労判1198号5頁の " 本件褒賞は、業務内容にかかわらず一定期間勤続した従業員に対する支給となっているので、契約社員に支給しないことは不合理である "、との判断を維持しています。

⑪附属病院の医療費補助措置

　不合理性否定例として、大阪医科大学事件最判上告不受理決定（附属病院の医療費補助措置の相違）：原審・大阪医科薬科大学（旧大阪医科大学）事件・大阪高判・平31.2.15労判1199号5頁の " 恩恵的な措置であって労働条件に含まれるとはいえず、不合理な労働条件の相違とはいえない " との判断を維持しています。しかし、恩恵的な措置も制度化すれば労働

条件となり得ることは周知のところであり（岩出・大系170頁参照）、理由付けには疑問は残ります。

　特に、パート有期法8条では、「労働条件」（改正前20条）ではなく、「その他の待遇」とその適用範囲を拡大しており、不合理性審査対象となる可能性が高まっている点に留意すべきです。

ニ．有為人材確保論の採用とその意義・影響

　さらに、注目すべきは、10.13最判が、共に、年功的職能給制度への言及の上で、賞与や退職金の支給目的を「正職員（正社員）としての職務を遂行し得る人材の確保やその定着を図るなどの目的」などを理由として、非正社員に支給しないことが不合理ではないとするための重要な要素としていると解される判示をしている点です。

　有為人材確保論について、水町教授は、6.1最判の判示では使われなかった基準である点で、6.1最判が有為人材確保論を採用しなかったと指摘し評価する一方で、10.13最判が有為人材確保論を採用したことを非難しています（水町勇一郎「不合理性をどう判断するのか？」労判1228号15頁）。

　しかし、水町教授の分析には疑問があります。そもそも、ハマキョウレックス最判でも、似たような「将来、会社の中核を担う人材として登用される可能性」（中核人材登用可能性）が変更の範囲の相違を論ずる際ではありますが言及されていました。この判示は、有為人材確保論と軌を一にする視点であり、最高裁が態度を変えたと見るのは早計ではないかと解されます。

　ただし、10.15最判でも、「正職員（正社員）としての職務を遂行し得る人材の確保やその定着を図るなどの目的」が判断要素に入っていますが、この目的を認めつつ、各手当等の性質・目的等を踏まえて、不合理性を肯定していることに留意すべきです。つまり、「正職員（正社員）としての職務を遂行し得る人材の確保やその定着を図るなどの目的」だけ

で不合理性否定の決定的判断要素となることではないということです。

　しかし、水町教授が先導した不合理指針第3の1の注1ではこのような抽象的な基準では処遇の不合理性を否定できないと言っていたこと（『通常の労働者と短時間・有期雇用労働者との間で将来の役割期待が異なるため、賃金の決定基準・ルールが異なる』等の主観的又は抽象的な説明では足りずなど）は有為人材確保論を重要な要素とすること自体への消極的態度が垣間見えます。これに対して、10.13最判が有為人材確保論に言及したうえで待遇相違の不合理性否定を論じている点は、不合理指針的発想への否定的な判示となっているとも見えます。

　そうとすれば今後の不合理指針による厚労省の指導にも大きな影響を与えるでしょうし、将来、同指針自体の修正も検討される可能性を秘めています。

ホ．パート有期社員から正社員への登用制度の不合理性否定要素として
　　の意義

　また、10.13最判が、共に、改正前労契法20条の「その他の事情」として、非正規から正社員への登用制度が不合理性否定の重要な要素として指摘されていることにも注目すべきです。

ヘ．賃金総額の比較のみでなく、個々の賃金項目趣旨の個別考慮の必要性

　パート有期契約労働者と正社員との個々の賃金項目に係る労働条件の相違が不合理と認められるものであるか否かを判断するに当たっては、両者の賃金の総額を比較することのみによるのではなく、当該賃金項目の趣旨を個別に考慮すべきものと解するのが相当であると解されています（前掲長澤運輸事件・最判）。

　しかし、この判示は、論理的には、逆に、総額の相違幅も不合理性判断の要素となることを前提としていることになります。その点、同事件での差額が2割程度であった点の影響の有無については慎重な検討を要しま

す。学究社（定年後再雇用）事件・東京地立川支判・平30.1.29労判1176号5頁では3割程度の相違を、五島育英会事件・東京地判・平30.4.11労経速2355号3頁では定年退職時の水準の約6割への減額が、名古屋自動車学校事件・名古屋地判・令2.10.28労判1233号5頁では、定年退職時の水準の約6割を下回らない基本給や賞与の減額につき、各々不合理とはいえないとしています。

ト．不合理性判断比較対象労働者

パート有期法8条では、正社員との比較を求めていますが、その範囲は明確ではありません。

同一指針案では、"いわゆる「正社員」を含む無期雇用フルタイム労働者全体を念頭においている"と指摘していましたが、確定した不合理指針第2では「通常の労働者」と記述するのみです。結局、パート有期基本通達第Ⅰの2⑶の前述の定義によれば、「いわゆるフルタイムの正社員」と同じとなると解されます。

ただし、留意すべきは、使用者が、比較対照労働者として、処遇が有期労働者のままの無期転換労働者とに比較対照することへの牽制として、「短時間・有期雇用労働法第8条及び第9条並びに労働者派遣法第30条の3及び第30条の4の規定は、雇用管理区分が複数ある場合であっても、通常の労働者のそれぞれと短時間・有期雇用労働者及び派遣労働者との間の不合理と認められる待遇の相違の解消等を求めるものである。このため、<u>事業主が、雇用管理区分を新たに設け、当該雇用管理区分に属する通常の労働者の待遇の水準を他の通常の労働者よりも低く設定したとしても、当該他の通常の労働者と短時間・有期雇用労働者及び派遣労働者との間でも不合理と認められる待遇の相違の解消等を行う必要がある。</u>」と指摘している点です。

他方、使用者の説明義務に関する「事業主が講ずべき短時間労働者及

び有期雇用労働者の雇用管理の改善等に関する措置等についての指針」

（平19.10.1厚労告326、改正平26.7.24厚労告293、最終改正平30.12.28厚労告429（以下、「パート有期指針」という）第3の2(1)では、不合理指針よりは、説明すべき比較対象労働者が限定され、「職務の内容、職務の内容及び配置の変更の範囲等が、短時間・有期雇用労働者の職務の内容、職務の内容及び配置の変更の範囲等に最も近いと事業主が判断する通常の労働者」とされています（パート有期基本通達第3の10(6)）。この内容が、実務的には影響してくることが予想されます。

6.1最判では、比較対象労働者が主たる論点になっていなかったのですが、下級審の裁判例を踏まえると、裁判例においては、職務内容及び変更範囲を主要な要素として、地域・職種限定正社員との均衡が問題とされることが少なくありませんでした（限定正社員と比較した前掲日本郵便（時給制契約社員ら）事件・東京地判・平29.9.14（前掲同控訴事件・東京高判・平30.12.13）、前掲日本郵便事件・大阪地判・平30.2.21、日本郵便事件・福岡高判・平30.5.24労経速2352号3頁等、全正社員と比較した東京メトロコマース事件・東京地判・平29.3.23労判1154号5頁、前掲同控事件・東京高判・平31.2.20、学校法人大阪医科薬科大学（旧大阪医科大学）事件・大阪地判・平30.1.24労判1175号5頁、前掲控訴事件・大阪高判・平31.2.15等）。

その流れを受けて、大阪医科薬科大学事件最判は、「Xにより比較の対象とされた教室事務員である正職員」との判示は、明言はしていませんが、最高裁が、不合理性判断の比較対象者をXらに委ねたとの見解（原告選択説）を最高裁が肯定したものと解されます（中町誠・労働新聞3278号1頁）。特に、同件の初審・学校法人大阪医科薬科大学（旧大阪医科大学）事件・大阪地判・平30.1.24労判1175号5頁、原審・大阪医科薬科大学（旧大阪医科大学）事件・大阪高判・平31.2.15労判1199号5頁では、比較対象の選択につき、比較対照されるべき無期雇用職員について、正職

員全体を比較対照するのが相当である（いわゆる客観説）とされていた中で、「Xにより比較の対象とされた教室事務員である正職員」との判示した意味は、原告選択説に大きく踏み込んだと解されることになるでしょう。同旨は、2020年最判全体に通じる判断となっています。

　なお、不合理性判断比較対象労働者の選定については、国会での政府答弁によれば（平成30年5月16日㈬衆議院厚生労働委員会等）、非正規労働者は、自らの選択した正規労働者との手当や基本給の違いを指摘して、均等、均衡に違反していることを主張することになります。したがって、正規労働者の賃金が複線化している企業では、正規労働者間の賃金のバランスが取れていないと、労働者からバランスを失した（他に比べて高額）な正規労働者と比較されることとなりかねません。なお、「有期から労働条件の変更なく無期に転換したフルタイム労働者は、新法の適用対象外にはなるが、条理上、有期の賃金引上げがあれば、こちらにも波及されるべきで、放置すれば、不法行為になるおそれあり」との考えも示されていますが、個別の諸事情によるところもあり、一般化は困難と思われ、裁判所がこの判断を受容するか否かは未だ不明です。

　なお、不合理性判断比較対象労働者の選定については、既に、国会での政府答弁に近い判断を示す日本ビューホテル事件・東京地判・平30.11.21労判1197号55頁も現れています。同判決では、比較対照すべき正社員について、「有期契約労働者と比較対照すべき無期契約労働者を限定しておらず……、不合理性の有無の判断においては、業務の内容及びこれに伴う責任の程度（職務の内容）、当該職務の内容及び配置の変更の範囲の異同のみならず差異の程度をも広く考慮し、その他の事情に特段の制限を設けず、諸事情を幅広く総合的に考慮して、労働条件の相違が当該企業の経営・人事制度上の施策として不合理なものと評価されるか否かを判断すべきことが予定されていることからすれば、不合理性の有無の判

断に当たっては、まずは、Xが措定する、有期契約労働者と無期契約労働者とを比較対照することとし、Yが主張するような他の正社員の業務内容や賃金額等は、その他の事情として」、これらも含めて労契法20条所定の「考慮要素に係る諸事情を幅広く総合的に考慮し、当該労働条件の相違が当該企業の経営・人事制度上の施策として不合理なものと評価されるか否かを判断するのが相当である。」と判示し、前掲メトロコマース事件・東京高判・平31.2.20も、比較対象とする無期契約労働者の範囲は、労契法20条に反し、相違が不合理であると主張する原告において特定すべきであり、裁判所はその主張に沿って判断すれば足り、本件においては、売店業務に従事している正社員となると判示しています。

　では、原告が最悪のローパフォーマーで、雇用保障上の例外的措置として軽易な業務に就かせているような労働者を対象労働者として選定した場合はどうなるでしょうか。この点は、「使用者の処遇体系のなかで、原告労働者が指定した無期労働者が少数であり、他に職務内容等が異なる大多数の無期契約労働者が存在し、その存在を基本として労働条件が設定されているなど、当該労働条件の相違の不合理性判断に影響を与えるような特別な事情がある場合には、その点も『その他の事情』として付随的に考慮されうる」と解されます（水町・前掲労判1228号14頁は、本判決がそこまで判示しているとしていますが、判決文上は明示されておらず、趣旨解釈として理解すべきと考えます）。

❷ 通常の労働者と同視すべきパート有期労働者に対する差別的取扱いの禁止［パート有期法9条］

① 「職務内容同一パート有期労働者」と「正社員と同視すべきパート有期労働者」

　「事業主は、職務の内容が当該事業所に雇用される」正社員と同一のパート有期労働者（以下、「職務内容同一パート有期労働者」という）「であって、当

該事業所における慣行その他の事情から見て、当該事業主との雇用関係が終了するまでの全期間において、その職務の内容及び配置が当該」正社員「の職務の内容及び配置の変更の範囲と同一の範囲で変更されることが見込まれるもの」（以下、「正社員と同視すべきパート有期労働者」という）に「ついては、パート有期「労働者であることを理由として、基本給、賞与その他の待遇のそれぞれについて、差別的取扱いをしてはならない」と定められました（パート有期法9条。以下につき、岩出・大系123頁以下参照）。

　これは、2018年改正により、均衡処遇に関する改正前労働契約法20条のパート有期法8条への統合とともに、従前、均等待遇の規定がなかった有期労働者にも均等待遇の定めを設け、差別禁止対象労働条件もパート有期法8条との整合性を持たせた改正がなされたものです（その他の改正点等の詳細は、パート有期基本通達第3の4参照）。パート有期法9条の「職務内容同一パート有期労働者」にとどまる労働者に関しては同法8条での処理を前提としているものと解されます。

　実は、長澤運輸事件最判では、職務内容及び変更範囲の同一性が認められているため、今後も同種の事案が現われた場合には、パート有期法9条の問題として処理される可能性があり得ます。厚労省ホームページでのパート有期法9条の紹介でも、有期労働者について、正社員と「①職務内容、②職務内容・配置の変更範囲が同一である場合の均等待遇の確保を義務化」したとして、上記を前提とした趣旨を明言しています。しかし、パート有期法9条の適用には、「当該事業所における慣行その他の事情からみて、当該事業主との雇用関係が終了するまでの全期間において」という要件（その具体的内容については、パート有期基本通達第3の4(6)～(8)参照[1]）、が必要ですが、厚労省「パートタイム・有期雇用労働法対応のための取組手順書」等では、その点への検討がなされぬままに均等待遇を求めており、疑問が残ります。なお、有力学説[2]は、この要件の適用によるのではなく、同8

条との条文の構造の相違（同8条にはパート有期起因性要件がないこと）を指摘して、同9条の「短時間・有期雇用労働者であることを理由として」との要件を介して、定年後再雇用であることを考慮して設けられた処遇差であるため、同条の適用は受けないと解していますが、妥当と解します。

※1　パート有期基本通達第3の4　通常の労働者と同視すべき短時間・有期雇用労働者に対する差別的取扱いの禁止（法第9条関係）につき、以下のように指摘し、かなり緩やかに「雇用関係が終了するまでの全期間」を判断することを示していますが、条文との乖離が大きく疑問があります。

---

(6)「当該事業所における慣行」とは、当該事業所において繰り返し行われることによって定着している人事異動等の態様を指すものであり、「その他の事情」とは、例えば人事規程等により明文化されたものや当該企業において、当該事業所以外に複数事業所がある場合の他の事業所における慣行等が含まれるものであること。なお、ここでいう「その他の事情」とは、職務の内容及び配置の変更の範囲（人材活用の仕組み、運用等）を判断するに当たって、当該事業所における「慣行」と同じと考えられるべきものを指すものであり、短時間・有期雇用労働者と通常の労働者の待遇の相違の不合理性を判断する考慮要素としての法第8条の「その他の事情」とは異なるものであること。

(7)「当該事業主との雇用関係が終了するまでの全期間」とは、当該短時間・有期雇用労働者が通常の労働者と職務の内容が同一となり、かつ、職務の内容及び配置の変更の範囲（人材活用の仕組み、運用等）が通常の労働者と同一となってから雇用関係が終了するまでの間であること。すなわち、事業主に雇い入れられた後、上記要件を満たすまでの間に通常の労働者と職務の内容が異なり、また、職務の内容及び配置の変更の範囲（人材活用の仕組み、運用等）が通常の労働者と異なっていた期間があっても、その

期間まで「全期間」に含めるものではなく、同一となった時点から将来に向かって判断するものであること。

(8)「見込まれる」とは、将来の見込みも含めて判断されるものであること。したがって、有期雇用労働者の場合にあっては、労働契約が更新されることが未定の段階であっても、更新をした場合にはどのような扱いがされるかということを含めて判断されるものであること。

※2　水町・詳解354頁、荒木565頁

②差別禁止対象

　パート有期基本通達第3の4(9)によると、差別禁止は相当に徹底したものです。

　例えば、事業主はパート有期「労働者であることを理由として、賃金、教育訓練、福利厚生施設、休憩、休日、休暇、安全衛生、災害補償、解雇等のすべての待遇（労働時間及び労働契約の期間を除く。）について差別的取扱いをしてはならない……。この場合、待遇の取扱いが同じであっても、個々の労働者について査定や業績評価等を行うに当たり、意欲、能力、経験、成果等を勘案することにより個々の労働者の賃金水準が異なることは」、正社員「であっても生じうることであって問題とはならないが、当然、当該査定や業績評価は客観的に行われるべきである」。「また、労働時間が短いことに比例した取扱いの差異として、査定や業績評価が同じである場合であっても賃金が時間に比例して少ないといった合理的な差異は許容される」。「なお、経営上の理由により解雇等の対象者の選定をする際は」、正社員と同視すべきパート有期労働者については、正社員「より先に解雇することは、解雇対象者の選定基準の設定において差別的取扱いがなされていることとなり、法第9条違反となる」などとされています。

③差別禁止の法的効果・性格

　差別禁止の私法的効果について、改正前パート労働法9条に関する裁判

例においては、同9条の「差別的取扱いの禁止」対象となっても、パート法8条と同様に補充効は認められず不法行為による損害賠償で処理されることとされており（ニヤクコーポレーション事件・大分地判・平25.12.10労判1090号44頁、京都市立浴場運営財団ほか事件・京都地判・平29.9.20労判1167号34頁＜「旧パート法には、労働基準法13条のような補充的効果を定めた条文は見当たらず、旧パート法8条1項違反によって」、規程に基づく退職金請求権が直ちに発生するとは認めがたい。しかし、同違反は不法行為に該当し損害賠償請求をなし得る。嘱託職員の基本給は正規職員のそれより低く抑えられていたこと、財団の退職金が基本給に勤続年数に応じた係数をかけて機械的に算出されるものであることに鑑みれば、規程に基づき算出された退職金相当額が嘱託職員らの損害と認められると判示＞）、パート有期法9条についても同様の処理が予想されます。

　有力学説も、「9条違反の行為は不法行為の違法性を備え、損害賠償責任を生じせしめ、法律行為は無効となる」としながら、補充効を否定し、同旨を示しています（荒木365）。しかし、この場合でも、労働契約等の規定や労使慣行等の総合的解釈により、当該差額請求等の内容が、契約内容として合理的意思解釈として導き得るか否かが検討され得ます（岩出・大系125頁、荒木565頁、水町・詳解354頁等参照）。

❸ 同一労働同一賃金ガイドライン（パート有期労働者関係）

［パート有期法15条関係］

①趣旨

　不合理指針は、労契法8条及び同法9条等に定める事項に関し、雇用形態又は就業形態に関わらない公正な待遇を確保し、我が国が目指す同一労働同一賃金の実現に向けて定められたものです。我が国が目指す同一労働同一賃金は、同一の事業主に雇用される通常の労働者（正社員）とパート有期労働者との間の不合理と認められる待遇の相違及び差別的取扱いの解消等を目指すものです。不合理指針は、通常の労働者（正社員）とパート有期

労働者との間に待遇の相違が存在する場合に、いかなる待遇の相違が不合理と認められるものであり、いかなる待遇の相違が不合理と認められるものでないのか等の原則となる考え方及び具体例を示したものです。事業主が、この原則となる考え方等に反した場合、当該待遇の相違が不合理と認められる等の可能性があります。なお、不合理指針に原則となる考え方が示されていない退職手当、住宅手当、家族手当等の待遇や、具体例に該当しない場合についても、不合理と認められる待遇の相違の解消等が求められます。このため、各事業主において、労使により、個別具体的事情に応じて待遇の体系について議論していくことが望まれます（パート有期基本通達第3の3(9)参照）。

②裁判例と不合理指針との乖離

　不合理指針と判例や裁判例とは、前述の通り、一定の乖離があります。例えば、定年後再雇用にかかる長澤運輸事件・最判においては、パート有期労働者が定年退職後に再雇用された者であることは、当該パート有期労働者と正社員との労働条件の相違が不合理と認められるものであるか否かの判断において、「その他の事情」として考慮されます。長澤運輸事件・最判では、使用者が定年退職者を有期労働契約により再雇用する場合、当該者を長期間雇用することは通常予定されておらず、定年退職後に再雇用される有期契約労働者は、定年退職するまでの間、無期契約労働者として賃金の支給を受けてきた者であり、一定の要件を満たせば老齢厚生年金の支給を受けることも予定されていることなどの事情は、定年退職後に再雇用される有期契約労働者の賃金体系の在り方を検討するに当たって、その基礎になるとしています。しかし、不合理指針第3の1の注2は「定年に達した後に有期雇用労働者として継続雇用する場合の待遇について、様々な事情が総合的に考慮されて、通常の労働者と当該有期雇用労働者との間の待遇の相違が不合理と認められるか否かが判断される」とするに留めてい

ることに留意すべきです。さらに、前述の 10.13 最判で重視された有為人
材確保論の採否についても大きく乖離しています。

　つまり、裁判例では不合理性が否定されていても（例えば、ヤマト運輸（賞
与）事件・仙台地判・平 29.3.30 労判 1158 号 18 頁では、「マネージ社員に期待さ
れる役割、職務遂行能力の評価や教育訓練等を通じた人材の育成等による等級・役
職への格付等を踏まえた転勤、職務内容の変更、昇進、人材登用の可能性といった
人材活用の仕組みの有無に基づく相違」を不合理性否定の要素に認めています。井
関松山ファクトリー事件・松山地判・平 30.4.24 労判 1182 号 5 頁や、10.13 最判も
同旨）、不合理指針では不合理性を肯定され、行政指導等を受けることもあ
り得ます（不合理指針第 3 の 1 の注 1 では、「「通常の労働者と短時間・有期雇用
労働者との間で将来の役割期待が異なるため、賃金の決定基準・ルールが異なる」
等の主観的又は抽象的な説明では足りず、賃金の決定基準・ルールの相違は、通常
の労働者と短時間・有期雇用労働者の職務の内容、当該職務の内容及び配置の変更
の範囲その他の事情のうち、当該待遇の性質及び当該待遇を行う目的に照らして適
切と認められるものの客観的及び具体的な実態に照らして、不合理と認められるも
のであってはならない」とされており、有為人材確保論を重視した 10.13 最判や裁
判例の理解と乖離があります。ただし、パート有期基本通達による行政指導の運用
については、9 ページ参照）。同時に、不合理指針では不合理性を否定されて
いても（不合理指針第 3 の 4 の(4)病気休職につき、「（問題とならない例）　A 社に
おいては、労働契約の期間が 1 年である有期雇用労働者である X について、病気休
職の期間は労働契約の期間が終了する日までとしている。」）、裁判所では不合理
性を認められる場合があるということです（私傷病欠勤中の有給の支給期間の
取扱いの相違につき不合理性を認めた大阪医科薬科大学（旧大阪医科大学）事件・
大阪高判・平 31.2.15 労判 1199 号 5 頁、10.15 最判等）。即ち、裁判所が、不合
理指針通りの判断を下すか否かは、今後の判例・裁判例の集積を見なけれ
ば分からない点があるということです。

③不合理指針の概要と不合理な処遇の排除の手順等

　不合理指針の概要は、以下の厚生労働省ホームページに掲載の図解【図
２-１】（71ページ）の通りですが、具体的な不合理な処遇の排除の手順等
については、厚生労働省ホームページに掲載の啓発用パンフ「パートタイ
ム・有期雇用労働法対応のための取組手順書」や「不合理な待遇差解消の
ための点検・検討マニュアル（業界別マニュアル）」、「職務評価を用いた基
本給の点検・検討マニュアル」等が参考となります（なお、厚労省では2020
年最判を踏まえて、各マニュアルの改訂作業に入っているようです）。

【図2-1】

○ このガイドラインは、**正社員**（無期雇用フルタイム労働者）と**非正規雇用労働者**（パートタイム労働者・有期雇用労働者・派遣労働者）**との間で、待遇差が存在する場合に、いかなる待遇差が不合理なものであり、いかなる待遇差は不合理なものでないのか**、原則となる考え方と具体例を示したもの。

○ 基本給、昇給、ボーナス（賞与）、各種手当といった賃金にとどまらず、教育訓練や福利厚生等についても記載。

○ このガイドラインに記載がない退職手当、住宅手当、家族手当等の待遇や、具体例に該当しない場合についても、不合理な待遇差の解消等が求められる。このため、**各社の労使により**、個別具体の事情に応じて待遇の体系について議論していくことが望まれる。

（詳しくはこちら）http://www.mhlw.go.jp/stf/seisakunitsuite/bunya/0000190591.html

⚠ **不合理な待遇差の解消に当たり、次の点に留意。**

・ 正社員の待遇を不利益に変更する場合は、原則として労使の合意が必要であり、就業規則の変更により合意なく不利益に変更する場合であっても、その変更は合理的なものである必要がある。ただし、正社員と非正規雇用労働者との間の不合理な待遇差を解消するに当たり、基本的に、**労使の合意なく正社員の待遇を引き下げることは望ましい対応とはいえない。**

・ 雇用管理区分が複数ある場合（例：総合職、地域限定正社員など）であっても、**すべての雇用管理区分に属する正社員との間で不合理な待遇差の解消**が求められる。

・ 正社員と非正規雇用労働者との間で**職務の内容等を分離した場合であっても、正社員との間の不合理な待遇差の解消**が求められる。

ガイドラインの構造

裁判で争い得る法律整備

パートタイム労働者・有期雇用労働者（1）

① 基本給

・ **基本給**が、労働者の能力又は経験に応じて支払うもの、業績又は成果に応じて支払うもの、勤続年数に応じて支払うものなど、**その趣旨・性格が様々である現実**を認めた上で、それぞれの趣旨・性格に照らして、実態に違いがなければ同一の、違いがあれば違いに応じた支給を行わなければならない。

・ **昇給**であって、労働者の勤続による能力の向上に応じて行うものについては、同一の能力の向上には同一の、違いがあれば違いに応じた昇給を行わなければならない。

② 賞与

・ **ボーナス（賞与）**であって、会社の業績等への労働者の貢献に応じて支給するものについては、同一の貢献には同一の、違いがあれば違いに応じた支給を行わなければならない。

③ 各種手当

・ **役職手当**であって、役職の内容に対して支給するものについては、同一の内容の役職には同一の、違いがあれば違いに応じた支給を行わなければならない。

・ そのほか、業務の危険度又は作業環境に応じて支給される**特殊作業手当**、交替制勤務などに応じて支給される**特殊勤務手当**、業務の内容が同一の場合の**精皆勤手当**、正社員の所定労働時間を超えて同一の時間外労働を行った場合に支給される**時間外労働手当の割増率**、深夜・休日労働を行った場合に支給される**深夜・休日労働手当の割増率**、**通勤手当・出張旅費**、労働時間の途中に食事のための休憩時間がある際の**食事手当**、同一の支給要件を満たす場合の**単身赴任手当**、特定の地域で働く労働者に対する補償として支給する**地域手当**については、同一の支給を行わなければならない。

⚠ **＜正社員とパートタイム労働者・有期雇用労働者との間で賃金の決定基準・ルールの相違がある場合＞**

・ 正社員とパートタイム労働者・有期雇用労働者との間で賃金に相違がある場合において、その要因として賃金の決定基準・ルールの違いがあるときは、「正社員とパートタイム労働者・有期雇用労働者は**将来の役割期待が異なるため、賃金の決定基準・ルールが異なる**」という主観的・抽象的説明ではなく、賃金の決定基準・ルールの相違は、職務内容、職務内容・配置の変更範囲、その他の事情の客観的・具体的な実態に照らして、**不合理なものであってはならない。**

⚠ **＜定年後に継続雇用された有期雇用労働者の取扱い＞**

・ 定年後に継続雇用された有期雇用労働者についても、パートタイム・有期雇用労働法が適用される。有期雇用労働者が**定年後に継続雇用された者であることは、待遇差が不合理であるか否かの判断に当たり、その他の事情として考慮されうる。**様々な事情が総合的に考慮されて、待遇差が不合理であるか否かが判断される。したがって、定年後に継続雇用された者であることのみをもって直ちに待遇差が不合理ではないと認められるものではない。

④ 福利厚生・教育訓練

- 食堂、休憩室、更衣室といった**福利厚生施設**の利用、転勤の有無等の要件が同一の場合の転勤者用社宅、**慶弔休暇**、健康診断に伴う勤務免除・有給保障については、同一の利用・付与を行わなければならない。
- **病気休職**については、無期雇用の短時間労働者には正社員と同一の、有期雇用労働者にも労働契約が終了するまでの期間を踏まえて同一の付与を行わなければならない。
- **法定外の有給休暇その他の休暇**であって、勤続期間に応じて認めているものについては、同一の勤続期間であれば同一の付与を行わなければならない。特に有期労働契約を更新している場合には、当初の契約期間から通算して勤続期間を評価することを要する。
- **教育訓練**であって、現在の職務に必要な技能・知識を習得するために実施するものについては、同一の職務内容であれば同一の、違いがあれば違いに応じた実施を行わなければならない。

④パート有期労働者である派遣労働者についてのパート有期法８条と不合理指針

　パート有期働者である派遣労働者については、パート有期法及び労働者派遣法の両方が適用されます（以下につきパート有期基本通達第３の３の⑽参照）。このため、基本的に、パート有期法において、派遣元事業主に雇用される通常の労働者との間の待遇の相違が問題になるとともに、労働者派遣法において、派遣先に雇用される通常の労働者との間の待遇の相違（協定対象派遣労働者（労働者派遣法第30条の５に規定する協定対象派遣労働者をいう。以下同じ。）にあっては、派遣法30条の４第１項の協定が同項に定められた要件を満たすものであること及び当該協定に沿った運用がなされていることの有無をいう。以下同じ。）が問題になります。このことから、パート有期労働者である派遣労働者の待遇については、職務の内容に密接に関連する待遇を除き、パート有期労働者である派遣労働者と派遣元事業主に雇用される通常の労働者及び派遣先に雇用される通常の労働者との間の待遇の相違が問題になると考えられます。一般に、不合理指針第３の３(7)及び第４の３(7)の通勤手当及び出張旅費、不合理指針第３の３(8)及び第４の３(8)の食事手当、不合理指針第３の３(9)及び第４の３(9)の単身赴任手当、不合理指針第３の４及び第４の４並びに第５の２の福利厚生（不合理指針第３の４(1)及び

第4の4⑴並びに第5の2⑴の福利厚生施設を除く。）については、職務の内容に密接に関連するものに当たらないと考えられます。他方で、職務の内容に密接に関連する待遇については、派遣労働者が派遣先の指揮命令の下において派遣先の業務に従事するという労働者派遣の性質から、特段の事情がない限り、派遣元事業主に雇用される通常の労働者との待遇の相違は、実質的に問題にならないと考えられます。職務の内容に密接に関連する待遇に当たるか否かは、個々の待遇の実態に応じて判断されるものですが、例えば、不合理指針第3の1及び第4の1の基本給、不合理指針第3の2及び第4の2の賞与、不合理指針第3の3⑴及び第4の3⑴の役職手当、不合理指針第3の3⑵及び第4の3⑵の特殊作業手当、不合理指針第3の3⑷及び第4の3⑷の精皆勤手当、不合理指針第3の3⑸及び第4の3⑸の時間外労働手当、不合理指針第3の3⑹及び第4の3⑹の深夜労働手当及び休日労働手当、不合理指針第3の5⑴、第4の5⑴及び第5の3⑴の教育訓練、不合理指針第3の5⑵、第4の5⑵及び第5の3⑵の安全管理に関する措置及び給付については、一般に、職務の内容に密接に関連するものと考えられます。

　なお、これらの点については、協定対象派遣労働者であるか否かによって異なるものではないと考えられます。

　ただし、職務の内容に密接に関連する待遇であっても、派遣先に雇用される通常の労働者との均等・均衡とは異なる観点から、パート有期労働者ではないフルタイム無期労働契約の派遣労働者に対して、パート有期労働者である派遣労働者よりも高い水準の待遇としている場合には、パート有期労働者ではない派遣労働者とパート有期労働者である派遣労働者との間の待遇の相違について、パート有期法において問題となることがあると考えられます。

　また、職務の内容に密接に関連する待遇以外の待遇であっても、パート

有期労働者である派遣労働者とパート有期労働者でない派遣労働者が異なる派遣先に派遣されている場合において、待遇を比較すべき派遣先に雇用される通常の労働者が異なることにより待遇に相違がある場合には、当該待遇の相違は、パート有期法において問題になるものではありません。

2 派遣社員に関する待遇改善と改正点

❶ 公正な待遇の確保

2018年の派遣法改正により、【図2-2】（75ページ）のように、派遣労働者について、①派遣先の労働者との均等・均衡待遇、②一定の要件（同種業務の一般の労働者の平均的な賃金と同等以上の賃金であること等）を満たす労使協定による待遇のいずれかを確保することを義務化、③労働者に対する待遇に関する説明義務の強化がなされました（施行は2020年4月1日）。

【図2-2】

（改正前）

○ **派遣労働者と派遣先労働者の待遇差** ⇒ 配慮義務規定のみ

★ **派遣労働者の待遇差に関する規定の整備にあたっては、**
「**派遣先均等・均衡方式**」と「**労使協定方式**」の選択制になります。

＜考え方＞
● 派遣労働者の就業場所は派遣先であり、待遇に関する派遣労働者の納得感を考慮する上で、派遣先の労働者との均等・均衡は重要な観点です。
● しかし、派遣先の賃金水準と職務の難易度が常に整合的とは言えないため、結果として、派遣労働者の段階的・体系的なキャリアアップ支援と不整合な事態を招くこともあり得ます。
● こうした状況を踏まえ、以下の2つの方式の選択制とします。
　1）派遣先の労働者との均等・均衡待遇
　2）一定の要件を満たす労使協定による待遇

（改正後）

○ **下のいずれかを確保することを義務化します。**（2ページの表 **4** ）
　（1）**派遣先の労働者との均等・均衡待遇**
　（2）**一定の要件を満たす労使協定による待遇**
※ あわせて、派遣先になろうとする事業主に対し、派遣労働者の待遇に関する派遣元への情報提供義務を新設します。

○ **派遣先事業主に、派遣元事業主が上記(1)(2)を順守できるよう派遣料金の額の配慮義務を創設。**

○ 均等・均衡待遇規定の解釈の明確化のため、**ガイドライン（指針）の策定根拠を規定。**（2ページの表 **5** ）

（厚労省ホームページ）

❷ 派遣先の派遣元に対する情報提供義務

　従前派遣先指針で努力義務とされていた情報提供につき、改正派遣法は、派遣先が、新たに労働者派遣契約を締結するに当たって、あらかじめ、派遣元に対し、改正派遣則で定めるところにより、当該労働者派遣に係る派遣労働者が従事する業務ごとに、比較対象労働者の賃金その他の待遇に関する情報その他の改正派遣則で定める情報を提供すべきとの情報提供義務を新設しました（改正派遣法26条7項、改正派遣則24条の3、同条の4）。ここで、「比較対象労働者」とは、派遣元に「雇用される通常の労働者であって、その業務の内容及び当該業務に伴う責任の程度並びに当該職務の内容及び配置の変更の範囲が、当該労働者派遣に係る派遣労働者と同一で

75

あると見込まれるものその他の当該派遣労働者と待遇を比較すべき労働者として厚生労働省令で定めるもの」と定義づけられています（改正派遣法26条8項、改正派遣則24条の5）。

　派遣先の情報提供義務が定められた趣旨は、派遣元が派遣労働者について派遣先の労働者との均等・均衡待遇を実現するには、派遣先の労働者の賃金等の待遇に関する情報が不可欠となるため、派遣先に対し、これらの情報の提供義務を課した点にあります。改正派遣法は、派遣先に上記情報提供義務を課す一方で、情報提供義務の実効性確保のため、派遣元に対し、派遣先から情報提供がなされない場合には、派遣契約を締結してはならないと定めました（改正派遣法26条9項）。さらに、派遣先は、提供された情報に変更があつたときは、遅滞なく、労働省令で定めるところにより、派遣元事業主に対し、当該変更の内容に関する情報を提供しなければなりません（改正派遣法26条10項、改正派遣則24条の6）。改正法は、派遣先が情報提供義務に違反した場合を勧告・公表等の対象としています（改正派遣法49条の2第2項）。派遣先企業は、勧告・公表等のリスクを回避するためにも、派遣元に対し適切な情報を提供する必要があります【図2-3】（77ページ）。

　なお、派遣先の派遣元に対する情報提供義務の実務的な詳細については、要領第5の2(3)を参照してください。

3 派遣先から派遣元への 比較対象労働者の待遇情報の提供

　待遇決定方式が【派遣先均等・均衡方式】【労使協定方式】のいずれの場合も、派遣先は、労働者派遣契約を締結するに当たり、あらかじめ、派遣元事業主に対し、派遣労働者が従事する業務ごとに、比較対象労働者の賃金等の待遇に関する情報を提供しなければなりません。

　派遣元事業主は、<u>派遣先から情報提供がないときは、派遣先との間で労働者派遣契約を締結してはいけません。</u>

比較対象労働者とは

　派遣先が次の①～⑥の優先順位により「比較対象労働者」を選定します。

① 「職務の内容」と「職務の内容及び配置の変更の範囲」が同じ通常の労働者
② 「職務の内容」が同じ通常の労働者
③ 「業務の内容」又は「責任の程度」が同じ通常の労働者
④ 「職務の内容及び配置の変更の範囲」が同じ通常の労働者
⑤ ①～④に相当するパート・有期雇用労働者（短時間・有期雇用労働法等に基づき、派遣先の通常の労働者との間で均衡待遇が確保されていることが必要）
⑥ 派遣労働者と同一の職務に従事させるために新たに通常の労働者を雇い入れたと仮定した場合における当該労働者

提供する「待遇に関する情報」とは

【派遣先均等・均衡方式】の場合

　派遣先は、次の①～⑤の情報を提供します。

① 比較対象労働者の職務の内容、職務の内容及び配置の変更の範囲並びに雇用形態
② 比較対象労働者を選定した理由
③ 比較対象労働者の待遇のそれぞれの内容（昇給、賞与その他の主な待遇がない場合には、その旨を含む。）
④ 比較対象労働者の待遇のそれぞれの性質及び当該待遇を行う目的
⑤ 比較対象労働者の待遇のそれぞれを決定するに当たって考慮した事項

【労使協定方式】の場合

　派遣先は、次の①・②の情報を提供します。

① 派遣労働者と同種の業務に従事する派遣先の労働者に対して、業務の遂行に必要な能力を付与するために実施する教育訓練（法第40条第2項の教育訓練）
② 給食施設、休憩室、更衣室（法第40条第3項の福利厚生施設）

待遇情報の提供方法と保存

- 情報提供は、**書面の交付等（書面の交付、ファクシミリ、電子メール等）**により行わなければなりません。
- 派遣元事業主は書面等を、派遣先は当該書面等の写しを、**労働者派遣が終了した日から3年を経過する日まで保存**しなければなりません。

待遇情報の取扱いに関する留意点

派遣先から派遣元事業主に提供された情報の取扱いについては、次の事項に留意する必要があります。

① 当該情報のうち**個人情報に該当するもの**の保管及び使用
　→ 派遣先の通常の労働者との**均等・均衡待遇の確保等の目的の範囲に限られる**こと。
② 当該情報のうち**個人情報に該当しないもの**の保管及び使用
　→ 派遣先の通常の労働者との**均等・均衡待遇の確保等の目的の範囲に限定する等適切な対応が必要**であること。
③ 当該情報は、**法第24条の4の秘密を守る義務**の対象となること。

> 派遣元事業主及びその代理人、使用人その他の従業員は、正当な理由がある場合（本人の同意がある場合、他の法益との均衡上許される場合等）でなければ、その業務上取り扱ったことについて知り得た秘密を他に漏らしてはならないこととされています。（派遣元事業主等でなくなった後においても同様。）

＜比較対象労働者の待遇情報が変更された場合＞

派遣先は、比較対象労働者の待遇に関する情報に変更があった場合には、遅滞なく、派遣元事業主に対して、変更の内容に関する情報を提供しなければなりません。情報提供に関する手続や待遇情報の取扱いは、変更時も同様です。

ただし、次の場合には、変更があった場合でも、情報提供が不要です。

① **派遣されている派遣労働者が労使協定方式の対象者のみである場合**
　※ 「派遣労働者と同種の業務に従事する派遣先の労働者に対して、業務の遂行に必要な能力を付与するために実施する教育訓練（法第40条第2項の教育訓練）」と「給食施設、休憩室、更衣室（法第40条第3項の福利厚生施設）」の情報提供は必要です。
　※ なお、後に派遣先均等・均衡方式の対象者が含まれることとなったときは、遅滞なく情報提供することが必要です。
② **労働者派遣契約が終了する日前1週間以内の変更であって、変更を踏まえて派遣労働者の待遇を変更しなくても、派遣先均等・均衡方式の規定に違反しない**ものであり、かつ、**労働者派遣契約で定めた変更の範囲を超えない場合**

（厚労省ホームページ）

③ 不合理な待遇等の禁止（均衡待遇）

　派遣元は、その雇用する派遣労働者の基本給、賞与その他の待遇のそれぞれについて、当該待遇に対応する派遣先に雇用される正社員の待遇との間において、①当該派遣労働者及び正社員の職務の内容、②当該職務の内容及び配置の変更の範囲③その他の事情のうち、当該待遇の性質及び当該待遇を行う目的に照らして適切と認められるものを考慮して、不合理と認められる相違を設けてはなりません（改正派遣法30条の3第1項）。

　前述のパート有期法8条の均衡待遇規定と同趣旨の定めですが、比較対象が、派遣先の通常の労働者（通常はフルタイム正社員で、以下、「派遣先正社員」という）である点が異なります。本規定の留意点は、個別の待遇ごとに、派遣先正社員の①〜③を検討するという判断手法が用いられる点にあります。すなわち、派遣元は、個別の待遇ごとに、派遣先正社員との間で当該派遣労働者の当該待遇が不合理といえないよう待遇決定を行わなければなりません。なお、パート有期労働者である派遣労働者と派遣元正社員との均衡の問題については、前述❶❸④（72ページ以下）を参照してください。

　なお、不合理性の判断基準については、不合理指針第4を参照する必要があります。

④ 不合理な待遇等の禁止（均衡待遇）による待遇決定の流れ

　派遣先からの上記❷の情報提供を活用した、不合理な待遇等の禁止（均衡待遇）による派遣労働者の待遇決定の流れを図解すると、以下の【図2−4】（80ページ）のようになります。

【図2-4】

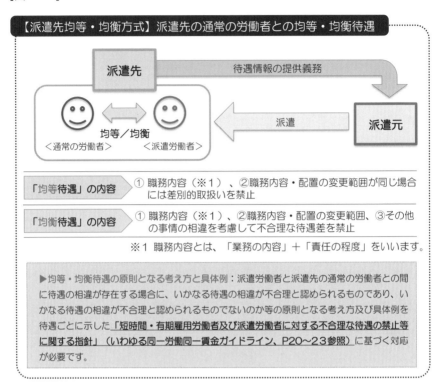

【派遣先均等・均衡方式】派遣先の通常の労働者との均等・均衡待遇

待遇情報の提供義務

派遣先

均等／均衡
＜通常の労働者＞　＜派遣労働者＞

派遣

派遣元

「均等待遇」の内容 ① 職務内容（※1）、②職務内容・配置の変更範囲が同じ場合には差別的取扱いを禁止

「均衡待遇」の内容 ① 職務内容（※1）、②職務内容・配置の変更範囲、③その他の事情の相違を考慮して不合理な待遇差を禁止

※1 職務内容とは、「業務の内容」＋「責任の程度」をいいます。

▶均等・均衡待遇の原則となる考え方と具体例：派遣労働者と派遣先の通常の労働者との間に待遇の相違が存在する場合に、いかなる待遇の相違が不合理と認められるものであり、いかなる待遇の相違が不合理と認められるものでないのか等の原則となる考え方及び具体例を待遇ごとに示した「短時間・有期雇用労働者及び派遣労働者に対する不合理な待遇の禁止等に関する指針」（いわゆる同一労働同一賃金ガイドライン、P20〜23参照）に基づく対応が必要です。

★ 職務の内容等を勘案した賃金の決定 ＜努力義務＞

　派遣元事業主は、派遣先に雇用される通常の労働者（無期雇用フルタイム）との均衡を考慮しつつ、その雇用する派遣労働者の職務の内容、職務の成果、意欲、能力又は経験その他の就業の実態に関する事項を勘案して賃金（※2）決定するように努めなければなりません。

（※2）職務の内容に密接に関連して支払われる賃金以外の賃金（例えば、通勤手当、家族手当、住宅手当、別居手当、子女教育手当）を除く。

（厚労省ホームページ）

⑤ 派遣先労働者との差別的取扱いの禁止（均等待遇）

［改正労働者派遣法 30 条の 3 第 2 項］

①差別的取扱いの禁止（均等待遇）の趣旨

　改正派遣法 30 条の 3 第 2 項により、派遣元は、職務の内容が派遣先正社員と同一の派遣労働者であって、当該労働者派遣契約及び当該派遣先にお

ける慣行その他の事情からみて、当該派遣先における派遣就業が終了するまでの全期間において、その職務の内容及び配置が当該派遣先との雇用関係が終了するまでの全期間における当該正社員の職務の内容及び配置の変更の範囲と同一の範囲で変更されることが見込まれるものについては、正当な理由がなく、基本給、賞与その他の待遇のそれぞれについて、当該待遇に対応する当該正社員の待遇に比して不利なものとしてはなりません。

②改正経緯と実効性

　パート有期法9条の差別禁止（均等待遇）規定と同趣旨の規定です。本条は、ある派遣労働者が、派遣先に派遣される期間中、派遣先正社員と職務内容や配置等が同一と見込まれる場合に、賃金等を不利なものにしてはならないという規定です。派遣元としては、派遣先から提供される情報を十分に検討し、当該派遣労働者の業務内容や配置の変更の範囲が派遣先正社員と同様か否かを検討した上で、仮に業務内容等が派遣先正社員と同様と見込まれた場合には、当該労働者の賃金等を下回ることのない当該派遣労働者の賃金等を定めなければなりません。実際には、派遣労働者には、派遣先でのキャリアアップや昇進等は想定できず、「当該労働者派遣契約及び当該派遣先における慣行その他の事情からみて、当該派遣先における派遣就業が終了するまでの全期間において、その職務の内容及び配置が当該派遣先との雇用関係が終了するまでの全期間における当該正社員の職務の内容及び配置の変更の範囲と同一の範囲で変更されることが見込まれる」との要件に照らし、適用対象者の存否等の点で実効性には疑問が残ります。

　ともあれ、上記要件が充足する限り、派遣元は、その雇用する派遣労働者の基本給、賞与その他の待遇のそれぞれについて、当該待遇に対応する派遣先に雇用される正社員の待遇との間において、①当該派遣労働者及び正社員の職務の内容、②当該職務の内容及び配置の変更の範囲③その他の事情のうち、当該待遇の性質及び当該待遇を行う目的に照らして適切と認

められるものを考慮して、不合理と認められる相違を設けてはならない義務を負っています。

なお、不合理性の判断基準については、不合理指針第4を参照する必要があります。

また、派遣先からの上記❷の情報提供を活用した、均等待遇による派遣労働者の待遇決定の流れや、実務的な詳細については、要領第7の4「派遣先による均衡待遇の確保」を参照してください。

❻ 労使協定による均衡待遇・均等待遇原則の適用除外
[改正派遣法30条の4第1項]

①概要

派遣元が、改正派遣則で定めるところにより、労働者の過半数で組織する労働組合がある場合においてはその労働組合、労働者の過半数で組織する労働組合がない場合においては労働者の過半数を代表する者との書面による協定により、その雇用する派遣労働者の待遇について、協定対象派遣労働者の賃金の決定の方法等の事項等の一定水準を満たす派遣労働者の待遇決定を行うことを定めたときは、協定対象派遣労働者については、上記❹❺の均等・均衡待遇の規定が適用除外となります（改正派遣法30条の4第1項）。

②労使協定による代替策を設けた趣旨

上記❸及び❹でみてきたとおり、改正派遣法は、派遣元に対し派遣先の労働者との均衡・均等待遇を義務づけています。しかし、常に派遣先の労働者との均等・均衡を考慮し派遣労働者の待遇等を決定することは、派遣先が変わるごとに賃金水準が変わり、派遣労働者の所得が不安定になるという問題が生じます。また、一般に賃金水準は大企業であるほど高いことから、派遣労働者の希望が大企業へ集中し、派遣元において派遣労働者のキャリア形成を考慮した派遣先への配置を困難にする等の問題が生じ得ま

す。そこで、労使協定による代替策を設けたものです。厚労省の担当官の説明でも、実務的には、派遣元から派遣先への情報提供の煩雑さや営業的配慮もあり情報提供を求め難く、情報提供の範囲も狭い、この労使協定の利用が主流になることが想定されていました。

しかし、後述の派遣協定通達に示される労使協定事項としての改正派遣法30条の4第1項第2号イに定める「同種の業務に従事する一般の労働者の平均的な賃金の額」等がかなり派遣元の負担となり、労使協定の利用を回避するだけでなく、均等・均衡待遇の規定をも回避すべく、派遣から業務請負や業務委託への移行を模索する動きすら出ています。

③労使協定手続上の必要事項

労使協定手続上の必要事項を図解すると以下の【図2−5】(84ページ)のようになります（改正派遣則25条の6、同11、同12参照）。

④労使協定事項

(イ)　概要

労使協定事項については以下の事項を定めることが義務付けられています（改正派遣則25条の7〜同10参照）。なお、労使協定方式を採用する際には、不合理指針第5を参照する必要があります。

協定事項を図解すると以下の【図2−6】(85ページ)のようになります。

【図2-5】

過半数代表者の選出等

　　過半数代表者は、次の①と②のいずれにも該当する者（①に該当する者がいないときは②に該当する者）となります。

　　適切な手続きを経て選出された過半数代表者と締結された労使協定でなければ、【労使協定方式】は適用されず、【派遣先均等・均衡方式】が適用されます。

> ① 労働基準法第41条第2号に規定する**管理監督者でない**こと
> ② 労使協定を締結する者を選出することを明らかにして実施される**投票、挙手等の民主的な方法**による手続により選出された者であって、**派遣元事業主の意向に基づき選出されたものでない**こと

　　派遣元事業主は、「過半数代表者であること」、「過半数代表者になろうとしたこと」及び「過半数代表者として正当な行為をしたこと」を理由として、過半数代表者等に対して**不利益な取扱いをしてはいけません。**

　　また、派遣元事業主は、**過半数代表者が協定に関する事務を円滑に遂行できるよう必要な配慮**を行わなければなりません。

労使協定に関する書面の保存

　　派遣元事業主は、労使協定に係る書面を、その**有効期間が終了した日から3年を経過する日まで保存**しなければなりません。

労使協定の内容の周知

　　派遣元事業主は、労使協定を締結したときは、次の①～③のいずれかの方法により、その内容を雇用する労働者に周知しなければなりません。

> ① 書面の交付等（書面の交付、労働者が希望した場合のファクシミリ・電子メール等（※1））
> 　（※1）「電子メール等」は出力することにより書面を作成することができるものに限られます。
> ② 電子計算機に備えられたファイル、磁気ディスクその他これらに準ずる物に記録し、かつ、労働者が当該記録の内容を常時確認できるようにすること（※2）
> 　（※2）例えば、派遣労働者にログイン・パスワードを発行し、イントラネット等で常時確認できる方法が考えられます。
> ③ 常時派遣元事業主の各事業所の見やすい場所に掲示し、又は備え付けること
> 　（協定の概要について、書面の交付等によりあわせて周知する場合に限る。）

（厚労省ホームページ）

【図2-6】

労使協定に定める事項

労使協定の締結にあたっては、下の①～⑥のすべての事項を定める必要があります。

① 労使協定の対象となる派遣労働者の範囲

> 客観的な基準により範囲を定めることが必要です。
> 「賃金水準が高い企業に派遣する労働者」とすることは適当ではありません。

② 賃金の決定方法（次のア及びイに該当するものに限る。）
　ア 派遣労働者が従事する業務と同種の業務に従事する一般労働者の平均的な賃金の額と同等以上の賃金額となるもの

> 派遣先の事業所その他派遣就業の場所の所在地を含む地域において派遣労働者が従事する業務と同種の業務に従事する一般の労働者であって、当該派遣労働者と同程度の能力及び経験を有する者の平均的な賃金の額
> 【職種ごとの賃金、能力・経験、地域別の賃金差をもとに決定】
> （※）職種ごとの賃金等については、毎年6～7月に通知で示す予定です。

　イ 派遣労働者の職務の内容、成果、意欲、能力又は経験等の向上があった場合に賃金が改善されるもの
　　※ イについては、職務の内容に密接に関連して支払われる賃金以外の賃金（例えば、通勤手当、家族手当、住宅手当、別居手当、子女教育手当）を除く。

③ 派遣労働者の職務の内容、成果、意欲、能力又は経験等を公正に評価して賃金を決定すること

④ 「労使協定の対象とならない待遇（法第40条第2項の教育訓練及び法第40条第3項の福利厚生施設）及び賃金」を除く待遇の決定方法（派遣元事業主に雇用される通常の労働者（派遣労働者を除く。）との間で不合理な相違がないものに限る。）

⑤ 派遣労働者に対して段階的・計画的な教育訓練を実施すること

⑥ その他の事項
　・ 有効期間（2年以内が望ましい）
　・ 労使協定の対象となる派遣労働者の範囲を派遣労働者の一部に限定する場合は、その理由
　・ 特段の事情がない限り、一の労働契約の期間中に派遣先の変更を理由として、協定の対象となる派遣労働者であるか否かを変えようとしないこと

 上記②～⑤として労使協定に定めた事項を遵守していない場合は、
【労使協定方式】は適用されず、〔派遣先均等・均衡方式〕となります。

行政機関への報告

労使協定を締結した派遣元事業主は、毎年度、6月30日までに提出する**事業報告書に労使協定を添付**しなければなりません。また、労使協定方式の対象となる派遣労働者の**職種ごとの人数、職種ごとの賃金額の平均額**を報告しなければなりません。

協定対象派遣労働者に対する安全管理

安全管理に関する措置及び給付のうち、**協定対象派遣労働者の職務の内容に密接に関連するもの**については、**派遣先に雇用される通常の労働者との間で不合理と認められる相違等が生じないようにすることが望ましい**こととされています。

（厚労省ホームページ）

(ロ) 労使協定事項としての改正派遣法30条の４第１項第２号イに定める「同種の業務に従事する一般の労働者の平均的な賃金の額」等について

労使協定事項としての改正派遣法30条の４第１項第２号イに定める「同種の業務に従事する一般の労働者の平均的な賃金の額」等については、改正派遣則25条の９が「派遣先の事業所その他派遣就業の場所の所在地を含む地域において、派遣労働者が従事する業務と同種の業務に従事する一般の労働者であって、当該派遣労働者と同程度の能力及び経験を有する者の平均的な賃金の額とする。」とされていましたが、その詳細な内容が、令和３年度の「労働者派遣事業の適正な運営の確保及び派遣労働者の保護等に関する法律第30条の４第１項第２号イ」に定める「同種の業務に従事する一般の労働者の平均的な賃金の額」等について（令2.10.20職発1020第3）（以下、「派遣協定通達」という）によって明らかになりました。その内容の順守は、以下に紹介するような内容からも派遣元には厳しい内容で、弱小派遣元の一部には、前述のように、上記❸、❹の均等・均衡待遇方式選択の検討や、派遣から業務請負や業務委託への移行を模索する動きすら見られます。

第１　基本的な考え方

１　労使協定に定める賃金の決定の方法

派遣元事業主は、派遣労働者の待遇について、法第30条の３の規定に基づき、派遣先に雇用される通常の労働者との間の均等・均衡待遇を確保しなければならないが、法第30条の４第１項の規定に基づき、労働者の過半数で組織する労働組合又は労働者の過半数を代表する者との間で同項の書面による協定（以下単に「労使協定」という。）を締結し、一定の事項を定めた場合には、労使協定に基づく待遇（法第40条第２項の教育訓練及び同条第３項の福利厚生施設を除く。）を確保することとされている。

労使協定に定める事項については、法第30条の４第１項各号に掲げられて

いるが、同項第2号の規定に基づき、労使協定には、協定対象派遣労働者（同項の協定で定めるところによる待遇とされる派遣労働者をいう。以下同じ。）の賃金の決定の方法を定めなければならない。当該方法については、同項第2号イ及びロに基づき、2及び3に定める要件を満たすものでなければならない。

なお、労使協定に定めた協定対象派遣労働者の賃金の決定の方法に基づき、協定対象派遣労働者に対して賃金が支払われていない場合には、労使協定に定めた事項を遵守していないものとして、法第30条の3の規定に基づき、派遣先に雇用される通常の労働者との間の均等・均衡待遇を確保しなければならないことに留意すること。

＜中略＞

第2　一般賃金の取扱い

　一般賃金については、「基本給・賞与・手当等」、「通勤手当」、「退職金」ごとに、以下の1から3までのとおりとする。

＜中略＞

1　基本給・賞与・手当等

(1)　一般賃金のうち基本給・賞与・手当等（以下「一般基本給・賞与等」という。）の考え方

＜中略＞

②　能力・経験調整指数「能力・経験調整指数」とは、能力及び経験の代理指標として、賃金構造基本統計調査の特別集計により算出した勤続年数別の所定内給与（産業計）に賞与を加味した額により算出した指数である。具体的には、「勤続0年」を100として算出したものであり、次の表のとおりとなる。

0年	1年	2年	3年	5年	10年	20年
100.0	116.0	126.9	131.9	138.8	163.5	204.0

＜中略＞

第3　協定対象派遣労働者の賃金の取扱い

第2の一般賃金の額と同等以上の額を確保する必要がある協定対象派遣労働者の賃金については、「基本給・賞与・手当等」、「通勤手当」、「退職金」ごとに、以下の１から３までのとおりとし、これらの賃金の全部又は一部を合算して「同等以上」を確保する場合の取扱いは、４のとおりとする。

＜中略＞

３　退職金

(1)　退職手当制度で比較する場合

　協定対象派遣労働者を対象とする退職手当制度をいい、第２の３の(1)のとおり設定した一般の労働者の退職手当制度と同等以上の水準となるものでなければならない。この「協定対象派遣労働者を対象とする退職手当制度」については、「全ての協定対象派遣労働者に適用されるものであること」、「退職手当の決定、計算及び支払の方法（例えば、勤続年数、退職事由等の退職手当額の決定のための要素、退職手当額の算定方法及び一時金で支払うのか年金で支払うのか等の支払の方法をいう。）」及び「退職手当の支払の時期」が明確なものでなければならない。この「同等以上の水準」とは、第２の３の（１）のとおり設定した一般退職金の勤続年数別の支給月数又は支給金額と同水準以上であることをいう。

＜中略＞

第５　本通知に示す統計以外の統計の利用

　一般基本給・賞与等、一般通勤手当及び一般退職金については、次の１から３までのとおり、本通知に示す統計以外の統計（以下「独自統計等」という。）を用いることを可能とする。なお、独自統計等を用いる場合には、その理由を労使協定に記載すること。

＜中略＞

(ハ)　労使協定方式による待遇決定の流れ

　労使協定方式による派遣労働者の待遇決定の流れを図解すると、以下の
【図2-7】のようになります。

　詳細な導入手順については、厚生労働省ホームページに掲載の「不合理
な待遇差解消のための点検・検討マニュアル（業界別マニュアル）」の「労
働者派遣業界編」を参照ください。

【図2-7】

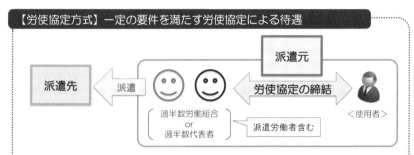

【労使協定方式】一定の要件を満たす労使協定による待遇

派遣元

派遣先　←　派遣　😊😊　労使協定の締結　👤

過半数労働組合
or
過半数代表者

←　派遣労働者含む　　〈使用者〉

過半数労働組合又は過半数代表者（過半数労働組合がない場合に限ります）と派遣元事業主
との間で一定の事項を定めた労使協定を書面で締結し、労使協定で定めた事項を遵守していると
きは、一部の待遇を除き（※）、この労使協定に基づき待遇が決定されることとなります。
　ただし、労使協定が適切な内容で定められていない場合や労使協定で定めた事項を遵守して
いない場合には、【労使協定方式】は適用されず、【派遣先均等・均衡方式】が適用されます。

（※）次の①及び②の待遇については、労使協定方式による場合であっても、労使協定の対象と
　　　はならないため、派遣元事業主は、派遣先の通常の労働者との均等・均衡を確保する必要
　　　があります。
①　派遣先が、派遣労働者と同種の業務に従事する派遣先の労働者に対して、業務の遂行に必要
　　な能力を付与するために実施する教育訓練（法第40条第2項の教育訓練）
②　派遣先が、派遣先の労働者に対して利用の機会を与える給食施設、休憩室及び更衣室（法第
　　40条第3項の福利厚生施設）

（厚労省ホームページ）

⑤労使協定事項を利用する場合の留意点

　労使協定を用いた待遇決定については、派遣元は、運用に際し、次の点
に留意をする必要があります。まず、上記【図2-6】の協定事項（85ペー

ジ）②、④、⑤で定めた事項を遵守しなかった場合、または、③に定める公正な評価を行わなかった場合には、適用除外の効果が認められません（改正派遣法30条の4第1項但書）。次に、労使協定については、適用対象の労働者に周知する必要があります（改正派遣法30条の4第2項）。そして、派遣元は派遣先に対して、派遣労働者がこの協定の対象者か否かを通知する必要があり（改正派遣法35条1項2号）、協定の対象者か否かについては、派遣元は派遣元管理台帳に、派遣先は、派遣先管理台帳にそれぞれ記載しなければなりません（改正派遣法37条、42条）。

　また、実務的な詳細については、要領第7の5「一定の要件を満たす労使協定による待遇の確保のための措置」を参照してください。

❼ 同一労働同一賃金ガイドライン（派遣労働者関係）[改正派遣法47条の11]

①不合理指針第4・第5の意義

　いわゆる同一労働同一賃金ガイドラインといわれる「不合理指針」第4・第5は、労働者派遣法による公正な待遇の確保に向け、①派遣先の労働者との均等・均衡待遇法方式、②一定の要件（同種業務の一般の労働者の平均的な賃金と同等以上の賃金であること等）を満たす労使協定方式労使協定方式による待遇のいずれかにより確保するためになすべき留意点を示し、行政的な立場から、同一労働同一賃金の実現に向け、同法48条の指導・助言、同法49条の改善命令、同法49条の2の企業名公表、同法47条の4〜8の紛争解決の際の判断基準として、同法47条の11に基づき定められたものです。前述の行政上の指導・勧告・調停等の基準となるだけでなく、私法上も改正派遣法30条の3第1項の不合理性判断基準や同法30条の3第2項の均等性判断基準、同法第30条の4第1項の労使協定方式の有効性判断基準として利用されることが期待されています。

②不合理指針第4　派遣労働者

(イ)　概要

　改正派遣法30条の3第1項において、派遣元事業主は、派遣労働者の待遇のそれぞれについて、当該待遇に対応する派遣先正社員の待遇との間において、職務の内容、当該職務の内容及び配置の変更の範囲その他の事情のうち、当該待遇の性質及び当該待遇を行う目的に照らして適切と認められるものを考慮して、不合理と認められる相違を設けてはならないこととされています。また、同条第2項において、派遣元事業主は、職務の内容が派遣先正社員と同一の派遣労働者であって、当該労働者派遣契約及び当該派遣先における慣行その他の事情からみて、当該派遣先における派遣就業が終了するまでの全期間において、その職務の内容及び配置が当該派遣先との雇用関係が終了するまでの全期間における当該通常の労働者の職務の内容及び配置の変更の範囲と同一の範囲で変更されることが見込まれるものについては、正当な理由がなく、待遇のそれぞれについて、当該待遇に対応する当該通常の労働者の待遇に比して不利なものとしてはならないこととされています。不合理指針第4は、派遣労働者（労使協定対象派遣労働者を除く）の待遇に関して、原則となる考え方及び具体例を示しています。

(ロ)　裁判例と不合理指針との乖離の可能性

　前述の通り、不合理指針と改正前労働契約法20条をめぐる判例や裁判例とは一定の乖離があります。未だ、派遣労働者をめぐる均衡処遇や均等待遇をめぐる裁判例は現れていませんが、同様な現象は、派遣労働者に関しても起こり得ます。

　つまり、前述したように、今後、裁判所では不合理性が否定されても、不合理指針では不合理性が肯定され、行政指導等を受けることもあり得ます（不合理指針第4の1の注1では、「派遣先に雇用される通常の労働者と派遣労働者との間に賃金の決定基準・ルールの相違がある場合の取扱い派遣先に雇用され

る通常の労働者と派遣労働者の間に基本給、賞与、各種手当等の賃金に相違がある場合において、その要因として当該通常の労働者と派遣労働者の賃金の決定基準・ルールの相違があるときは、『派遣労働者に対する派遣元事業主の将来の役割期待は派遣先に雇用される通常の労働者に対する派遣先の将来の役割期待と異なるため、賃金の決定基準・ルールが異なる』等の主観的又は抽象的な説明では足りず、賃金の決定基準・ルールの相違は、当該通常の労働者と派遣労働者の職務の内容、当該職務の内容及び配置の変更の範囲その他の事情のうち、当該待遇の性質及び当該待遇を行う目的に照らして適切と認められるものの客観的及び具体的な実態に照らして、不合理と認められるものであってはならない。」とされており、2020年最判や裁判例の理解と乖離があり得ます）。同時に、不合理指針では不合理性を否定されていても、裁判所では不合理性を認められる場合があるということです。即ち、裁判所が、不合理指針通りの判断を下すか否かは、今後の判例・裁判例の集積を見なければ分からない点があるということです。

③パート有期労働者である派遣労働者についてのパート有期法8条と不合理指針

　パート有期労働者である派遣労働者については、パート有期法及び労働者派遣法の両方が適用されます（前述❶③④（72ページ）参照）。

④不合理指針の概要と不合理な処遇の排除の手順等

　不合理指針の概要は、以下の厚生労働省ホームページに掲載の図解（【図2-8】）（94ページ）の通りですが、具体的な不合理な処遇の排除の手順等については、厚生労働省ホームページに掲載の啓発用パンフ「不合理な待遇差解消のための点検・検討マニュアル（業界別マニュアル）」の「労働者派遣業界編」等が参考となります。

　なお、派遣先労働者との均衡・均等処遇に関する不合理指針の利用に実務的な詳細については、要領第7の4(7)も参照してください。

3 不合理指針第5　協定対象派遣労働者

① 概要

　不合理指針第4の冒頭で言及されるように（前述❶③④（72ページ）参照）、労働者派遣法30条の4第1項において、労働者の過半数で組織する労働組合等との協定により、同項各号に規定する事項を定めたときは、当該協定で定めた範囲に属する派遣労働者の待遇について、労働者派遣法30条の3の規定は、一部の待遇を除き、適用しないこととされています。ただし、同項第2号、第4号若しくは第5号に掲げる事項であって当該協定で定めたものを遵守していない場合又は同項第3号に関する当該協定の定めによる公正な評価に取り組んでいない場合はこの限りでないとされています。

② 不合理指針第5　協定対象派遣労働者の概要

　そこで、不合理指針第5では、【図2-8】（94ページ）ような労使協定方式の有効性判断基準等が定められています。

【図2-8】

同一労働同一賃金ガイドラインの概要（4）

短時間・有期雇用労働者及び派遣労働者に対する不合理な待遇の禁止等に関する指針

【労使協定方式】の場合

<table>
<tr>
<td rowspan="1">①
賃金</td>
<td>
<協定対象派遣労働者の賃金の決定方法等>
・同種の業務に従事する一般の労働者の平均的な賃金の額と同等以上の賃金の額となる<u>ものでなければならない。</u>

・職務の内容、職務の成果、意欲、能力又は経験その他の就業の実態に関する事項の向<u>上があった場合に賃金が改善されるものでなければならない。</u>

・協定対象派遣労働者の職務の内容、職務の成果、意欲、能力又は経験その他の就業の<u>実態に関する事項を公正に評価し、賃金を決定しなければならない。</u>
</td>
</tr>
<tr>
<td>②
福利厚生
教育訓練</td>
<td>
・食堂、休憩室、更衣室といった**福利厚生施設**（※）については、派遣先の通常の労働者と働く事業所が同一であれば同一の利用を認めなければならない。

・派遣元の通常の労働者との間で、転勤の有無等の支給要件が同一の場合の**転勤者用社宅、慶弔休暇、健康診断に伴う勤務免除・有給保障**については、同一の利用・付与を行わなければならない。

・**病気休職**については、有期雇用でない派遣労働者には派遣元の通常の労働者と同一の、有期雇用である派遣労働者にも、労働契約が終了するまでの期間を踏まえて取得を認めなければならない。

・**法定外の有給休暇その他の休暇**であって、勤続期間に応じて取得を認めているものについては、派遣元の通常の労働者と同一の勤続期間であれば同一の付与を行わなければならない。なお、期間の定めのある労働契約を更新している場合には、当初の労働契約の開始時から通算して勤続期間を評価することを要する。

・**教育訓練**であって、現在の職務に必要な技能・知識を習得するために実施するもの（※）については、派遣先の通常の労働者と同一の業務内容であれば同一の、違いがあれば違いに応じた実施を行わなければならない。

・**安全管理に関する措置・給付**については、派遣元の通常の労働者と同一の勤務環境に置かれている場合には同一の措置・給付を行わなければならない。

（※）上記の福利厚生施設（食堂、休憩室、更衣室）及び現在の業務の遂行に必要な技能・知識を付与するための教育訓練は、労使協定方式であっても、労使協定の対象とはならないため、派遣元事業主は、派遣先の通常の労働者との均等・均衡を確保する必要がある。

　また、これらの待遇については、派遣先に対しても、利用機会の付与及び実施の義務が課されている。
</td>
</tr>
</table>

（厚労省ホームページ）

第3節 判例裁決事例
（主に労契法20条関係における判例・裁判例を中心に）

　第2節（31～67ページ）で前述したように、6.1最判と2020年最判が、改正前労契法20条とパート有期法8条における判断枠組の大枠と諸待遇での具体的判断事例を示し、これらの面での実務的基準と法理論的枠組がかなり提供されたものと解されます。そこで、本節では、以下で紹介する6.1最判や2020年最判を含む裁判例（前付の参考資料「同一労働同一賃金に関する判例一覧」参照）の紹介は、6.1最判では未決着だった不合理性の具体的判断、損害額の割合的認定のような算定、比較対象労働者等の実相につき、2020年最判で明らかになった内容を中心として紹介します（以下については、主に、岩出誠「労働契約法20条を巡る判例・裁判例の概要」労務事情1389号23頁以下等による）。

① ハマキョウレックス事件

〈最二小判・平30.6.1労判1179号20頁（以下、「ハマキョウレックス事件最判」）〉

事案の概要

　有期社員と無期正社員との間で、無事故手当、作業手当、給食手当、住宅手当、皆勤手当、通勤手当、家族手当、賞与、定期昇給及び退職金等の相違につき労契法20条違反が争われた事案で、原審・ハマキョウレックス（差戻審）事件・大阪高判・平成28.7.26労判1143号5頁は、無事故手当、作業手当、給食手当、通勤手当に関する正社員と契約社

員との間の労働条件の相違は、期間の定めがあることを理由とする相違であり、労契法 20 条にいう「不合理と認められるもの」に当たると判断した上告審の事例。

原告 X の主張

無期労働契約を Y 社と締結している正社員と X との間で、無事故手当、作業手当、給食手当、住宅手当、皆勤手当、通勤手当、家族手当、賞与、定期昇給および退職金（これらを合わせて以下、「本件賃金等」）に相違があることは労契法 20 条に違反しているなどと主張。

被告 Y の主張

本件有期労働契約における労働条件と被告の正社員との労働条件の相違は、「期間の定めがあることにより」生じているものではないというべきであるし、労契法 20 条にいう「不合理と認められるもの」とは、「法的に否認すべき程度に不公正に近いもの」を意味すると解すべきところ、本件有期労働契約における労働条件と被告の正社員との労働条件の相違は、その職務内容（業務内容や業務に伴う責任の程度）や職務内容・配置の変更の範囲等の事情を考慮しても不合理であるとはいえない。

判例要旨

前述第 2 節で紹介した判断枠組（32 ～ 42 ページ）に基づき以下の判断を示しました。

1. 住宅手当不支給の不合理性否定

(1) 職務の内容及び配置の変更の範囲の相違の肯定

有期社員と無期正社員「両者の職務の内容に違いはないが、職務の内容及び配置の変更の範囲に関しては、正社員は、出向を含む全国規模の広域

異動の可能性があるほか、等級役職制度が設けられており、職務遂行能力に見合う等級役職への格付けを通じて、将来、会社の中核を担う人材として登用される可能性があるのに対し、契約社員は、就業場所の変更や出向は予定されておらず、将来、そのような人材として登用されることも予定されていないという違いがある。」

(2) 転勤の有無に基づく住宅手当不支給の不合理性否定

　正社員に対してのみ支給されている「住宅手当は、従業員の住宅に要する費用を補助する趣旨で支給されるものと解されるところ、契約社員については就業場所の変更が予定されていないのに対し、正社員については、転居を伴う配転が予定されているため、契約社員と比較して住宅に要する費用が多額となり得る。したがって、正社員に対して上記の住宅手当を支給する一方で、契約社員に対してこれを支給しないという労働条件の相違は、不合理であると評価」できない。

2. 皆勤手当不支給の不合理性肯定

(1) 出勤確保の必要性の共通性

　「皆勤手当は、……運送業務を円滑に進めるには実際に出勤するトラック運転手を一定数確保する必要があることから、皆勤を奨励する趣旨で支給されるものであると解されるところ、……乗務員については、契約社員と正社員の職務の内容は異ならないから、出勤する者を確保することの必要性については、職務の内容によって両者の間に差異が生ずるものではない。」

(2) 中核人材登用可能性との関連性の欠如

　「上記の必要性は、当該労働者が将来転勤や出向をする可能性や、会社の中核を担う人材として登用される可能性の有無といった事情により異なるとはいえない。そして、本件労働契約及び本件契約社員就業規則によれば、契約社員については、会社の業績と本人の勤務成績を考慮して昇給することがあるとされているが、昇給しないことが原則である上、皆勤の事

実を考慮して昇給が行われたとの事情もうかがわれない。」

(3) 不合理性肯定

「したがって、……乗務員のうち正社員に対して上記の皆勤手当を支給する一方で、契約社員に対してこれを支給しないという労働条件の相違は、不合理であると評価することができるものであるから、労働契約法20条にいう不合理と認められるものに当たると解するのが相当である。」

3. 原審が認めた無事故手当、作業手当、給食手当及び通勤手当不支給の不合理性を追認

(1) 無事故手当不支給の不合理性

「無事故手当は、優良ドライバーの育成や安全な輸送による顧客の信頼の獲得を目的として支給されるものであると解されるところ、……乗務員については、契約社員と正社員の職務の内容は異ならないから、安全運転及び事故防止の必要性については、職務の内容によって両者の間に差異が生ずるものではない。また、上記の必要性は、当該労働者が将来転勤や出向をする可能性や、……中核を担う人材として登用される可能性の有無といった事情により異なるものではない。加えて、無事故手当に相違を設けることが不合理であるとの評価を妨げるその他の事情もうかがわれない。」

(2) 作業手当不支給の不合理性

「作業手当は、特定の作業を行った対価として支給されるものであり、作業そのものを金銭的に評価して支給される性質の賃金であると解される。しかるに、……乗務員については、契約社員と正社員の職務の内容は異ならない。また、職務の内容及び配置の変更の範囲が異なることによって、行った作業に対する金銭的評価が異なることになるものではない。加えて、作業手当に相違を設けることが不合理であるとの評価を妨げるその他の事情もうかがわれない。」

(3)　給食手当不支給の不合理性

　「給食手当は、従業員の食事に係る補助として支給されるものであるから、勤務時間中に食事を取ることを要する労働者に対して支給することがその趣旨にかなうものである。しかるに、……乗務員については、契約社員と正社員の職務の内容は異ならない上、勤務形態に違いがあるなどといった事情はうかがわれない。また、職務の内容及び配置の変更の範囲が異なることは、勤務時間中に食事を取ることの必要性やその程度とは関係がない。加えて、給食手当に相違を設けることが不合理であるとの評価を妨げるその他の事情もうかがわれない。」

(4)　通勤手当の格差の不合理性

　「通勤手当は、通勤に要する交通費を補塡する趣旨で支給されるものであるところ、労働契約に期間の定めがあるか否かによって通勤に要する費用が異なるものではない。また、職務の内容及び配置の変更の範囲が異なることは、通勤に要する費用の多寡とは直接関連するものではない。加えて、通勤手当に差違を設けることが不合理であるとの評価を妨げるその他の事情もうかがわれない。」

結論

　「原判決中、Xの平成25年4月1日以降の皆勤手当に係る損害賠償請求に関する部分を破棄し、Xが皆勤手当の支給要件を満たしているか否か等について更に審理を尽くさせるため同部分につき本件を原審に差し戻すとともに、Yの上告及びXのその余の附帯上告を棄却する。」

　要するに、原審が認めた各手当に皆勤手当不払いや差額の労契法20条上の不合理性を認め、賠償を認めたことになります（同事件・差戻し事件・大阪高判・平30.12.21労判1198号32頁で皆勤手当を含めた賠償を認めています）。

判例からひもとく！留意点とポイント

　ハマキョウレックス事件最判は、前述第2節で解説した労契法20条、ひいてはパート有期法8条の基本的判断枠組を示しただけでなく、上記1、2のように、まさに前述第2節の「個々の賃金項目の趣旨を個別考慮した不合理性判断」（43〜57ページ）をした事例でもあります。即ち、職務内容の同一性がある全国転勤型正社員と地域限定型の契約社員の労働条件相違が争われた事案であるところから、同種の手当で、本件同様の職務の内容の同一性と配置の変更の範囲の相違がある事案では十分に参酌されるべきです。

　各手当の不合理性判断の手法は、概ね、不合理指針第3の「3　手当」に近いものとなっています。

参照条文等

労契法20条、民法90条・709条、パート有期法8条

② 長澤運輸事件

〈最二小判・平 30.6.1 労判 1179 号 34 頁（以下、「長澤運輸事件最判」）〉

事案の概要

有期労働契約の定年後再雇用の契約社員と無期労働契約の正社員との
間で、賃金の差額等の相違につき労契法 20 条違反が争われた事案で、
原審・長澤運輸事件・東京高判・平 28.11.2 労判 1144 号 16 頁は、労
働条件の相違は、期間の定めがあることを理由とする相違であるが、
定年の前後で、職務内容、当該職務の内容および配置の変更の範囲が
変わらないままで、相当程度賃金を引き下げることは広く行われてい
ることから、再雇用後の X らの賃金額が、定年前に比べて 20 〜 24％
程度減額となったことが、社会的に妥当性を欠くとはいえないと判断
したものを精勤手当不支給とこれを考慮した割増賃金につき不合理性
を認めた事例。

争 点

原告 X の主張

嘱託社員である X らと正社員との間には、労働契約に期間の定めがある
ことによる労働条件の相違があり、これらの相違がいずれも不合理なもの
であることは明らかである。したがって、原告らと正社員との間の上記労
働条件の相違は、労契法 20 条に違反する。

被告 Y 側の主張

嘱託社員である X らと正社員との間の労働条件の相違は、「期間の定め
があること」を理由とする労働条件の相違ではないから、本件に労契法 20
条は適用されない。労契法 20 条の不合理性判断については、有期契約労
働者に対する不利益な取扱いが「合理的なもの」と認められる必要はない

が、「不合理」とまで認められるものであってはならないという趣旨であり、有期契約労働者の労働条件が無期契約労働者の労働条件に比して単に低いばかりでなく、法的に否認すべき程度に不公正に低いものであってはならないとの趣旨を表現したものであると解される。また、賃金に関して不合理性を判断するに際しては、賃金を構成する項目ごとに相違の不合理性を検討すべきではない。各賃金項目は、緊密に関連して全体としての賃金水準を設定するものであるから、不合理性の判断に当たっては、賃金体系全体として判断する必要がある。さらに、労契法20条が不合理性の判断要素として挙げる事情のうち、「その他の事情」については、有期契約労働者と無期契約労働者との扱いの相違が問題となる処遇に様々な事項や性質のものがあることに鑑みれば、幅広い事情が考慮される、など。

判例要旨

　前述第2節で紹介した判断枠組（32〜42ページ）に基づき以下の判断を示しました。

1. 能率給及び職務給不支給の不合理性否定

⑴　基本給・歩合給の団交を経ての高額設定等の収入安定のための配慮への考慮

　「正社員に対し、基本給、能率給及び職務給を支給しているが、嘱託乗務員に対しては、基本賃金及び歩合給を支給し、能率給及び職務給を支給していない。基本給及び基本賃金は、労務の成果である乗務員の稼働額にかかわらず、従業員に対して固定的に支給される賃金であるところ、……基本賃金の額は、いずれも定年退職時における基本給の額を上回っている。また、能率給及び歩合給は、労務の成果に対する賃金であるところ、その額は、いずれも職種に応じた係数を乗務員の月稼働額に乗ずる方法によって計算するものとされ、嘱託乗務員の歩合給に係る係数は、正社員の能率

給に係る係数の約2倍から約3倍に設定されている。そして、（会社Yは）本件組合との団体交渉を経て、嘱託乗務員の基本賃金を増額し、歩合給に係る係数の一部を嘱託乗務員に有利に変更している。このような賃金体系の定め方に鑑みれば、（会社Y）は、嘱託乗務員について、正社員と異なる賃金体系を採用するに当たり、職種に応じて額が定められる職務給を支給しない代わりに、基本賃金の額を定年退職時の基本給の水準以上とすることによって収入の安定に配慮するとともに、歩合給に係る係数を能率給よりも高く設定することによって労務の成果が賃金に反映されやすくなるように工夫しているということができる。そうである以上、嘱託乗務員に対して能率給及び職務給が支給されないこと等による労働条件の相違が不合理と認められるものであるか否かの判断に当たっては、嘱託乗務員の基本賃金及び歩合給が、正社員の基本給、能率給及び職務給に対応するものであることを考慮する必要がある。」

⑵　上記配慮の結果による取得賃金の差額割合の寡少性

　　「本件賃金につき基本賃金及び歩合給を合計した金額並びに本件試算賃金につき基本給、能率給及び職務給を合計した金額を嘱託乗務員人ごとに計算すると、前者（基本賃金及び歩合給を合計）の金額は後者（基本給、能率給及び職務給を合計）の金額より少ないが、その差は嘱託乗務員X1につき約10%、同X2につき約12%、同X3につき約2%にとどまっている。」

⑶　老齢厚生年金受給と団交を経ての報酬比例部分の支給が開始までの調整給の支給

　　「嘱託乗務員は定年退職後に再雇用された者であり、一定の要件を満たせば老齢厚生年金の支給を受けることができる上、会社は、本件組合との団体交渉を経て、老齢厚生年金の報酬比例部分の支給が開始されるまでの間、嘱託乗務員に対して2万円の調整給を支給することとしている。」

(4) 総合考慮による能率給及び職務給不支給への不合理性の否定

　「これらの事情を総合考慮すると、嘱託乗務員と正社員との職務内容及び変更範囲が同一であるといった事情を踏まえても、正社員に対して能率給及び職務給を支給する一方で、嘱託乗務員に対して能率給及び職務給を支給せずに歩合給を支給するという労働条件の相違は、不合理であると評価することができるものとはいえないから、労契法20条にいう不合理と認められるものに当たらない。」

2. 精勤手当不支給の不合理性肯定

(1) 精勤手当の必要性の共通性

　「精勤手当は、その支給要件及び内容に照らせば、従業員に対して休日以外は1日も欠かさずに出勤することを奨励する趣旨で支給されるものであるということができる。そして、会社の嘱託乗務員と正社員との職務の内容が同一である以上、両者の間で、その皆勤を奨励する必要性に相違はない。」

(2) 歩合給及び能率給に係る係数の有利設定による代替効果否定

　「嘱託乗務員の歩合給に係る係数が正社員の能率給に係る係数よりも有利に設定されていることには、会社が嘱託乗務員に対して労務の成果である稼働額を増やすことを奨励する趣旨が含まれているとみることもできるが、精勤手当は、従業員の皆勤という事実に基づいて支給されるものであるから、歩合給及び能率給に係る係数が異なることをもって、嘱託乗務員に精勤手当を支給しないことが不合理でない」とはいえない。

(3) 精勤手当不支給への不合理性肯定

　「正社員に対して精勤手当を支給する一方で、嘱託乗務員に対してこれを支給しないという労働条件の相違は、不合理であると評価することができる。」

3. 住宅手当及び家族手当への不合理性否定

⑴　住宅手当及び家族手当の趣旨と嘱託乗務員への老齢厚生年金の支給とのバランス

「①会社における住宅手当及び家族手当は、その支給要件及び内容に照らせば、前者は従業員の住宅費の負担に対する補助として、後者は従業員の家族を扶養するための生活費に対する補助として、それぞれ支給されるものであるということができる。上記各手当は、いずれも労働者の提供する労務を金銭的に評価して支給されるものではなく、従業員に対する福利厚生及び生活保障の趣旨で支給されるものであるから、使用者がそのような賃金項目の要否や内容を検討するに当たっては、上記の趣旨に照らして、労働者の生活に関する諸事情を考慮することになるものと解される。会社における正社員には、嘱託乗務員と異なり、幅広い世代の労働者が存在し得るところ、そのような正社員について住宅費及び家族を扶養するための生活費を補助することには相応の理由があるということができる。②他方において、嘱託乗務員は、正社員として勤続した後に定年退職した者であり、老齢厚生年金の支給を受けることが予定され、その報酬比例部分の支給が開始されるまでは会社から調整給を支給されることとなっているものである。」

⑵　総額の均衡の範囲での判断による不合理性の否定

「③これらの事情を総合考慮すると、嘱託乗務員と正社員との職務内容及び変更範囲が同一であるといった事情を踏まえても、正社員に対して住宅手当及び家族手当を支給する一方で、嘱託乗務員に対してこれらを支給しないという労働条件の相違は、……、労契法20条にいう不合理と認められるものに当たらない。」

4. 役付手当不支給への不合理性否定

「嘱託乗務員らは、嘱託乗務員に対して役付手当が支給されないことが

不合理である理由として、役付手当が年功給、勤続給的性格のものである旨主張しているところ、会社における役付手当は、その支給要件及び内容に照らせば、正社員の中から指定された役付者であることに対して支給されるものであるということができ、嘱託乗務員らの主張するような性格のものということはできない。したがって、正社員に対して役付手当を支給する一方で、嘱託乗務員に対してこれを支給しないという労働条件の相違は、労契法20条にいう不合理と認め」られない。

5. 精勤手当不算入による超勤手当及び時間外手当支給額の不合理性肯定

「正社員の超勤手当及び嘱託乗務員の時間外手当は、いずれも従業員の時間外労働等に対して労働基準法所定の割増賃金を支払う趣旨で支給されるものであるといえる。（会社）は、正社員と嘱託乗務員の賃金体系を区別して定めているところ、割増賃金の算定に当たり、割増率その他の計算方法を両者で区別していることはうかがわれない。」しかし、前記2.「で述べたとおり、嘱託乗務員に精勤手当を支給しないことは、不合理であると評価することができ……、正社員の超勤手当の計算の基礎に精勤手当が含まれるにもかかわらず、嘱託乗務員の時間外手当の計算の基礎には精勤手当が含まれないという労働条件の相違は、……労契法20条にいう不合理と認められるものに当たる。」

6. 賞与不支給の不合理性否定

(1) 賞与の性格と嘱託乗務員への老齢厚生年金の支給とのバランス

「①賞与は、月例賃金とは別に支給される一時金であり、労務の対価の後払い、功労報償、生活費の補助、労働者の意欲向上等といった多様な趣旨を含み得るものである。②嘱託乗務員は、定年退職後に再雇用された者であり、定年退職に当たり退職金の支給を受けるほか、老齢厚生年金の支給を受けることが予定され、その報酬比例部分の支給が開始されるまでの間は（会社）から調整給の支給を受けることも予定されている。また、本

件再雇用者採用条件によれば、嘱託乗務員の賃金（年収）は定年退職前の79％程度となることが想定されるものであり、嘱託乗務員の賃金体系は、……、嘱託乗務員の収入の安定に配慮しながら、労務の成果が賃金に反映されやすくなるように工夫した内容になっている。」

(2)　総額の均衡の範囲での判断による不合理性の否定

　「これらの事情を総合考慮すると、嘱託乗務員と正社員との職務内容及び変更範囲が同一であり、正社員に対する賞与が基本給の5か月分とされているとの事情を踏まえても、正社員に対して賞与を支給する一方で、嘱託乗務員に対してこれを支給しないという労働条件の相違は、……、労契法20条にいう不合理と認められるものに当たらない。」

結論

　Xらの上告受理申立てを受理し、上記判決要旨1.ないし6.のとおり判示した上、本件各賃金項目のうち、精勤手当及び時間外手当に係る相違は不合理であるとして、原判決のうち、精勤手当に係る損害賠償（予備的請求）に関する部分を破棄自判し、超勤手当に係る損害賠償（予備的請求）に関する部分を破棄して原審に差し戻した。

判例からひもとく！留意点とポイント

　長澤運輸事件最判のポイントは、まず、定年後再雇用の有期労働者と正社員の対比で、職務内容及び変更範囲が同一の状態下での労働条件の相違の不合理性の存否が問われた点です。長澤運輸事件最判以後の定年後再雇用の有期労働者と正社員の対比が問われた裁判例は、ここでの判断枠組を踏襲しています。

　職務内容及び変更範囲が同一の状態下で、様々な諸手当や賞与の有無の相違の不合理性の存在を否定した決定的理由は、定年後再雇用に伴う上記

判示の諸事情となります。不合理性が認められたのは、その諸事情をもっ
てしても不合理とされた精勤手当とこれを含まなかった割増賃金だけとさ
れています。

逆にいえば、定年後再雇用に伴う上記判示の諸事情がなければ、賞与も
含めて相違につき不合理とされたニュアンスが伝わってきます。

なお、令和2年4月1日以降での留意点として、職務内容及び変更範囲
が同一の状態下では、パート有期法9条の均等待遇の適用される危険があ
ることです。ただし、この点に関しては、前述第2節（64～66ページ）の
同9条の「理由として」の文言による処理が是正されています（岩出・大系
124頁注91参照）。

参照条文等

労契法20条、民法90条・709条、パート有期法8条・9条

3 学校法人大阪医科薬科大学（旧大阪医科大学）事件

〈最判・令2.10.13 労判1229号77頁（以下、大阪医科薬科大学事件最判）〉

事案の概要

期間の定めのある労働契約を締結して、学校法人であるYにおいて勤務していたXが、期間の定めのない労働契約をYと締結している労働者とXとの間で、基本給、賞与、年末年始及び創立記念日の休日における賃金支給、年休の日数、夏期特別有給休暇、業務外の疾病（私傷病）による欠勤中の賃金、附属病院の医療費補助措置に相違があることは改正前労契法20条に違反すると主張して、〔1〕主位的には、同条違反により無期契約労働者と同様の労働条件が適用されることを前提に労働契約に基づき、予備的には、不法行為に基づき、無期契約労働者との差額賃金等及び遅延損害金の支払、〔2〕同条に違反する労働条件の適用という不法行為に基づき、慰謝料等及び遅延損害金の支払を求めたところ、学校法人大阪医科薬科大学（旧大阪医科大学）事件・大阪地判・平30.1.24労判1175号5頁）がXの請求をいずれも棄却したところ、原審・大阪医科薬科大学（旧大阪医科大学）事件・大阪高判・平31.2.15労判1199号5頁が、基本給の相違は不合理ではないとし、フルタイムのアルバイト職員に対し、賞与を全く支給しないことに合理的な理由を見出すことは困難であり、不合理としつつ、正職員とアルバイト職員とでは、実際の職務も採用に際し求められる能力にも相当の相違があり、アルバイト職員の賞与算定期間における功労も相対的に低いことは否めず、正社員のうち平成25年4月に採用された者と比較し、その者の賞与の支給基準の60%を下回る支給しかしない場合は不合理な相違とし、有給の夏期特別有給休暇を付与しないことが不合理、私傷病による賃金支給につき1カ月分、休職給

の支給につき2か月分(合計3か月、雇用期間1年の4分の1)を下回る支給しかしないときは不合理、年末年始や創立記念日の休日の賃金の不支給は不合理とはいえない、附属病院受診の際の医療費補助措置は、恩恵的な措置であって労働条件に含まれるとはいえず、不合理な労働条件の相違とはいえないとしたことに対して、上告・上告受理申立てがなされた事例。

争点

原告Xの主張

1. 労契法20条の不合理な労働条件の相違に当たるか否かは、Xと同じ業務に従事している基礎系教室の正職員の教室事務員とXの労働条件の相違を比較して判断すべきである。

2. Xと他の基礎系教室の正職員の教室事務員の職務の内容は、配置されている教室やその教室の教授の特徴、教授の個別のポスト・役割に応じて細部に多少の違いはあるとしても、中核部分は同一であり、客観的に同一と判断されるべきものである。また、職務の内容及び配置の変更の範囲についても、正職員もアルバイト職員も配置転換を命ずることができる旨の規定が存在し、実際の配置転換の状況についても、正職員の教室事務員の配置転換の例はほとんどない一方で、アルバイト職員の教室事務員には配置転換の例があり、配置の変更の範囲については規定上も実際の運用でも客観的にみて違いはない。

3. 正職員の教室事務員で最も賃金額が低い正職員の賃金額、平成25年4月に新規採用された正職員の賃金の推計額によれば、Xの基本給は、教室事務員である正職員で最も賃金が低い者の基本給の43ないし44パーセントにすぎず、賞与を合わせた年間支給額でみると、31ないし32パーセントであって、このような相違を合理化する事情は皆無である。

1. 労契法 20 条は、職務の内容が同一であるにもかかわらず、その労働条件が不合理な場合にそれを是正させることを目的とするものであるから、不合理な労働条件の相違に当たるか否かは、X と同じ業務に従事している基礎系教室の正職員の教室事務員と X の労働条件の相違を比較して判断すべきである。他方、X が行ってきた教室事務員の職務と Y の他の部署における事務職員の業務は異なる上、時間外労働数も異なることからすれば、他の部署における正職員は、X との比較の対象にすべきではない。

2. Y では、有期雇用職員については、①本人のスペシャリティーに応じて専門的な業務に正職員同様に主体的に従事することが求められ、本人の経験の範囲内で異動の対象となり、昇格もあり得る「嘱託職員」、②原則として異動や昇格はなく、正職員や嘱託職員の指示を受けて、正職員に準ずる業務に従事する「契約職員」、③原則として異動や昇格はなく、正職員や嘱託職員、契約職員の指示を受けて、主として、定型的で簡便な作業や雑務レベル作業に従事し、求められる能力も限局的な「アルバイト職員」という 3 つの職種を設けている。これらの職種では、職務の内容及び当該職務の内容と配置の変更の範囲に明確な段階的な差異があり、これらに応じて労働条件も段階的な相違が設けられている。X が労働条件の相違と主張している部分のうち、賞与は、賃金の後払い的性質のみならず、功労報償的性質を有しており、通常の賃金と異なって任意的性質を有するから、その支給要件をどう定めるかは、当事者の自由である。

判例要旨

1. 賞与について

(1) 賞与支給の処遇差への不合理性判断の可能性とその判断枠組

労働契約法 20 条は、有期労働契約を締結した労働者と無期労働契約を

締結した労働者の労働条件の格差が問題となっていたこと等を踏まえ、有期労働契約を締結した労働者の公正な処遇を図るため、その労働条件につき、期間の定めがあることにより不合理なものとすることを禁止したものであり、両者の間の労働条件の相違が賞与の支給に係るものであったとしても、それが同条にいう不合理と認められるものに当たる場合はあり得るものと考えられる。もっとも、その判断に当たっては、他の労働条件の相違と同様に、当該使用者における賞与の性質やこれを支給することとされた目的を踏まえて同条所定の諸事情を考慮することにより、当該労働条件の相違が不合理と評価することができるものであるか否かを検討すべきものである。

(2) Yにおける賞与の性質と支給目的——「正職員としての職務を遂行し得る人材の確保やその定着を図るなどの目的」(有為人材確保論)

　Yの正職員に対する賞与は、正職員給与規則において必要と認めたときに支給すると定められているのみであり、基本給とは別に支給される一時金として、その算定期間における財務状況等を踏まえつつ、その都度、Yにより支給の有無や支給基準が決定されるものである。また、上記賞与は、通年で基本給の4.6か月分が一応の支給基準となっており、その支給実績に照らすと、Yの業績に連動するものではなく、算定期間における労務の対価の後払いや一律の功労報償、将来の労働意欲の向上等の趣旨を含むものと認められる。そして、正職員の基本給については、勤務成績を踏まえ勤務年数に応じて昇給するものとされており、勤続年数に伴う職務遂行能力の向上に応じた職能給の性格を有するものといえる上、おおむね、業務の内容の難度や責任の程度が高く、人材の育成や活用を目的とした人事異動が行われていたものである。このような正職員の賃金体系や求められる職務遂行能力及び責任の程度等に照らせば、Yは、正職員としての職務を遂行し得る人材の確保やその定着を図るなどの目的から、正職員に対して

賞与を支給することとしたものといえる。

(3)　職務内容及び当該業務に伴う責任の程度と配置の変更の範囲の相違

　そして、Ｘにより比較の対象とされた教室事務員である正職員とアルバイト職員であるＸの労契法20条所定の「業務の内容及び当該業務に伴う責任の程度」（以下「職務の内容」という）をみると、両者の業務の内容は共通する部分はあるものの、Ｘの業務は、その具体的な内容や、Ｘが欠勤した後の人員の配置に関する事情からすると、相当に軽易であることがうかがわれるのに対し、教室事務員である正職員は、これに加えて、学内の英文学術誌の編集事務等、病理解剖に関する遺族等への対応や部門間の連携を要する業務又は毒劇物等の試薬の管理業務等にも従事する必要があったのであり、両者の職務の内容に一定の相違があったことは否定できない。また、教室事務員である正職員については、正職員就業規則上人事異動を命ぜられる可能性があったのに対し、アルバイト職員については、原則として業務命令によって配置転換されることはなく、人事異動は例外的かつ個別的な事情により行われていたものであり、両者の職務の内容及び配置の変更の範囲（以下「変更の範囲」という）に一定の相違があったことも否定できない。

　さらに、Ｙにおいては、全ての正職員が同一の雇用管理の区分に属するものとして同一の就業規則等の適用を受けており、その労働条件はこれらの正職員の職務の内容や変更の範囲等を踏まえて設定されたものといえるところ、Ｙは、教室事務員の業務の内容の過半が定型的で簡便な作業等であったため、平成13年頃から、一定の業務等が存在する教室を除いてアルバイト職員に置き換えてきたものである。その結果、Ｘが勤務していた当時、教室事務員である正職員は、僅か4名にまで減少することとなり、業務の内容の難度や責任の程度が高く、人事異動も行われていた他の大多数の正職員と比較して極めて少数となっていたものである。このように、

教室事務員である正職員が他の大多数の正職員と職務の内容及び変更の範囲を異にするに至ったことについては、教室事務員の業務の内容やＹが行ってきた人員配置の見直し等に起因する事情が存在したものといえる。また、アルバイト職員については、契約職員及び正職員へ段階的に職種を変更するための試験による登用制度が設けられていたものである。これらの事情については、教室事務員である正職員とＸとの労働条件の相違が不合理と認められるものであるか否かを判断するに当たり、労契法20条所定の「その他の事情」（以下、職務の内容及び変更の範囲と併せて「職務の内容等」という）として考慮するのが相当である。

(4)　賞与不支給の不合理性

　　そうすると、Ｙの正職員に対する賞与の性質やこれを支給する目的を踏まえて、教室事務員である正職員とアルバイト職員の職務の内容等を考慮すれば、正職員に対する賞与の支給額がおおむね通年で基本給の4.6か月分であり、そこに労務の対価の後払いや一律の功労報償の趣旨が含まれることや、正職員に準ずるものとされる契約職員に対して正職員の約80％に相当する賞与が支給されていたこと、アルバイト職員であるＸに対する年間の支給額が平成25年4月に新規採用された正職員の基本給及び賞与の合計額と比較して55％程度の水準にとどまることをしんしゃくしても、教室事務員である正職員とＸとの間に賞与に係る労働条件の相違があることは、不合理であるとまで評価することができるものとはいえない。

　　以上によれば、本件大学の教室事務員である正職員に対して賞与を支給する一方で、アルバイト職員である第1審原告に対してこれを支給しないという労働条件の相違は、労契法20条にいう不合理と認められるものに当たらないと解するのが相当である。

2. 私傷病による欠勤中の賃金不支給（私傷病有給休暇の不付与）への不合理性判断

(1) 私傷病による欠勤中の賃金支給の性質と支給目的——「正職員の生活保障を図るとともに、その雇用を維持し確保するという目的」

　Ｙが、正職員休職規程において、私傷病により労務を提供することができない状態にある正職員に対し給料(6か月間)及び休職給(休職期間中において標準給与の2割)を支給することとしたのは、正職員が長期にわたり継続して就労し、又は将来にわたって継続して就労することが期待されることに照らし、正職員の生活保障を図るとともに、その雇用を維持し確保するという目的によるものと解される。このようなＹにおける私傷病による欠勤中の賃金の性質及びこれを支給する目的に照らすと、同賃金は、このような職員の雇用を維持し確保することを前提とした制度であるといえる。

(2) 職務内容及び当該業務に伴う責任の程度と配置の変更の範囲の相違

　上記1.の(3)と同様の相違を指摘

(3) 私傷病による欠勤中の賃金不支給の不合理性の否定

　このような職務の内容等に係る事情に加えて、アルバイト職員は、契約期間を1年以内とし、更新される場合はあるものの、長期雇用を前提とした勤務を予定しているものとはいい難いことにも照らせば、教室事務員であるアルバイト職員は、上記のように雇用を維持し確保することを前提とする制度の趣旨が直ちに妥当するものとはいえない。また、Ｘは、勤務開始後2年余りで欠勤扱いとなり、欠勤期間を含む在籍期間も3年余りにとどまり、その勤続期間が相当の長期間に及んでいたとはいい難く、Ｘの有期労働契約が当然に更新され契約期間が継続する状況にあったことをうかがわせる事情も見当たらない。したがって、教室事務員である正職員とＸとの間に私傷病による欠勤中の賃金に係る労働条件の相違があることは、不合理であると評価することができるものとはいえない。

以上によれば、本件大学の教室事務員である正職員に対して私傷病による欠勤中の賃金を支給する一方で、アルバイト職員である第1審原告に対してこれを支給しないという労働条件の相違は、労契法20条にいう不合理と認められるものに当たらないと解するのが相当である。

3. 不受理決定の内容

　本判決では、原審で、基本給の相違（月給制・時給制の違い、額は2割程度の相違）、年末年始・創立記念日の賃金不支給（時給制のため不支給）、法定外の年休日数（年1日の相違）、附属病院の医療費補助措置の相違については不合理でないとした原審の判断への双方の上告を、最高裁は上告不受理としました。

結論

　以上と異なる原審の前記判断には、判決に影響を及ぼすことが明らかな法令の違反がある。この点に関する第1審被告の論旨は理由があり、他方、第1審原告の論旨は理由がなく、第1審原告の賞与及び私傷病による欠勤中の賃金に関する損害賠償請求は理由がないから棄却すべきである。そして、同請求に関する部分以外については、第1審原告及び第1審被告の各上告受理申立て理由が上告受理の決定においてそれぞれ排除された。以上によれば、第1審原告の請求は、夏期特別有給休暇の日数分の賃金に相当する損害金5万110円及び弁護士費用相当額5,000円の合計5万5,110円並びにこれに対する遅延損害金の支払を求める限度で理由があるから、これを認容すべきであり、その余は理由がないから棄却すべきである。したがって、原判決中、第1審被告敗訴部分のうち上記の金額を超える部分は破棄を免れず、第1審被告の上告に基づき、これを主文第1項のとおり変更することとし、また、第1審原告の上告は棄却すべきである。

　よって、裁判官全員一致の意見で、主文のとおり判決する。

判例からひもとく！留意点とポイント

【判旨1について】

　(1)の判示については以下の判断の前置的な判示となっていますが、禁止対象につき「労働条件」としていた改正前労契法20条と異なり、パート有期法8条では、明文で、同条の禁止対象として「賞与」を含めていますので、同条では当然のことを確認的に述べたことになります。「他の労働条件の相違と同様に」との判示は、ここでの判断枠組が労働条件の相違全般について適用される一般的枠組であることを示しています（水町勇一郎「不合理性をどう判断するのか？」労判1228号14頁）。

　(2)の判示は、使用者側が一貫して主張してきたいわゆる有為人材確保論を用い、年功的職能給制度を強調しています。なお、業績連動ではないことへの言及は、不合理指針を意識したものと解されます。

　(3)の判示については、Xらの「職務の軽易さ」や「その他の事情」としての正職員への登用制度を重視しているものと解されます。

　なお、「Xにより比較の対象とされた教室事務員である正職員」との判示は、前述の通り（60〜63ページ参照）、明言はしていませんが、最高裁が、不合理性判断の比較対象者をXらに委ねたとの見解（原告選択説）を最高裁が肯定したものと解されます。

　(4)の判示については、年功的職能給制度を取り、有為人材確保の目的での賞与については、業務の内容と変更の範囲に一定の相違があり、正職員への登用制度も導入されていれば非正規への賞与不支給を不合理とはみないとの解釈を示したものと解されます。

　実は、賞与に関しては、メトロコマース事件最判上告不受理決定の中でも、本件賞与は、長期雇用を前提とする正社員に対し賞与の支給を手厚くすることにより有為な人材の獲得・定着を図るというYの人事施策上の目

的にも一定の合理性が認められること（有為人材確保論）、正社員に対する賞与は、主として労務の対価としての後払いの性格や人事施策上の目的を踏まえた意欲向上策等の性格を帯びているが、時給制の契約社員Ｂに対する賞与が労務の対価の後払いを予定すべきであるということはできないこと等の事情から、契約社員Ｂに対する賞与が相当低額に抑えられていることは否定できないものの、その相違が直ちに不合理であるとはいえないとした原審への上告不受理により、原審を支持したことになります。また、最高裁は、長澤運輸事件最判の中でも、前述のように賞与不支給の不合理性を否定しています。

　その際に、不合理指針では「①賞与について、会社の業績等への貢献に応じて支給しようとする場合」について、「無期雇用フルタイム労働者と同一の貢献である有期雇用労働者又はパートタイム労働者には、貢献に応じた部分につき、同一の支給をしなければならない。また、貢献に一定の違いがある場合においては、その相違に応じた支給をしなければならない。」とされており、定年後再雇用でなかったら違った判断になり得たと解されるかが懸念されていました。しかし、定年後再雇用ではない事案２件で賞与不支給に関する事例判決とはいえ、最高裁で一応の結論が示されたもので、実務的には大いに参考とされるでしょう。

【判旨２について】

　⑴の判示については、実質的に有為人材確保論を述べていると解されます。

　⑵の分析は判旨１の内容を繰り返しています。

　⑶の判示については、不合理指針では、病気休職につき、「短時間労働者（有期雇用労働者である場合を除く。）には、通常の労働者と同一の病気休職の取得を認めなければならない。また、有期雇用労働者にも、労働契約が終了するまでの期間を踏まえて、病気休職の取得を認めなければな

らない。」とされている点とで乖離があります。また、後述❺の日本郵便事件（時給制契約社員ら・東京）事件・最一小判・令 2.10.15 労判 1229 号 58 頁では、有給の私傷病による病気休暇の不付与の不合理性とされた点との乖離も事案によるとはいえ、留意すべきです。相違は、本件での X の業務の軽易さや勤続期間の短さにあると推察されます。前述の通り、水町教授は雇用への考え方の違いによる混乱であると評していますが疑問があります。

【判旨 3 について】

不受理決定の内容も原審の判断を肯定したものと解される点で、実務的には最高裁による不合理性判断事例として参酌すべきです。

全体的に、大阪医科大学事件最判が判示した不合理性否定要素、すなわち、年功的職能給制度や有為人材確保目的や、非正規労働者の業務の軽易さ等の業務内容・変更の範囲の相違の程度や登用制度の実効性等の不合理性否定要素が少なければ、賞与不支給が不合理とされる可能性があるということに留意すべきです。

参照条文等

改正前労契法 20 条、民法 90 条・709 条、パート有期法 8 条

④ メトロコマース事件

〈最三小判・令2.10.13 労判 1229 号 90 頁（以下、メトロコマース事件最判）〉

事案の概要

Yの契約社員として有期労働契約を締結して東京メトロ駅構内の売店で販売業務に従事している X 1 並びに同業務にかつて従事していた X 2、同 X 3 及び同 X 4 が、無期労働契約を Y と締結している労働者（正社員）のうち上記売店業務に従事している者と X らとの間で、本件諸手当に相違があることは労契法 20 条又は公序良俗に違反していると主張して、Y に対し、不法行為又は債務不履行に基づき、平成 23 年 5 月 20 日から各退職日と同期間に X らに支給された本件諸手当との差額に相当する損害金、慰謝料及び弁護士費用の合計額並びに本件諸手当のうち褒賞を除く部分に対応する損害金に対する各支払期日から、慰謝料の支払等を求め、メトロコマース事件・東京地判・平 29.3.23 労判 1154 号 5 頁は、X 1 の請求のうち不法行為に基づく損害賠償請求の一部を認容したが、その余の請求及び控訴人らの各請求をいずれも棄却したところ、双方が敗訴部分を不服として控訴した。原審・メトロコマース事件・東京高判・平 31.2.20 労判 1198 号 5 頁は、本給・資格給の相違の不合理性を否定、裁量手当の有期関連性を否定、祝金の労働条件該当性を否定したが、住宅手当不支給の不合理性を肯定（正社員であっても転居を必然的に伴う配置転換は想定されていない）、賞与低額支給の不合理性を否定、退職金不支給につき、X らは定年まで 10 年前後の長期間にわたって勤務していたこと、契約社員 A は職種限定社員（無期契約労働者）となった際に、退職金制度が設けられたことから、少なくとも長年の勤務に対する功労褒賞の性格を有する

部分に係る退職金（正社員と同一基準により算定した額の少なくとも4分の1）すら一切支給しないのは不合理とし、褒賞不支給・早出残業への割増率の相違を不合理としたことに対して、上告・上告受理申立てがなされた事例。

争点

原告Xの主張

1. Yの売店における販売員は、他部署へ異動することがあっても、正社員か契約社員Bかの違いによるものではないから、正社員と契約社員Bとは、職務内容・配置変更の範囲が同一である。

2. Yにおいては、正社員の場合、定年退職（65歳の誕生日）、定年前の自己都合退職、早期退職のいずれの場合でも退職金が支給され、定年退職の場合であれば、本給（年齢給・職務給）に勤続年数に応じた支給月数を乗じた退職金が支給される。他方、契約社員Bには退職金制度が存在しないため、定年退職しても退職金は一切支給されない。正社員と同一の責任の下で同一業務を行い、同じ勤続年数の契約社員Bに退職金を支給しないのは、労働契約における期間の定めの有無という違いのみを理由とする相違であり、不合理な格差である。

被告Y側の主張

1. 契約社員BであるXらと正社員との労働条件の相違は、両者の業務内容及び責任の相違等に基づく合理的なものであって、労契法20条に反するものではない。

2. 正社員は、就業規則に基づく配置転換、職種転換及び出向の可能性があり、人事異動によりキャリア形成過程において一時期売店業務に従事したとしても、会社の判断に基づいて他の現業業務、本社業務や配置転換、職種転換及び他社への出向がされ得る。これに対し、契約社員Bは、

固定売店間という就業場所の変更があるだけであり、業務内容に変更はなく、原則として配置転換、職種転換や出向を命じられることはない。このように、正社員と契約社員Bは、職務の内容及び配置の変更の範囲に大きな相違がある。

3.　一般的に有期労働者と期間の定めのない労働者とでは、給与の体系や考え方が異なり、退職金についての考え方も異なる。期間の定めのない労働者は終身雇用を基本として、会社の考える功労のあり方が有期労働者と異なることも当然である。会社によっては退職金制度のない会社もあるし、中小企業退職金共済制度などの外部制度を利用するものもある。その意味で、退職金制度を有期労働者に設けるか否かは会社の裁量事項であって、これを設けないことを不合理とすることは困難である。

4.　本件においては、正社員と契約社員Bとの間には、職務の内容、配置の変更の範囲その他の事情を考慮すれば明確な相違があること、長期雇用を前提とする正社員に対する継続雇用に期待する功労や福利の要素、有用な人材の確保及び定着を図る目的等を踏まえると、契約社員Bに対して退職金制度を設けないことが不合理であるとはいえない。

判例要旨

1.　退職金不支給の不合理性の存否

(1)　退職金不支給への不合理性判断の可能性とその判断基準

　労契法20条は、有期契約労働者と無期契約労働者の労働条件の格差が問題となっていたこと等を踏まえ、有期契約労働者の公正な処遇を図るため、その労働条件につき、期間の定めがあることにより不合理なものとすることを禁止したものであり、両者の間の労働条件の相違が退職金の支給に係るものであったとしても、それが同条にいう不合理と認められるものに当たる場合はあり得るものと考えられる。もっとも、その判断に当たっ

ては、他の労働条件の相違と同様に、当該使用者における退職金の性質や
これを支給することとされた目的を踏まえて同条所定の諸事情を考慮する
ことにより、当該労働条件の相違が不合理と評価することができるもので
あるか否かを検討すべきものである。

⑵　Ｙにおける退職金の性質と支給目的——「正社員としての職務を遂行
　　し得る人材の確保やその定着を図るなどの目的」（有為人材確保論）

　Ｙにおける退職金の支給要件や支給内容等に照らせば、……退職金は、
……職務遂行能力や責任の程度等を踏まえた労務の対価の後払いや継続的
な勤務等に対する功労報償等の複合的な性質を有するものであり、Ｙは、
正社員としての職務を遂行し得る人材の確保やその定着を図るなどの目的
から、様々な部署等で継続的に就労することが期待される正社員に対し退
職金を支給することとしたものといえる。

⑶　職務内容及び当該業務に伴う責任の程度と配置の変更の範囲の相違

　Ｘらにより比較の対象とされた売店業務に従事する正社員と契約社員Ｂ
であるＸらの労契法20条所定の「業務の内容及び当該業務に伴う責任の程
度」（以下「職務の内容」という）をみると、両者の業務の内容はおおむね共
通するものの、正社員は、販売員が固定されている売店において休暇や欠
勤で不在の販売員に代わって早番や遅番の業務を行う代務業務を担当して
いたほか、複数の売店を統括し、売上向上のための指導、改善業務等の売
店業務のサポートやトラブル処理、商品補充に関する業務等を行うエリア
マネージャー業務に従事することがあったのに対し、契約社員Ｂは、売店
業務に専従していたものであり、両者の職務の内容に一定の相違があった
ことは否定できない。また、売店業務に従事する正社員については、業務
の必要により配置転換等を命ぜられる現実の可能性があり、正当な理由な
く、これを拒否することはできなかったのに対し、契約社員Ｂは、業務の
場所の変更を命ぜられることはあっても、業務の内容に変更はなく、配置

転換等を命ぜられることはなかったものであり、両者の職務の内容及び配置の変更の範囲（以下「変更の範囲」という）にも一定の相違があったことが否定できない。さらに、Ｙにおいては、全ての正社員が同一の雇用管理の区分に属するものとして同じ就業規則等により同一の労働条件の適用を受けていたが、売店業務に従事する正社員と、Ｙの本社の各部署や事業所等に配置され配置転換等を命ぜられることがあった他の多数の正社員とは、職務の内容及び変更の範囲につき相違があったものである。……また、Ｙは、契約社員Ａ及び正社員へ段階的に職種を変更するための開かれた試験による登用制度を設け、相当数の契約社員Ｂや契約社員Ａをそれぞれ契約社員Ａや正社員に登用していたものである。これらの事情については、Ｘらと売店業務に従事する正社員との労働条件の相違が不合理と認められるものであるか否かを判断するに当たり、労契法20条所定の「その他の事情」（以下、職務の内容及び変更の範囲と併せて「職務の内容等」という）として考慮するのが相当である。

⑷　退職金不支給の不合理性

　そうすると、Ｙの正社員に対する退職金が有する複合的な性質やこれを支給する目的を踏まえて、売店業務に従事する正社員と契約社員Ｂの職務の内容等を考慮すれば、契約社員Ｂの有期労働契約が原則として更新するものとされ、定年が65歳と定められるなど、必ずしも短期雇用を前提としていたものとはいえず、Ｘらがいずれも10年前後の勤続期間を有していることをしんしゃくしても、両者の間に退職金の支給の有無に係る労働条件の相違があることは、不合理であるとまで評価することができるものとはいえない。

⑸　職種限定社員との間でも不合理性を否定

　なお、契約社員Ａは平成28年4月に職種限定社員に改められ、その契約が無期労働契約に変更されて退職金制度が設けられたものの、このことが

その前に退職した契約社員ＢであるＸらと正社員との間の退職金に関する労働条件の相違が不合理であるとの評価を基礎付けるものとは言い難い。また、契約社員Ｂと職種限定社員との間には職務の内容及び変更の範囲に一定の相違があることや、契約社員Ｂから契約社員Ａに職種を変更することができる前記の登用制度が存在したこと等からすれば、無期契約労働者である職種限定社員に退職金制度が設けられたからといって、上記の判断を左右するものでもない。

2. 不受理決定の内容

本判決では、原審で、本給・資格手当不支給は不合理ではないとされ、住宅手当不支給は不合理とされ、賞与支給額の相違（相当低額）は不合理ではないとされ、褒賞不支給は不合理とされ、早出残業手当についての割増率の相違は不合理とされていたものを、最高裁は上告不受理とした。

結論

以上によれば、売店業務に従事する正社員に対して退職金を支給する一方で、契約社員ＢであるＸらに対してこれを支給しないという労働条件の相違は、労契法 20 条にいう不合理と認められるものに当たらないと解するのが相当である。

以上と異なる原審の前記判断には、判決に影響を及ぼすことが明らかな法令の違反がある。この点に関するＹの論旨は理由があり、他方、Ｘらの論旨は理由がなく、Ｘらの退職金に関する不法行為に基づく損害賠償請求は理由がないから棄却すべきである。そして、同請求に関する部分以外については、Ｘら及びＹの各上告受理申立て理由が上告受理の決定においてそれぞれ排除された。以上によれば、Ｘ１の請求は、住宅手当、褒賞及び弁護士費用に相当する損害金としてそれぞれ 22 万 800 円、8 万円及び 3 万80 円の合計 33 万 880 円並びにこれに対する遅延損害金の支払を求める限

度で理由があり、Ｘ２の請求は、住宅手当、褒賞及び弁護士費用に相当する損害金としてそれぞれ11万400円、5万円及び1万6,040円の合計17万6,440円並びにこれに対する遅延損害金の支払を求める限度で理由があるから、これらを認容すべきであり、その余はいずれも理由がないから棄却すべきである。したがって、原判決中、Ｙ敗訴部分のうち上記の各金額を超える部分はいずれも破棄を免れず、Ｙの上告に基づき、これを主文第1項のとおり変更することとし、また、Ｘらの上告はいずれも棄却すべきである。

　よって、裁判官宇賀克也の反対意見があるほか、裁判官全員一致の意見で、主文のとおり判決する。

　なお、裁判官林景一、同林道晴の各補足意見がある。

判例からひもとく！留意点とポイント

【判旨1について】

　(1)の判示については、大阪医科薬科大学事件最判判旨1（1）と同じ前置きを置いたうえで以下の検討に入っています。なお、前述の通り（117ページ）、ここでの判示は、改正前労契法20条よりは、パート有期法8条の禁止対象として「基本給、賞与その他の待遇」中に入るものとしての退職金への言及として確認的に述べたことになり、判断枠組が、同条によることを示唆しています。

　(2)の判示については、年功的職能給制度を前提としての有為人材確保論への言及に注目すべきです。

　(3)の判示については、正社員の代行業務、複数の売店を統括等の業務内容と変更の範囲の相違と「その他の事情」としての正職員への登用制度の実効性を重視していることに注目すべきです。

　なお、「Ｘらにより比較の対象とされた売店業務に従事する正社員」との

判示については、前述の通り（117ページ）、不合理性判断の比較対象者を
Xらに委ねたとの見解を最高裁が肯定したものと解されます。

　(4)の判示については、「必ずしも短期雇用を前提としていたものとはいえ
ず、Xらがいずれも10年前後の勤続期間を有していることをしんしゃくして
も」との判示については、後述の10.15最判の「相応継続勤務要件」より
り長い勤続実績や可能性をもってしても退職金に関しては不合理性を認め
ないとの含みが感じられます。今後、労契法18条の無期転換制度が適用さ
れている中では、10年勤続とは、不本意ではなく、自己の選択による本意
的有期労働となることを視野に入れると、今後もこの判断の重みは増して
くることが予想されます。

　(5)の判示については、最高裁が、予備的に、Xらが不合理性判断の比較
対象労働者につき、無限定正社員でなく、職務内容や移動の範囲が近い職
種限定正社員とした場合への結論の変更の可能性まで、登用制度等を理由
として否定していることが注目されます。判決文からは、改めて、登用制
度の存在とその実効性の存在が「その他の事情」として重要視されている
ものと推察されます。

【判旨2について】

　上告不受理となった住宅手当不支給等も原審の判断を肯定したものと解
される点で、実務的には最高裁による不合理性判断事例として参酌すべき
です。

　全体的に、メトロコマース事件最判が判示した不合理性否定要素、すな
わち、年功的職能給制度や有為人材確保目的や、非正規労働者との業務内
容・変更の範囲の相違の程度や登用制度の実効性等の不合理性否定要素が
少なければ、退職金不支給が不合理とされる可能性があるということに留
意すべきです。

　なお、本判決には、退職金制度の構築への使用者の裁量判断を尊重する

補足意見と、業務内容の実態的類似性を指摘して原審を支持する、2020年最判中唯一の反対意見が付されており、微妙な判断であったといえます。

参照条文等

　労契法20条、民法90条・709条、パート有期法8条

⑤ 日本郵便事件3判決

〈日本郵便（大阪）事件・最一小判・令2.10.15 労判 1229 号 67 頁、
日本郵便（時給制契約社員ら・東京）事件・最一小判・令2.10.15 労判
1229 号 58 頁、日本郵便（佐賀）事件・最一小判・令2.10.15 労判
1229 号 5 頁（以下、「10.15 最判」）〉

事案の概要

事案は、集配などに携わる日本郵便 Y の非正規職員 X らが、東京、
大阪、佐賀の各地裁に起こした事件で、東京で 3 人、大阪で 8 人が、
期間の定めのない労働契約を締結している Y の正社員と同一内容の業
務に従事していながら、手当等の労働条件について正社員と差異があ
ることが改正前労契法 20 条に違反するとして、Y 社員給与規程およ
び Y 社員就業規則の各規定が X らにも適用される労働契約上の地位に
あることの確認を求めるとともに、同法 20 条施行前においても公序
良俗に反すると主張して、同条施行前については不法行為による損害
賠償請求権に基づき、施行後については同条の補充的効力を前提とす
る労働契約に基づき、予備的に不法行為による損害賠償請求権に基づ
き、諸手当の正社員との差額と遅延損害金の支払いを求めた事例。
具体的には、正社員には存在する①外務業務手当、②年末年始勤務手
当、③早出勤務等手当、④祝日給、⑤夏期年末手当、⑥住居手当、⑦
夏期冬期休暇、⑧病気休暇、⑨夜間特別勤務手当、⑩郵便外務・内務
業務精通手当が、時給制契約社員には支給あるいは付与されない点が
問題になった。原告らは、それぞれ 10 項目の手当・特別休暇がない
ことについて改正前労契法 20 条が禁じる「不合理な格差」だと主張し、
佐賀では 1 人が有給の夏休み・冬休みがないのはおかしいと訴えた。
最高裁第一小法廷は、このうち 5 項目を審理対象として受理した（例

129

えば、大阪事件と東京事件で住居手当不支給が不合理とされた判断は維持された)。不合理性の判断は賃金項目ごとに考えるとしたハマキョウレックス事件最判を基に（実は、賃金項目ごとに考えるとする判断基準は、既に、パート有期法8条では、「当該待遇の性質及び当該待遇を行う目的に照らして適切と認められるものを考慮して、不合理と認められる相違を設けてはならない」とされて明文化されている）、日本郵便における就労実態や条件をふまえ不合理かどうかを検討した。

扶養手当については、福利厚生を充実させ正社員の継続雇用を確保するという同社の支給目的を「経営判断として尊重しうる」としつつ、半年から1年単位で契約更新を繰り返してきたXら契約社員も「継続的な勤務が見込まれる」と指摘し、支給しないのは「不合理」と判断した。有給の病気休暇についても、ほぼ同じ理由で「不合理」と認めた。

年賀状の取り扱いで多忙な年末年始の勤務手当や年始の祝日給については、「その時期に働いたこと自体の対価」で契約社員も違いはないと判断した。夏休み・冬休みは「心身の回復を図る目的」で、繁忙期に限定せず働いていたXらにも当てはまるとして「不合理」とした。

各原審（日本郵便（非正規格差）事件・大阪高判・平31.1.24労判1197号5頁、日本郵便（時給制契約社員ら・東京）事件・東京高判・平30.12.13労判1198号45頁、日本郵便（佐賀）事件・福岡高判・平30.5.24労経速2352号3頁）の判断と最高裁で判断された処遇の内容は下記図解の通り。

手当・休暇の格差についての裁判所判断

○=認める ✕=認めず	18年12月 東京高裁	19年1月 大阪高裁	18年5月 福岡高裁	10月15日 最高裁
扶養手当	—	✕	—	○
年末年始勤務手当	○		—	○
祝日給	✕	勤務5年以下　勤務5年超	—	○
夏休み・冬休み(有給)	○	✕　　　　　　○	○	○
病気休暇(有給)	○		—	○

争点

原告Xの主張

1. 個々の労働条件ごとに不合理性を比較すべきか否か

　政府が平成28年12月20日に発表した「同一労働同一賃金ガイドライン案」において、有期契約労働者と無期契約労働者との待遇差が不合理であるか否かにつき、個々の給付の趣旨、性格に照らして判断することとされており、本件においても、個々の労働条件ごとに不合理性を比較すべきである。

2. Xらの比較対象とするべき正社員

　Xら時給制契約社員とYの正社員との間で労働条件の相違がある場合に、それが不合理なものと認められるかを比較考察して判断する際、Xら時給制契約社員の比較対象とするべき正社員は、旧人事制度においては、旧一般職のうち役職のない平社員である担当者及び主任であり、新人事制度においては、新一般職である。新人事制度においては、新一般職は、主として標準的な業務に従事し、主任や課長代理等への昇任はなく、原則として、転居を伴う配置転換はないとされているから、新一般職を比較対象とするべきである。

3. 相違する個別の労働条件の不合理性

正社員には、社員就業規則及び社員給与規程が適用され、契約社員には、期間雇用社員就業規則及び期間雇用社員給与規程が適用されるところ、それによる労働条件の差異は、労契法20条にいう労働者の業務内容及び当該業務に伴う責任の程度、当該職務の内容及び配置の変更の範囲その他の事情を考慮すると、全て不合理なものである。

被告Y側の主張

1. 個々の労働条件ごとに不合理性を比較すべきか否か

Xら主張に係る各手当は、賃金の一部を構成しており、これを含めて全体として一つの賃金体系が構築されていることや、休暇を含む人事制度全体や賃金体系と密接不可分に関連するから、労働条件を個別に取り上げて、同一名称の手当や休暇の支給等の相違だけに着目して不合理性を論じることは不適切である。

2. Xらの比較対象とするべき正社員

正社員の地域基幹職は、1級の担当者に始まり、役割と連動した研修等を実施しつつ、2級以上の主任、課長代理等へと昇任昇格していく中で、将来的に業務責任者や業務統括者として班や部等を運営していくことが想定されている人材である。したがって、Xらの比較対象とするべき正社員は、一般職（地域基幹職）全体である。Xらの比較対象とすべき正社員についての主張は、このような人材育成の過程や期待される職務経歴の一部だけを取り出して主張するものであって不合理である。

3. 個別の相違する労働条件の不合理性

Xらが不合理と主張する個別の労働条件の相違は、いずれも不合理なものではない。

日本郵便の契約社員の待遇をめぐる３件の訴訟で、10.15最判が、５項目の手当・休暇をめぐる正社員との格差を不合理と認めた最高裁第一小法廷の判決の要旨は次の通りです。

1. 諸手当不支給等の処遇差への不合理性判断の可能性とその判断基準

「有期労働契約を締結している労働者と無期労働契約を締結している労働者との個々の賃金項目に係る労働条件の相違が労契法20条にいう不合理と認められるものであるか否かを判断するに当たっては、両者の賃金の総額を比較することのみによるのではなく、当該賃金項目の趣旨を個別に考慮すべきものと解するのが相当である（最高裁平成29年（受）第442号同30年６月１日第二小法廷 判決・民集72巻２号202頁＊ハマキョウレックス事件最判）ところ、賃金以外の労働条件の相違についても、同様に、個々の労働条件の趣旨を個別に考慮すべきものと解するのが相当である。」と判示したうえで下記個別の手当等の相違の不合理性を判示しました。

2. 扶養手当不支給の不合理性

扶養手当は、長期・継続的な勤務が期待される正社員の生活保障や福利厚生を図り、扶養親族のある者の生活設計を容易にさせることで、継続的な雇用を確保する目的と考えられる。継続的な勤務が見込まれる労働者への扶養手当支給は、使用者の経営判断として尊重し得ると解される。

もっともこの支給の趣旨は、契約社員でも相応に継続的な勤務が見込まれれば妥当する。原告ら契約社員の契約期間は６か月以内または１年以内とされ、契約更新を繰り返す者がいるなど、相応に継続的な勤務が見込まれている。そうすると正社員と契約社員で職務内容などに相応の相違があることを考慮しても、扶養手当に係る相違は、改正前労契法20条にいう不合理なものと認められる。

3. 年末年始勤務手当不支給の不合理性

正社員の年末年始勤務手当は、最繁忙期の勤務への対価としての性質を有し、業務の内容等に関わらず、実際に勤務したこと自体が支給要件である。この性質や要件に照らせば、支給の趣旨は契約社員にも妥当し、正社員との相違は不合理と認められる。

4. 年始の祝日給不支給の不合理性

正社員の祝日給は、最繁忙期である年始期間に勤務した代償として、通常の賃金に割り増しして支給するものである。この趣旨は、繁忙期に限定された勤務ではなく、業務の繁閑に関わらない勤務が見込まれている契約社員にも妥当し、正社員との相違は不合理と認められる。

5. 有給の病気休暇不付与の不合理性

有給の病気休暇は、長期・継続的な勤務が期待される正社員の生活保障を図り、傷病の療養に専念させることで、継続的な雇用を確保する目的と考えられる。この趣旨は、契約社員についても相応に継続的な勤務が見込まれれば妥当する。そして同社の契約社員は相応に継続的な勤務が見込まれている。正社員との間で休暇日数に相違を設けることはともかく、有給か無給かの相違は不合理と認められる。

6. 夏期冬期休暇

正社員の夏期冬期休暇は、労働から離れる機会を与えて心身の回復を図る目的のものと解される。この趣旨は、繁忙期限定の短期間勤務ではなく、業務の繁閑に関わらない勤務が見込まれている契約社員にも妥当する。正社員との相違は不合理と認められる。

結論

佐賀事件は確定した一方、東京・大阪各事件は各手当や休暇を与えなかったことに対する損害賠償の額を計算させるため、両高裁に審理を差し戻さ

れた。

判例からひもとく！留意点とポイント

【判旨 1 について】

　ここでの判断基準の判示は、日本郵便（佐賀）事件最判のみで判示されていますが、他の 2 件もこれを前提としていると解されます。ただし、実際の不合理性判断の具体的分析における用語からすると、ハマキョウレックス事件最判によるというよりは、パート有期法 8 条の用語「当該待遇の性質及び当該待遇を行う目的に照らして適切と認められるものを考慮」に沿って判断しています。

【判旨 2 について】

　これを含めて、10.15 最判では、有為人材確保の目的を認めつつも、パート有期法 8 条の「当該待遇の性質及び当該待遇を行う目的に照らして適切と認められるものを考慮して」、各性質・目的の非正規への適用の妥当性から不合理性を認めており、10.13 最判以上に同条に沿った判断をしていると解されます。

　しかし、前述の通り（47 ページ参照）「相応に継続的な勤務が見込まれれば」（以下、「相応継続勤務要件」ともいう）の具体的内容が不分明で判例の蓄積が必要となっています。

【判旨 3 について】

　以下では、明確な有為人材確保目的に言及なく、当該待遇の性質から不合理性判断に踏み込んでいます。しかも、相応継続勤務要件が入っていないことに留意下さい。

【判旨 4 について】

　明確な有為人材確保目的に言及なく、当該待遇の性質から不合理性判断に踏み込んでいます。しかも、相応継続勤務要件が入っていないことに留

意下さい。

【判旨 5 について】

　ここでは、「相応に継続的な勤務も見込」（相応継続勤務要件）を要素としていることに留意下さい。「休暇日数に相違を設けることはともかく」との判示は、均衡考慮の中で一定の有給の病気休暇日数の相違の不合理性を認める余地を示していて、これがその他の手当等にも援用される含みを残しています。実務的な休暇制度の見直しに際しても参考とすべきです。

　明確な有為人材確保論ではないですが、それに近い「長期・継続的な勤務が期待される正社員の生活保障」を判示していますが、当該待遇の性質・目的から不合理性判断に踏み込んでいます。

【判旨 6 について】

　明確な有為人材確保目的に言及なく、当該待遇の性質から不合理性判断に踏み込んでいます。しかも、相応継続勤務要件が入っていないことに留意下さい。

　整理すると、扶養手当や有給の病気休暇については、10.13 最判における「正職員（正社員）としての職務を遂行し得る人材の確保やその定着を図るなどの目的」に近い「正社員の生活保障や福利厚生を図り、正社員の生活設計を容易にすることを通じ、継続的雇用を確保することを目的に支給されている。」ことを認めながら、各諸手当や有給休暇につきその目的は相応に継続的な勤務が見込まれる契約社員にも適用しないのは不合理としています。そのため、10.13 最判と 10.15 最判に理論的整合性がどこまであるかには疑問の余地はありますが、前述の水町教授のいう雇用への考え方の相違によるというより、退職金・賞与支給を認めた場合の影響の大きさを考慮して、細かな諸手当や有給休暇で不支給の不合理性を認めてバランスを取った感が否めません。ここでの、相応継続勤務要件の具体的な認定基準

については判例の蓄積を待つほかありません（47 ～ 48 ページ参照）。

　これに対して、年末年始勤務手当や夏期冬期休暇については、「正職員（正社員）としての職務を遂行し得る人材の確保やその定着を図るなどの目的」などは認められず、「最繁忙期である年始期間に勤務した代償」や「労働から離れる機会を与えて心身の回復を図る目的」が認定され、それが契約社員にも妥当する、とされ不合理性を認めています。さらに留意すべきは、年始の祝日給、年末年始勤務手当や夏期冬期休暇については、扶養手当や有給の病気休暇とは異なって、「継続的な勤務が見込まれる契約社員」（相応継続勤務要件）への限定がないことです。共に、「繁忙期に限定された勤務ではなく、業務の繁閑に関わらない勤務が見込まれている契約社員」に適用していることです。つまり、「繁忙期に限定された」アルバイト等には妥当しないことを示唆しています。

参照条文等

　労契法 20 条、民法 90 条・709 条、パート有期法 8 条

❻ 九水運輸商事事件

〈福岡高判・平 30.9.20 労判 1195 号 88 頁〉

事案の概要

　1 審被告会社 Y との間で期間の定めのある労働契約を締結して勤務する 1 審原告 X らが、それぞれ Y に対し、①X らの通勤手当が、期間の定めのない労働契約を Y と締結している労働者の半額とされていることが、労契法 20 条の禁止する不合理な労働条件の相違に当たると主張して、選択的に、労働契約又は不法行為に基づき、本件改定前の正社員に関する就業規則により正社員に支給された通勤手当と X らに実際に支給された通勤手当との差額の支払等、もしくは、不法行為に基づく損害賠償の支払等を求めるとともに、②X らに対する皆勤手当を廃止する内容の就業規則の変更は無効であると主張して、労働契約に基づき、未払皆勤手当及びこれに対する遅延損害金の支払等を求めたところ、原判決（九水運輸商事事件・福岡地小倉支判平 30.2.1 労判 1178 号 5 頁）は、①について、本件相違は、労契法 20 条の規定が適用される日以降、同条に違反するが、本件改定によって解消されたとして、一部を認容し、②について、一部を認容した。これに対して、X ら、Y ともにそれぞれ控訴した事案が本件で、本判決は、②について、X らは、当審の口頭弁論終結日までは皆勤手当の支給要件を満たしていることから、その限りで X らの控訴の一部には理由があるとして、原判決を変更した事例（同事件・最二小決・平 31.3.6 判例秘書登載にて、上告棄却、上告不受理決定で確定済）。

原告Xらの主張

　Yにおいては、有期労働契約を締結している労働者（パート社員）と期間の定めのない労働契約を締結している労働者（正社員）がいるところ、職務の内容が同じであるにもかかわらず、正社員に対しては通勤手当1万円を支給し、パート社員には通勤手当を5,000円しか支払わない（本件相違）のは、労契法20条が禁止する不合理な差別に当たる。

被告Y側の主張

　Yの支給していた通勤手当は、実際の通勤費用を考慮することなく、一律、正社員には月額1万円、パート社員には月額5,000円が支給されており、かつ月に3回以上欠勤すれば不支給となる取扱いがされていた。このような性質に照らすと、Yの支給していた通勤手当は名称こそ通勤手当であるが、労働条件の相違が不合理と認定されやすい実費支給を目的とした通勤手当とは明らかに性質が異なり、いわゆる皆勤手当の一種というべきものであったなど。

判例要旨

1.　　6.1最判同様に、労契法20条の補充効を否定し、有期契約労働者と無期契約労働者との労働条件の相違（以下、「本件相違」という）が労契法20条に違反する場合であっても、同条の効力により当該有期契約労働者の労働条件が比較の対象である無期契約労働者の労働条件と同一のものとなるものではないと解するのが相当であるから、従業員らが、会社に対し、同条の効力により、労働契約に基づき、未払通勤手当の支払請求権を有すると認めることはできない。

2.　　旧就業規則2条は、同規則における「社員」とは「常時会社の業務に従事する者をいう」とし、「社員」以外の者に適用する就業規則は別に

定めるとしているところ、Ｙにおいては、旧就業規則とは別にパート社員に適用される旧パートタイマー就業規則が定められていることから、旧就業規則２条の「社員」は正社員を意味すると解するのが自然であり、このように、Ｙにおいては、正社員に適用される就業規則である旧就業規則及び旧給与規程と、パート社員に適用される就業規則である旧パートタイマー就業規則とが、別個独立のものとして作成されていることにも鑑みれば、同規則16条で定められることとされていたパート社員に適用されるべき賃金規定が存在しなかったとしても、両者の労働条件の相違が同条に違反する場合に、旧就業規則及び旧給与規程がパート社員である従業員らに適用されることとなると解することは、就業規則の合理的な解釈としても困難である。

3. 労働契約に期間の定めがあるか否かによって通勤に要する費用が異なるものではないこと、正社員とパート社員とで通勤に利用する交通手段に相違は認められず、パート社員の通勤時間や通勤経路が正社員のそれに比して短いといった事情がうかがわれないことを総合考慮すると、本件相違は労契法20条に違反するもので、会社の取扱いが、正社員とパート社員とで支給する通勤手当の金額が異なるというものであって、通勤手当に差異を設けることが不合理であるとの評価を妨げる事情がうかがわれないことに照らせば、Ｙにおいて、本件相違が同条に違反すると予見することは可能であったと認められ、Ｙがそのような違法な取扱いをしたことについては過失があったというべきであるから、Ｙは、上記取扱いによりＸらが被った損害について、不法行為に基づく損害賠償責任を負う。

4. 本件改定による皆勤手当の廃止について、本件改定のうち皆勤手当の廃止に関する部分が、そのような不利益を労働者に法的に受忍させることを許容できるだけの高度の必要性に基づいた合理的な内容のものであ

るということはできず、労契法10条にいう合理的なものに当たると認めることはできない。

結論

　上記不合理な取扱いが長年継続され、労契法20条が「規定された後も改められることなく同様の取扱いを継続していたことなどからすれば、違法にそのような取扱いを行っていたものとして、不法行為が成立すると認めるのが相当で、「Xらの損害は、……平成25年4月から本件改定が適用される平成26年10月までの19か月について月当たり5,000円の合計9万5,000円である。他方、本件改定のうち皆勤手当の廃止にかかる部分について合理性はなく、労契法10条所定の要件を満たさない。したがって、Xらは、Yに対し、労働契約に基づき、皆勤手当の支払請求権を有する（なお、皆勤手当は欠勤のない場合に限って支給されるものであるが、弁論の全趣旨により、原告らは本件改定以降口頭弁論終結日までは皆勤手当の支給要件を満たすものとして認める）。」

判例からひもとく！留意点とポイント

　争われた手当は、通勤手当と皆勤手当ですが、労契法20条違反の不法行為による賠償責任は通勤手当のみで認め、皆勤手当は同法10条の就業規則の不利益変更の合理性判断で処理されています。

　企業として、かかる法律構成で、非正規労働者の待遇格差を係争化することをも視野に入れて、非正規労働者の就業規則改正についても慎重な対応が求められます。

参照条文等

　労契法10条・20条、民法90条・709条、パート有期法8条

⑦ 学校法人産業医科大学事件

〈福岡高判・平 30.11.29 労判 1198 号 63 頁〉

事案の概要

被控訴人学校法人Ｙの臨時職員である控訴人Ｘが、使用者であるＹに対し、両者間の労働契約に係る賃金の定めが有期労働契約であることによる不合理な労働条件であって、無期労働契約を締結している労働者との間で著しい賃金格差を生じており、労契法20条及び公序良俗に違反するとして、不法行為に基づき、損害金及びこれに対する遅延損害金の支払を求めたところ、原審（学校法人産業医科大学事件・福岡地小倉支判・平 29.10.30 労判 1198 号 74 頁）は、Ｘの請求を全面棄却しました。これに対して、Ｘが控訴した事案で、Ｙが、30年以上の長きにわたり、業務に対する習熟度を上げたＸに対し、臨時職員であるとして、月額給与について人事院勧告に従った賃金の引上げしかしてこなかったことは、労契法20条にいう不合理と認められるものに当たると解されるが、労働者の賃金に関する労働条件は、労働者の職務内容及び変更範囲により一義的に定まるものではなく、雇用及び人事に関する経営判断の観点から、様々な事情を考慮して検討するものであり、その在り方については、団体交渉等による労使自治に委ねられるべき部分が大きく、控訴人が主張する事情から、本件労働契約における賃金の定めが公序良俗に反するということはできないところ、Ｘの請求は、Ｙに対し、不法行為に基づく損害賠償を求める限度で認容するのが相当であるとして、原判決を変更した事例。

原告Xの主張

任期を1年とする有期契約で、臨時職員として採用以来、勤続30年以上となっており、提供する労働が正規労働者の労働と同一であると認められるにもかかわらず、賃金の定めが正規職員と臨時職員との間で労働契約に係る賃金の定めが著しい賃金格差を生じているため、労契法20条ないし公序良俗に違反する。

被告Y側の主張

Xが比較対象とする5名の職員は、Xと職務内容等が異なるため、比較の対象とはならない。臨時職員であるXは、就業規則上、原則として時間外勤務や休日勤務をしないこととされており、宿日直も課せられていない。また、正規職員の採用においては、厳格な採用試験が定められているのに対し、臨時職員の採用においては、そのような定めはない（なお、Xは、正規職員採用試験を受験したが、不合格となり、その後は受験していない。）。さらに、正規職員に課せられる配置転換や出向、出張も臨時職員には課せられていないし、解雇や懲戒規定もなく、正規職員には損害賠償の予定が定められるなど職責も異なっている（上記5名の職員についても同様の差異が存する）。以上からすれば、平成25年4月1日から現在までの本件労働契約における賃金の定めは合理的なものであり、労契法20条に違反しない。

判例要旨

1. 労契法20条違反の有無

(1) 職務の内容

対照職員とXとの間には職務の内容に相違がある。H氏は担当業務の内容がXと類似していたが、年間講義時間数はXの担当の約2倍、経理業務の対象となる外部資金管理は約20倍であり、当該業務に伴う業務の範囲や

責任の程度には違いがあった。

⑵　職務の内容及び配置の変更の範囲

　対照職員とＸの間には、制度上も実際上も職務の内容及び配置の各変更の範囲において相違がある。正規職員は全ての部署への配属、出向を含む異動の可能性があり、多様な業務を担当することが予定され、実際に配置転換を命じられている。さらに、正規職員は人事考課制度を通じて、将来、Ｙの中核を担う人材として登用される可能性がある。これに対し、臨時職員は異動や出向、業務内容の変更は予定されず、実際にＸにおいても行われていない。また、臨時職員は人事考課制度の対象ではなく、将来、Ｙの中核を担う人材として登用されることも予定されていない。

⑶　その他の事情

　労契法20条で労働条件の相違が不合理か否かを判断する考慮要素である「その他の事情」は、労働者の職務内容及び変更範囲並びにこれらに関連する事情に限定されるものではない。本件における正規職員の賃金体系は、当該労働者を定年退職までの長期間雇用することを前提に定められたものであると解されるのに対し、臨時職員は長期間雇用することを採用当時は予定していなかったものと推認される。しかし、実際にはＸは30年以上も臨時職員として雇用されており、このような採用当時に予定していなかった雇用状態が生じた事情は、労契法20条にいう「その他の事情」として考慮されることとなる事情に当たるというべきである。

⑷　不合理性の判断

　対照職員らは、専門的、技術的業務に携わってきたＯ氏、Ｅ氏を除くと、いずれも当初は、一般職研究補助員としてＸと類似した業務に携わり、採用から6年ないし10年で主任として管理業務に携わるないし携わることができる地位に昇格したものといえる。また、証拠及び弁論の全趣旨1によれば、Ｙにおいては、短大卒で正規職員として新規採用された場合の賃

金モデルを平成 24 年度の俸給表をもとに作成すると、概ね採用から 8 年ないし 9 年で主任に昇格し、その時点での俸給は 22 万 2,000 円、主任昇格前は 21 万 1,600 円となる。

　本件の事情を総合考慮すると、職務の内容並びに職務の内容及び配置の各変更の範囲に違いがあり、X が大学病院内での同一の科での継続勤務を希望したといった事情を踏まえても、30 年以上の長期にわたり雇用を続け、業務に対する習熟度を上げた X に対し、X と学歴が同じ短大卒の正規職員が携わりうる主任昇格前の賃金水準すら満たさず、現在では、同じ頃採用された正規職員との基本給の額に約 2 倍の格差が生じているという労働条件の相違は、同学歴の正規職員の主任昇格前の賃金水準を下回る 3 万円の限度において労契法 20 条にいう不合理であると評価できる。Y が、30 年以上の長きにわたり、月額給与について人事院勧告に従った賃金の引上げしかしてこなかったことに照らすと、X が労契法 20 条に違反した取扱いをしたことには過失があった。

2.　公序良俗違反の有無

　X は、正規職員との俸給の差は不合理なものであるから、本件労働契約における賃金の定めは公序良俗に反すると主張するが、労働者の賃金に関する労働条件は、労働者の職務内容及び変更範囲により一義的に定まるものではなく、使用者は、雇用及び人事に関する経営判断の観点から、労働者の職務内容及び変更範囲にとどまらない様々な事情を考慮して、労働者の賃金に関する労働条件を検討するものということができるというのが相当である。そして、労働者の賃金に関する労働条件の在り方については、基本的には、団体交渉等による労使自治に委ねられるべき部分が大きいということができ、Y は、団体交渉を経て、臨時職員の退職金についての労働条件を一部改善し、また、平成 25 年 4 月からは嘱託職員への切り替えによる 3 万円の基本給引上げも実施したことが認められ、これらからすれ

ば、Xが主張する事情から、本件労働契約における賃金の定めが公序良俗に反するということはできない。

結論

Xは、平成25年4月1日から平成27年7月30日まで、正規職員であれば支給を受けることができた月額賃金の差額各3万円及び賞与に相当する損害（合計113万4,000円）を被ったということができ、その請求は同額の支払を求める限度で理由があり、これと異なる原判決を変更することとする。

対照職員とXの間の職務の内容及び配置の各変更の範囲において相違を認めながら、その他の事情としての30年以上の長期雇用と賃金格差の大きさ等を総合考慮して、労契法20条違反を導いたものだが批判が出ています。即ち、6.1最判によれば、労契法20条は、「有期契約労働者と無期契約労働者との労働条件に相違があり得ることを前提に、職務の内容、当該職務の内容及び配置の範囲その他の事情……を考慮して、その相違が不合理と認められるものであってはならないとする」法規範であるが、「本判決は、上記最高裁判決の趣旨を曲解し、逸脱するもの」、「端的に言えば、『過去、比較対照者が同じような仕事をしていた時期の賃金よりも3万円少ないからその分を支払え』という判断であるが、実はこの考え方は、労契法20条の求める均衡処遇ではなく、パート労働法9条の均等処遇の考え方である。であるならば、職務内容の同一性に関する厳密な検証が必要であるが、極めて漠然とした職務の『類似性』が指摘されるだけで、検証は甚だ不十分である。」（峰隆之「均衡・均等処遇規定と「過去の清算」労経速2370号2頁）との批判です。

しかし、企業としては、本判決のような判断もあり得ることを想定した

対応にも留意しなければなりません。

　なお、本判決の射程範囲として、「30 年以上の長期雇用と賃金格差の大きさ」がありますから、同様の事案はかなり限られてくるという点にも注目すべきでしょう。

参照条文等

　労契法 20 条、民法 90 条・709 条、パート有期法 8 条・9 条

⑧ 北日本放送事件

〈富山地判・平 30.12.19 労経速 2374 号 18 頁〉

事案の概要

> 被告 K 放送株式会社 Y を定年退職した後、期間の定めのある労働契約を Y と締結して再雇用社員として就労している原告 X が、期間の定めのない労働契約を被告と締結している従業員との間に、労契法 20 条に違反する労働条件の相違があると主張して、Y に対し、主位的に、正社員に関する賃金規定が適用される労働契約上の地位にあることの確認を求めるとともに、労働契約に基づき、差額賃金及び遅延損害金の支払を求め、予備的に、不法行為に基づき、上記差額に相当する額の損害賠償金及び遅延損害金の支払を求めた事例。

争 点

原告 X の主張

1. X の賃金等の合計額は、Y の正社員時の 36.8 パーセントという極めて低廉な金額となった。X の業務の内容及び就労時間並びに業務遂行能力は、正社員であったときと再雇用社員である現在とで変わらない。また、再雇用社員は、再雇用者就業規則において、正社員同様、転勤や出向が予定されている。そもそも、X は正社員であった約 40 年間に一度も転勤や出向を命じられたことはないから、転勤や出向の可能性の有無をもって上記賃金等の相違に合理性があるということはできない。加えて、厚労省が平成 28 年 12 月に示した「同一労働同一賃金ガイドライン案」を踏まえれば、被告は、再雇用社員に対して、定年退職前と同水準の待遇を維持すべき義務がある。

2. X と正社員の本件各労働条件の相違は、個別にみたとしても不合理で

ある。Ｙは、高年齢雇用継続基本給付金の存在を主張するが、同給付金はＹがＸの賃金を大幅に減額した結果支給されたものにすぎないし、同制度は、会社の経営状態によって再雇用社員の賃金を大幅にカットせざるを得ない場合の補完的な制度と考えるべきであるから、Ｙのように自社の利益で再雇用社員の賃金を賄うことができる企業における賃金の相違を正当化するものではない。

被告Ｙ側の主張

再雇用社員であるＸと正社員との間には、業務の内容及び当該業務に伴う責任の程度（以下、「職務の内容」という）、当該職務の内容及び配置の変更の範囲のいずれもが大きく異なり、Ｘが定年後の再雇用社員であることなどのその他の事情を併せ考慮すれば、以下のとおり本件各労働条件の相違は労契法20条に違反するものではない。

判例要旨

1. Ｘは、自身が正社員であった平成27年度の基本給と再雇用社員となった現在の基本給の相違が不合理である旨主張しているから、基本給に関する相違の検討においては、Ｘと、Ｙにおける無期契約労働者のうち定年退職前の従業員に相当する61歳で職能等級が5等級の正社員を検討の対象とする。

2. 再雇用社員と正社員の職務の内容、当該職務の内容及び配置の変更の範囲はいずれも異なり、従業員が定年退職後の再雇用社員であるという従業員の基本給を正社員のそれと比べて相当程度低くすることも不合理であるとはいえない事情が存在する上、従業員の基本給の水準は会社と組合の十分な労使協議を経たものでありこれを尊重する必要があり、Ｘの再雇用社員時の月収は給付金及び企業年金を加えると正社員時の基本給を上回ることが認められるから、Ｘについて正社員時の基本給と再雇

用社員時の基本給との間に約 27 パーセントの差が生じていることを不合理と評価することはできず、この相違が労契法 20 条にいう「不合理と認められるもの」に当たるということはできない。

3. 賞与は、労務の対価の後払い、功労報償、生活費の補助、労働者の意欲向上等といった多様な趣旨を含み得るものであるところ、Y においてもおおむねこれと同じ趣旨で支給がされている。そして、前記の職務の内容等を考慮すれば、これらを趣旨とする賞与について両者で異なる扱いをすることも不合理とはいえない事情が存在するし、Y と組合の十分な労使協議の結果を尊重する必要性がある。また、X は、Y を定年退職する際、退職金として 2,138 万円余の支給を受けている事情も認められる。加えて、Y は、再雇用社員の生活を保障するため、給与と給付金及び企業年金を合わせて年収 500 万円程度とすることを想定したものと認められるのであって、再雇用社員の収入の安定に対する配慮が相応に行われていたといえる。以上から、賞与の不支給による差異が相当程度大きいことを踏まえても、賞与に関する労働条件の相違が不合理とはいえない。

4. 再雇用社員は、正社員として勤続した後に定年退職した者であり、X のように既に持ち家を所有している者も相当程度存在することが推測されるから、住宅費を補助する必要性が高いとは必ずしもいえず、また、職務の内容、特に、正社員は転勤及び関連会社への出向が予定されているのに対し、再雇用社員は今まで配置転換及び転勤することとなった者がいないことを踏まえれば、正社員は、再雇用社員と比較して住宅に要する費用が多額になり得るといえるから、正社員に対して住宅手当を支給する一方で、再雇用社員に対してこれを支給しないことを不合理であると評価することはできず、この相違が労契法 20 条に定める不合理に当たらない。

5. Xが裁量手当の支給を受けていないのは、Xが裁量労働制の対象として会社から指定されていないことによるのであって、これが期間の定めがあることに関連して生じたものであるとは認められず、また、祝金は、専ら会社の裁量に基づき支給されるもので、労契法20条にいう「労働契約の内容である労働条件」に当たるとはいえず、祝金の支給に関する有期契約労働者と無期契約労働者の相違について同条の適用は問題とならない。

6. Xは、Yには、同一労働同一賃金推進法に基づき、再雇用社員に定年退職前と同水準の待遇を維持すべき義務がある旨主張する。しかし、同法は、雇用形態が多様化する中で、労働者の職務に応じた待遇の確保等のための施策に関し、基本理念を定め、国の責務を明らかにすることなどを通じて、労働者がその雇用形態にかかわらず充実した職業生活を営むことができる社会の実現に資することを目的とするものであり（1条）、同法に基づき、被告に原告の主張するような義務が課されるものではない。同一労働同一賃金ガイドライン案も、「関係者の意見や改正法案についての国会審議を踏まえて、最終的に確定する」ものとされており、同様に、上記義務の根拠となるものではない。

結論

再雇用社員と正社員の職務の内容、当該職務の内容及び配置の変更の範囲はいずれも異なり、Xが定年退職後の再雇用社員であるというXの基本給を正社員のそれと比べて相当程度低くすることも不合理であるとはいえない事情が存在するうえ、Xの基本給の水準はYと組合の十分な労使協議を経たものでありこれを尊重する必要があり、Xの再雇用社員時の月収は給付金及び企業年金を加えると正社員時の基本給を上回ることが認められ、これらの事情に照らせば、Xについて正社員時の基本給と再雇用社

員時の基本給との間に差が生じていることを不合理と評価することはできず、この相違が労契法20条にいう「不合理と認められるもの」に当たるということはできないなどとして、原告の請求を全面棄却した。

判例からひもとく！留意点とポイント

　定年後再雇用の事案で、6.1最判を踏まえた判断ですが、裁判所の認定によれば、Xの主張とは異なって、長澤運輸事件最判とは事案が異なり、職務内容と配置の変更の範囲も異なる事案で、不合理性を否定し易い事案であったことに留意すべきです。

　なお、案段階への判断ではありますが、同一労働同一賃金ガイドライン案への言及がある点も注目されます。

参照条文等

　労契法20条、民法90条・709条、パート有期法8条

〈京都地判・平 31.2.28 労経速 2376 号 3 頁〉

事案の概要

被告 Y の経営する大学の嘱託講師であった原告 X が、夜間の授業を担当したにもかかわらず、専任教員には支給されている「大学夜間担当手当」が支給されなかったのは、労契法 20 条又はパートタイム労働法 8 条に違反すると主張し、主位的には、上記各法律違反の効果かつ当事者の合理的意思解釈として、Y における本件手当の支給対象に嘱託講師である X も含まれることを理由として XY 間の雇用契約に基づく賃金の支払いを求め、予備的に上記各法律違反行為は不法行為に当たるとして損害賠償を求めた事例。なお、「大学夜間担当手当」(以下、「本件手当」という) とは、夜間 (6 講時以降) における X 大学の授業を担当した場合に支給される手当であり、無期雇用かつフルタイムである専任教員は支給対象となるが、有期雇用かつパートタイムである嘱託講師は支給対象ではないという違いがある。ただし、有期雇用かつフルタイムである専任教員 A 及び任期付教員、有期雇用かつパートタイムである専任教員 B については本件手当の支給対象となっている。

本件での争点は、(1)本件手当の不支給が労契法 20 条及びパートタイム労働法 8 条に違反するか (争点 1)、(2)上記(1)の各違反の効力 (補充的効力の有無又は不法行為の成否。争点 2) (3)損害 (争点 2) である。

争 点

原告 X の主張

本件手当は、Y 1 大学第 2 部の担当する教員に支給されていた大学第 2

部手当の廃止と同時に支給が開始されたものであるとの経緯、「大学夜間担当手当」という本件手当の名称、夜間の授業を担当すれば一定額が支給されるという本件手当の仕組み、夜間講義は、夕食の時間がゆっくりとれない、翌日の仕事のための睡眠時間の確保が難しい、交通費を余計に負担する場合があることなど、一般的にはその負担が大きく希望者も少ないことからすれば、本件手当は、夜間という時間帯に授業を担当する教員に対し、一律に、その負担が大きいことを考慮して特別に支給される趣旨、性質の手当と考えるべきである。本件手当の趣旨及び性質に照らせば、本件手当を夜間の授業を担当した原告に対し支給しなかったことは、不合理である。

被告Y側の主張

本件手当は、専任教員等が、日中に、多岐にわたる業務（研究・教育・学内行政）を担当しつつ、さらに夜間の授業を担当することの負担に配慮する趣旨の手当である。以上の本件手当の趣旨に加え、①嘱託講師の労働条件には、90分の授業を担当すれば2時間分の給与が支払われること等、専任教員労働条件よりも有利な労働条件が数多く設けられていること、②Yにおいて授業担当以外の職務がなく、授業以外の時間帯に時間的場所的拘束を受けることがない点で嘱託講師と共通点がある客員教員Cにも本件手当は支給されておらず、嘱託講師に本件手当を支給すると客員教員Cの労働条件との均衡を欠くことになること、③他大学（同業他社）における本件手当に相当する手当の取扱いは様々であるが、私立大学において夜間の授業担当に対する手当を専任教員のみに支給する取扱いは一般に見られ、また、同業他社では、専任教員には基本給以外の諸手当を手厚く支給することが一般的であること、④Y大学には1,500名以上の嘱託講師が在籍しているが、X以外に本件手当の不支給につき不合理と主張した嘱託講師はおらず、訴外労組以外にその支給を要求した労働組合もなく、ほとんど全て

の嘱託講師とY被告の双方が、本件手当の扱いを含む嘱託講師の労働条件を受け入れていたことも考慮すると、本件手当が嘱託職員に支給されないことは、明らかに不合理な労働条件の相違とはいえない。

判例要旨

本判決は、労契法20条にいう「期間の定めがあることにより」「不合理と認められる」の定義・具体的判断方法について、適宜6.1最判を引用して一般論を述べたうえで、以下のとおり判示しました。

1. 労契法20条の適否及び「期間の定めがあることによる」差異・比較対象労働者

平成27年当時本件学部における在籍教員人数からすると、本件で比較対象となるのは専任教員の労働条件である。そして、本件手当の支給の有無という相違が生じているのは、専任教員らに適用されている給与規程等が嘱託講師には適用されず、嘱託講師規程等が適用されるためである。したがって、上記相違は、期間の定めの有無に関連して生じたといえる。Yは、両者の業務内容等に共通点がほぼ無く比較可能性がないこと、有期フルタイムの客員教員・任期付教員、有期パートの客員教員ともに本件手当の支給対象であって、期間の有無や労働時間の長短で本件手当の支給不支給が決まるわけではなく、労契法20条及びパートタイム労働法8条の適用外であることを主張する。しかし、同条の趣旨から、「期間の定めがあることにより」とは労働条件の相違が期間の定めの有無に関連して生じたもので足りることに照らすと、被告の主張は採用できない。

2. 「不合理と認められる」差異か否か

労働契約に基づき提供すべき労務についてみると、嘱託講師は自らの希望を踏まえて割り当てられる授業及びその準備に限られるのに対し、専任教員の場合は、授業及びその準備に加え、学生への教育、研究、学内行政

と幅広く求められ、事実上の場所的時間的拘束が予定されている。嘱託講師の場合は、勤務時間等の定めの対象とされる専任教員と異なり、他大学との兼業は可能である。そして、専任教員は、嘱託講師と異なり、担当する授業につき希望を聴取されず、学内行政、入試の担当の有無や勤務地なども含め、Yから命じられた労務を正当な理由なく拒否できない上、配置ないし労務内容の転換が予定されている。また、各教員の認識のほか、講義担当予定時間が比較的長く、有期フル・有期パートではあるものの本件手当の支給対象である客員教員や任期付教員も学内行政への関与が予定されていることにも照らすと、本件手当は、Yが主張するとおり、専任教員が日中に多岐に亘る業務を担当しつつ、さらに夜間の授業を担当することの負担に配慮する趣旨を少なくとも有している。そして、夜間授業を行う大学又は短大では、本件手当と同趣旨の手当を不支給とする割合が一番高く、専任教員のみ支給する大学も一定割合存在することも考慮すると、本件手当の差異は、労契法20条およびパートタイム労働法8条にいう不合理にあたるとまではいえない。また、専任教員の業務が場所的時間的拘束を生じ得るという負担への対処として本件手当は支給されていることからすると、Yが専任教員の勤怠管理をしておらず、夜間の授業と同日の昼間の負担の有無によらず支給されていること、Xが所属する労働組合との交渉時のYの言動や平成30年4月の減額改正等の事実を踏まえても、上記Yの主張する本件手当の趣旨が不合理であるとはいえない。したがって、Yは損害賠償責任を負わない。

結論

本判決は、争点1に関し、嘱託講師と専任教員との間ではその職務内容と配置の変更の範囲において大きな相違が認められると認定した上で、本件手当の趣旨について、「少なくとも、Yが主張するような趣旨、すなわ

ち、専任教員が日中に多岐に亘る業務を担当しつつ、さらに夜間の授業を担当することの負担に配慮する趣旨の手当としての性格も有していることが首肯できる」と判示し、嘱託講師への本件手当の不支給は、労契法20条及びパートタイム労働法8条にいう「不合理と認められるもの」に当たらないと結論づけ、その余の点について判断するまでもなく原告の請求は理由がないとして棄却した。

判例からひもとく！留意点とポイント

　本判決は、労契法20条の基本的な解釈を示した6.1最判に沿った妥当な結論であるといえ、両最高裁判決後も数多くの判決が出ている労契法20条の裁判例の一つとして、実務上参考になるでしょう。本件の他の事案にはない特殊な点としては、本件手当が有期雇用である専任教員A、専任教員B及び任期付教員も支給対象になっているという点があります。このことから、Yは、本件手当を支給するか否かは、期間の定めの有無に関連して生じた相違ではなく、労契法20条の「期間の定めがあることにより」の要件を満たさないと主張しました。このYの主張について、本判決は、「理解できないわけではない」と述べて一定の理解を示したものの、特に理由を付することなく、「労契法20条及びこれと同様と解されるパートタイム労働法8条の趣旨を踏まえて、『期間の定めがあることにより』とは有期契約労働者と無期契約労働者の労働条件の相違が期間の定めの有無に関連して生じたもので足りると解されていることに照らすと、上記の事情を考慮しても、Yの上記主張を採用することはできない。」と述べて排斥しましたが、説得力を欠く説示との非難を免れないでしょう（山畑茂之『「期間の定めの有無に関連して生じたもの」の判断方法』労経速2376号2頁）。しかし、既に、パート有期法8条では、「期間の定めの有無に関連して生じたもの」との要件がなくなっており、余り深堀する実益はなくなっています。

労契法 20 条、民法 709 条、パート法 8 条

〈東京地判・平 30.11.21 労判 1197 号 55 頁〉

事案の概要

被告会社 Y を定年退職後に Y との間で期間の定めのある労働契約を
締結して就労していた元従業員原告 X が、当該有期労働契約と定年
退職前の期間の定めのない労働契約における賃金額の相違は、期間の
定めがあることによる不合理な労働条件の相違であり労契法 20 条に
違反するとして、Y に対し、不法行為による損害賠償請求として定年
退職前後の賃金の差額相当額及びこれに対する遅延損害金の支払を求
めた事例。

争 点

原告 X の主張

1. 嘱託社員及び臨時社員と比較対照すべき正社員

　Y では定年退職後に再雇用された者の中に無期契約労働者が存在しない
から、定年退職後に再雇用者された有期労働契約に係る労働者（以下、「有
期契約労働者」という）と比較対照すべきは、定年退職前の正社員である。
そして、定年退職前の正社員のうち、定年退職後の原告の職務の内容等と
最も類似するのは定年退職前の X 自身であって、Y の成田事業所において
定年退職後に再雇用されたのは X が初めてであるから、X の定年退職後の
嘱託社員及び臨時社員と正社員との労働条件の相違の不合理性を判断する
に当たって比較対照すべき正社員は、定年退職直前の X であるというべき
である。

2. 労働条件の相違の不合理性

　業務の内容及び責任の程度や職務内容及び配置の変更の範囲は X の定

年退職前後で変わることがなく、賃金額は職務の内容等に応じて決定されるべきであるにもかかわらず、Xの嘱託社員及び臨時社員時の基本給（時間給）を、Xとは知識・経験が全く異なる新入社員に相当する3等級や入社7、8年目の正社員に相当する4等級と同程度の額とするのは不合理である。

被告Y側の主張

1. 嘱託社員及び臨時社員と比較対照すべき正社員

比較対照すべきは、同一の使用者の下での有期契約労働者の労働条件とそれと同時点で存在する無期契約労働者の労働条件であると解すべきである。そうすると、売上目標を達成できない場合に昇給に影響があるなどの点を除き、その業務の内容及びその権限が嘱託社員及び臨時社員時のXのそれと共通し、かつXが嘱託社員及び臨時社員であった期間に存在していたステージⅠの3ないし4等級の正社員の労働条件を比較対照すべきである。そして、Xの嘱託社員時の賃金については調整手当のほかに固定時間外手当が支払われていたことをも考慮すべきであり、これを考慮した場合、Xの賃金額と上記の正社員の賃金額とを比較すると、かえってXの賃金額の方が高額であって、そもそも不合理な労働条件の相違はない。

2. 労働条件の相違の不合理性

仮に嘱託社員及び臨時社員と比較対照すべき正社員が定年退職前の正社員であるとしても、以下のとおり、労働条件の相違は不合理であるとはいえない。正社員については、就業規則上、転勤や出向等を命ずることがある旨の規定があり、実際にも役職定年後の者も含めて全国各地のホテル等への転勤や出向が頻繁に行われていた。一方、嘱託社員及び臨時社員については、各就業規則において同様の規定はあるものの、実際には、嘱託社員や臨時社員が転勤、出向、転籍等を命ぜられることは、担当業務が特殊である調理担当を除いてはなかった。正社員については定年制を採用してい

るところ、これは、職務遂行能力を基礎とするステージ制や役職定年制を導入し、定年退職するまでの長期雇用を前提とする年功的処遇を踏まえた賃金制度として設計されたものであるから、長期雇用を前提としない嘱託社員及び臨時社員の賃金額を正社員のそれよりも低額とすることそれ自体不合理ということはできない。そして、Yは、Xのように定年退職後再雇用された嘱託職員について、その職務内容を軽減し配転等の可能性を限定し、3等級ないし4等級の正社員と同等の職務を担うことからその賃金額を上記正社員の賃金額と同程度とした上で、加齢による労働能力の低下等を見越して年齢に応じて賃金額を漸減させるものの、業績等によっては加算されるという仕組みを採っている。また、臨時社員時のXの賃金は、嘱託社員時の基本給を時間給に換算したものであって嘱託社員の賃金額の決定方法と基本的には同じである。また、Yにおける役職定年後の年俸額は役職定年制を導入する他の企業における役職定年後の年収の減少率よりも大幅に抑えられているところ、これは、役職定年により従業員の生活への影響を最小限にとどめるよう配慮して激変緩和措置をとった結果である。Xの役職定年後かつ定年退職前の賃金額はその職務内容に比してそもそも高額であった。Xに対しては定年退職後嘱託社員であったときには雇用保険法に基づく高年齢雇用継続基本給付金が支給されているし、臨時社員となった時点では老齢厚生年金の支給開始年齢に達していて、賃金の減額による収入の減少による生活への影響は緩和されている。加えて、Yは、嘱託社員時のXの賃金については、基本給のほかに、平成22年6月から平成23年3月までは職務手当を、平成23年6月からの1年間を除く平成23年4月以降は調整手当を支給し、平成24年5月以降は固定時間外手当も支給することにより、Xの収入が総額で月20万円を大きく下回らないように配慮している。さらに、Yにおいては労働組合が存在せず、しかも上記のような不利益緩和措置をとっているから、不合理性の判断において労働組

合の交渉がないことは重視されるべきではない。そして、Xは定年退職後に労働契約の更新等をするに当たり労働条件について何らの異議を述べずにこれを受け入れてきたところ、このことは、労働条件の相違が不合理でないことを示すものである。

1. 比較対照すべき正社員について

　労契法20条は「有期契約労働者と比較対照すべき無期契約労働者を限定しておらず……、不合理性の有無の判断においては、業務の内容及びこれに伴う責任の程度（職務の内容）、当該職務の内容及び配置の変更の範囲の異同のみならず差異の程度をも広く考慮し、その他の事情に特段の制限を設けず、諸事情を幅広く総合的に考慮して、労働条件の相違が当該企業の経営・人事制度上の施策として不合理なものと評価されるか否かを判断すべきことが予定されていることからすれば、不合理性の有無の判断に当たっては、まずは、Xが措定する、有期契約労働者と無期契約労働者とを比較対照することとし、Yが主張するような他の正社員の業務内容や賃金額等は、その他の事情として」、これらも含めて労契法20条所定の「考慮要素に係る諸事情を幅広く総合的に考慮し、当該労働条件の相違が当該企業の経営・人事制度上の施策として不合理なものと評価されるか否かを判断するのが相当である。

　本件において嘱託社員時及び臨時社員時のXの労働条件と比較対照するのは、まずは成田事業所において役職定年により営業課支配人の地位を離れた定年退職前の者となるが、定年退職前のX自身のほかに上記のような正社員の例は証拠上見当たらないから、労働条件の具体的相違やその不合理性の判断における職務の具体的内容については定年退職前後のXの職務内容を比較することとなる。」

2. 配置の変更の範囲

　正社員と嘱託社員及び臨時社員との配転に係る運用の相違については、これをそれら労働者の賃金額の決定に当たって考慮することは当然想定すべきところであり、就業規則の規定上は配転等の可能性の有無や程度の記載に差異がないとしても、実際の運用に差異があることは不合理性の判断において考慮すべきである。

　以上に対し、Xは、一貫して成田事業所で営業職として勤務し、配転がなかったことを指摘するが、正社員と嘱託社員及び臨時社員との間に配転の運用に関して有意な実績の違いが事実として認められ配転の可能性に具体的な差異がある以上、Xについて結果的に配転を命じられることがなかったからといって上記判断を左右することにはならない。

3. 不合理性の存否

　Xの定年退職時と嘱託社員及び臨時社員時の業務の内容及び当該業務に伴う責任の程度（職務の内容）は大きく異なる上、職務の内容及び配置の変更の範囲にも差異があるから、嘱託社員及び臨時社員の基本給ないし時間給と正社員の年俸の趣旨に照らし、Xの嘱託社員及び臨時社員時の基本給及び時間給が定年退職時の年俸よりも低額（定年退職時の年俸の月額の約54%、Xに支給されるべき高年齢雇用継続基本給付金3万2,500円前後も考慮に入れると約63%）であること自体不合理ということはできず、そして、その他の事情についてみるに、定年退職時の年俸額はその職務内容に照らすと激変緩和措置として高額に設定されている上、正社員の賃金制度は長期雇用を前提として年功的性格を含みながら様々な役職に就くことに対応するように設計されたものである一方で、嘱託社員及び臨時社員のそれは長期雇用を前提とせず年功的性格を含まず、原則として役職に就くことも予定されておらず、その賃金制度の前提が全く異なるのであり、このような観点からみても、正社員時の賃金額と嘱託社員及び臨時社員時の賃金額に差

異があること自体をもって不合理といえないことは明らかであること等から、Xの定年退職時の年俸の月額と嘱託社員及び臨時社員時の基本給及び時間給の月額との相違が不合理であると認めることはできず、これをもって労契法20条に違反するということはできない。

結論

Xの定年退職時と嘱託社員及び臨時社員時の業務の内容及び当該業務に伴う責任の程度（職務の内容）は大きく異なるうえ、職務の内容及び配置の変更の範囲にも差異があるから、嘱託社員及び臨時社員の基本給ないし時間給と正社員の年俸の趣旨に照らし、Xの嘱託社員及び臨時社員時の基本給及び時間給が定年退職時の年俸よりも低額であること自体不合理ということはできないと、Xの請求を棄却した。

判例からひもとく！留意点とポイント

定年後再雇用の事案で、6.1最判を踏まえた判断ですが、裁判所の認定によれば、Xの主張とは異なって、長澤運輸事件最判とは事案が異なり、職務内容と配置の変更の範囲も異なる事案で、不合理性を否定し易い事案であったことに留意すべきです。配置の変更の範囲も異なる認定に際しては規定上の異動可能性だけではなく、運用における実際の異動の有無を考慮しての判断となっている点も留意すべきです。

参照条文等

労契法20条、民法709条

⑪ ヤマト運輸（賞与）事件

〈仙台地判・平 29.3.30 労判 1158 号 18 頁〉

事案の概要

被告 Y（宅急便を中心とした小口貨物輸送サービス事業を行う株式会社）に
おいて、期間の定めのない雇用契約を締結している社員（マネージ社員）
と 1 年以内の期間の定めのある雇用契約を締結している社員（キャリ
ア社員）が存在することころ、キャリア社員である原告 X が、Y に対し、
マネージ社員とキャリア社員との間で、賞与の算定方法が異なる不合
理な差別があり、X の個人成果査定が不当に低いことが労契法 20 条
に反する不法行為に当たるとして、各賞与につき、マネージ社員との
不合理な差別等がなかったならば支給されたはずの賞与と X が実際
に得た賞与の差額の支払い等を求めた事例。

争 点

原告 X の主張

　マネージ社員とキャリア社員の業務内容は共通し、その業務に伴う責任
の程度も変わらない。基本給の時間単価は同じであり、各種手当の支給基
準も同一とされている。また、マネージ社員に転勤、昇進の可能性がある
とはいえるものの、現実には転居を伴う職場異動は原則として行わないと
され、昇進についても本人が手を挙げて登用されていくのであり、昇進及
びそれに伴う転勤は、業務区分の変化に伴い、適用される俸給表が変わる
ことによって考慮されていくべき問題である。賞与は計算期間の会社の営
業成績に応じてマネージ社員用とキャリア社員用のそれぞれの支給月数が
決まり、その計算期間の成果査定を行ったうえで算定されるから、計算期
間の勤務に対応する賃金の後払いであるといえる。賞与についてもマネー

165

ジ社員とキャリア社員の支給基準を同一としなければならない。しかし、Yにおいては、成果査定を、マネージ社員は常に加算する方向で考慮しているのに対し、キャリア社員は直接基本給等に120％から40％の乗率を掛け合わせることにより加算される場合も削減される場合もあり、その相違を合理的に説明することは不可能である。また、賞与を支給する際の支給月数もキャリア社員がマネージ社員よりも常に少なく設定されていることは労契法20条に反し、不法行為を構成する。

被告Y側の主張

　賞与は、功労報償的意味のみならず、生活補填的意味及び将来の労働への意欲向上策としての意味が込められているものであるから、Yは、賞与支給方式について、マネージ社員とキャリア社員とが期待される役割、業務内容、責任範囲、転勤の有無等が異なることその他諸般の事情を総合的に考慮して決定したものであり、不合理であるといわれる理由はない。マネージ社員とキャリア社員の処遇のうち、その主要部分である同一職種・格付等の場合の時間単価及び各種手当は同一である。マネージ社員とキャリア社員の基本給は、時間給が同一であるが、所定労働時間をマネージ社員165時間、キャリア社員173時間として設計したため、格付、等級、号俸、業務区分が同一である場合は、キャリア社員の方が高い基本給を得ることになる。業務インセンティブについてはキャリア社員とマネージ社員は同一の計算方法が適用されており、その他の手当も同等の内容が定められている。わずか賞与についてのみ差異が存するところ、賞与は、本来的に使用者に支払義務があるものではなく、支給するか否か、支給するとしてその支給方式をいかに定めるか等の賞与制度の設計は基本的に使用者の裁量に委ねられている。マネージ社員は、就業規則第17条により「会社は、業務上の必要により、転勤を命ずることがある。なお、転居をともなう職場異動は原則として行わない。ただし、役職配置上ならびに経営上特

に必要とする場合はこの限りではない。」と定められ、業務命令により転勤することがあるが、キャリア社員は、個別契約により勤務地が限定されているため、業務命令により全国各地の事業所に転勤することはない。マネージ社員は、就業規則17条により「会社は、業務上の必要により、社員に担当変更、役職・役割の任免及び変更を命ずることがある。」と定められ、また、人事運用規程第4条3号により「社員（マネージ社員に限る）を組織の必要性に応じ、役職に任命する。」と定められており、職務内容の変更、業務役職者及び経営役職者への昇進があり得ることとされているが、キャリア社員は、個別契約により職務が限定されているため、同一職務内における担務変更があり得るにすぎず、業務命令による職務内容の変更、業務役職者及び経営役職者への昇進はない。

判例要旨

1. 労契法20条違反の有無

⑴ 「職務の内容及び配置の変更の範囲」

　マネージ社員とキャリア社員との間には、ともに運行乗務業務に従事している場合、その内容及び当該業務に伴う責任の程度（「職務の内容」）は同一といい得るが、マネージ社員に期待される役割、職務遂行能力の評価や教育訓練等を通じた人材の育成等による等級・役職への格付等を踏まえた転勤、職務内容の変更、昇進、人材登用の可能性といった人材活用の仕組みの有無に基づく相違があり、「職務の内容及び配置の変更の範囲」には違いがあり、その違いは小さいものとはいえない。

⑵ 「その他の事情」

　Yのマネージ社員とキャリア社員の賞与の支給方法の違いは、支給月数と成果査定の仕方にあるところ、支給月数の差はマネージ社員より基本給が高いキャリア社員の所定労働時間比率を乗じることによって、格付、等

級、号俸、業務区分が同じ場合のマネージ社員とキャリア社員の基本給と支給月数を乗じた賞与算定の基礎金額を同一にしようとしたものであり、またその支給月数の差も格別大きいとはいえないことからすれば、そのことだけで不合理な差異であるということはできない。また、査定方法のマネージ社員とキャリア社員の職務の内容及び配置の変更の範囲、具体的には転勤、昇進の有無や期待される役割の違いに鑑みれば、長期的に見て、今後現在のエリアにとどまらず組織の必要性に応じ、役職に任命され、職務内容の変更があり得るマネージ社員の一般社員について成果加算（参事、業務役職は成果査定）をすることで、賞与に将来に向けての動機づけや奨励（インセンティブ）の意味合いを持たせることとしていると考えられるのに対し、与えられた役割（支店等）において個人の能力を最大限に発揮することを期待されているキャリア社員については、絶対査定としその査定の裁量の幅を 40％から 120％と広いものとすることによって、その個人の成果に応じてより評価をしやすくすることができるようにした査定の方法の違いが不合理であるともいえない。さらに、各期の賞与は、その支給方式も含め、Ｙ社労働組合との協議のうえ定められている。平成 26 年度 12 月賞与については、Ｘが加入する労働組合からも意見を聞き、支給月数及び配分率について合意している。

(3) 結論

　以上によれば、Ｙにおけるマネージ社員とキャリア社員の賞与の支給方法の差異は、労契法 20 条に反する不合理な労働条件の相違であるとは認められない。

　また、人事裁量権についての逸脱・濫用とパワハラなどによる不法行為はいずれも認められない。

結論

労契法 20 条に反する不合理な労働条件の相違であるとは認められないとして、X の請求をいずれも棄却した。

Y 社では、マネージ社員とキャリア社員とは、格付け、等級、号俸、業務区分が同じである場合、基本給（時間単価）、業務インセンティブ、各種手当は同一であるという点や、キャリア社員のほうが労働時間が長いことから基本給総額はマネージ社員より高額となる場合があるという事案の特徴があります。

なお、本判決が「職務の内容及び配置の変更の範囲の相違」の理由として挙げる「マネージ社員に期待される役割、職務遂行能力の評価や教育訓練等を通じた人材の育成等による等級・役職への格付等を踏まえた転勤、職務内容の変更、昇進、人材登用の可能性といった人材活用の仕組みの有無に基づく相違」については、不合理指針第 3 の 1 の注 1 では、「『通常の労働者と短時間・有期雇用労働者との間で将来の役割期待が異なるため、賃金の決定基準・ルールが異なる』等の主観的又は抽象的な説明では足りず、賃金の決定基準・ルールの相違は、通常の労働者と短時間・有期雇用労働者の職務の内容、当該職務の内容及び配置の変更の範囲その他の事情のうち、当該待遇の性質及び当該待遇を行う目的に照らして適切と認められるものの客観的及び具体的な実態に照らして、不合理と認められるものであってはならない」とされており、裁判例の理解と乖離があることに留意すべきです。

参照条文等

労契法 20 条、民法 709 条

⑫ 井関松山ファクトリー事件

〈高松高判・令元.7.8労判1208号38頁〉

事案の概要

一審被告会社Yとの間で有期労働契約を締結して就労している従業員であった一審原告Xらが、無期契約労働者との間に、賞与及び物価手当の支給に関して不合理な相違が存在すると主張して、Yに対し、[1] 当該不合理な労働条件の定めは労契法20条により無効であり、Xらには無期契約労働者に関する就業規則等の規定が適用されることになるとして、当該就業規則等の規定が適用される労働契約上の地位にあることの確認を求め、[2] 不支給に係る本件手当等については、同条の効力によりXらに当該就業規則等の規定が適用されることを前提とした労働契約に基づく賃金請求として、または不支給による不法行為に基づく損害賠償請求として、実際に支給された賃金との差額及び遅延損害金の支払を求めたところ、原審（井関松山ファクトリー事件・松山地判・平30.4.24労判1182号5頁）が、[1] を棄却し、[2]を一部認容したため、Xら及びYの双方が控訴した事例。

争 点

原告Xの主張

1. 職務内容等の相違の有無

Xらと同じ製造ラインに配属された無期契約労働者（組長を除く）との間で職務内容等の相違はない。

2. 労働条件に関する相違の不合理性

上記1.のとおり、Xらと無期契約労働者との間で職務内容等に相違はないから、本件手当等に関する相違は不合理である。

1. 職務内容等の相違の有無

Ｘらと同じ製造ラインに配属された無期契約労働者との職務内容等には大きな相違がある。

2. 労働条件に関する相違の合理性

上記1.のとおり、Ｘらと無期契約労働者の間で、職務内容等には大きな相違があるから、かかる相違等を考慮して、有期契約労働者と無期契約労働者の間で本件手当等の支給に差をつけることは、Ｙの経営・人事制度上の施策として、法的に否認すべき内容ないし程度で不公正とはいえない。

判例要旨

1. Ｘらと同一の製造ラインに配属された無期契約労働者との間で、その定常業務の内容に相違はなく、新機種関連業務は無期契約労働者のうち一部の者について業務が異なるにすぎず、業務の内容には大きな相違があるとはいえず、また、Ｘらと無期契約労働者で業務に伴う責任の程度が相違していると認めることはできないが、他方で、Ｘらと無期契約労働者の間には、職務の内容及び配置の変更の範囲に関して、人材活用の仕組みに基づく相違があると認められ、そして、会社の無期契約労働者は、基本的に中途採用制度により毎年1、2名程度が採用されており、無期契約労働者と有期契約労働者の地位はある程度流動的であり、このことは、本件相違の不合理性を判断する際に考慮すべき事情といえるから、以上のＸらと無期契約労働者との職務内容等の相違等を踏まえて、本件手当等の労働条件ごとにその不合理性を検討する。

2. 無期契約労働者と有期契約労働者の間の職務の内容及び配置の変更の範囲に関する相違に関してみたとおり、将来、職制である組長に就任したり、組長を補佐する立場になったりする可能性がある者として育成さ

れるべき立場にある無期契約労働者に対してより高額な賞与を支給することで、有為な人材の獲得とその定着を図ることにも一定の合理性が認められること、Xらにも夏季及び冬季に各10万円程度の寸志が支給されていること、会社の無期契約労働者は基本的に中途採用制度により採用されており、無期契約労働者と有期契約労働者の地位にはある程度流動性があることを総合して勘案すると、一季25万円以上の差が生じている点を考慮しても、賞与におけるXらと無期契約労働者の相違が不合理なものであるとまでは認められない。

3. 物価手当が年齢に応じて増大する生活費を補助する趣旨を含むことについては、当事者間に争いはなく、会社では労働者の職務内容等とは無関係に、労働者の年齢に応じて支給されており、このような会社における物価手当の支給条件からすれば、同手当が無期契約労働者の職務内容等に対応して設定された手当と認めることは困難であり、年齢上昇に応じた生活費の増大は有期契約労働者であっても無期契約労働者であっても変わりはないから、有期契約労働者に物価手当を一切支給しないことは不合理である。

4. Xらには、物価手当が無期契約労働者と同様の条件で支給された場合における支給額に相当する損害が生じたと認めるのが相当である。

結 論

物価手当の不支給が労契法20条に違反するものであることは、原判決が認定説示するとおりであり、賞与の不支給を除き、本件取扱いは労契法20条に違反するものであって、Xらは、本件労働組合を通じて、遅くとも平成26年以降、有期契約労働者の労働条件の改善を求めて団体交渉をしていた経緯等に照らしても、本件取扱いが違法であることを認識し得たものといえ、違法な本件取扱いをしたことに過失があると認められるなどとし

て、Xらの各控訴及びYの控訴をいずれも棄却した。

　本件は、製造業の現場で作業に従事する有期契約労働者について、賞与の格差および物価手当の不支給が争われたもので、無期契約労働者と比較的近い業務に従事してきており、有期契約労働者が無期契約労働者に転換していた場合もある、といった中での事案です。

　賞与の格差について、「人材活用の仕組みに基づく相違」に依拠して不合理性を否定する流れは裁判例では多いのですが、前述の如く、不合理指針第3の1の注1では、「『通常の労働者と短時間・有期雇用労働者との間で将来の役割期待が異なるため、賃金の決定基準・ルールが異なる』等の主観的又は抽象的な説明では足りず、賃金の決定基準・ルールの相違は、通常の労働者と短時間・有期雇用労働者の職務の内容、当該職務の内容及び配置の変更の範囲その他の事情のうち、当該待遇の性質及び当該待遇を行う目的に照らして適切と認められるものの客観的及び具体的な実態に照らして、不合理と認められるものであってはならない」とされており、裁判例の理解と乖離があることに留意すべきです。

参照条文等

　労契法20条、民法709条

⑬ 井関松山製造所事件

〈高松高判・令元.7.8労判1208号25頁〉

事案の概要

一審被告会社Yとの間で有期労働契約を締結して就労している従業員であった一審原告Xらが、無期契約労働者との間に、賞与、家族手当、住宅手当及び精勤手当の支給に関して不合理な相違が存在すると主張して、Yに対し、〔1〕当該不合理な労働条件の定めは労契法20条により無効であり、Xらには無期契約労働者に関する就業規則等の規定が適用されることになるとして、当該就業規則等の規定が適用される労働契約上の地位にあることの確認を求め、〔2〕不支給に係る本件手当等については、同条の効力によりXらに当該就業規則等の規定が適用されることを前提とした労働契約に基づく賃金請求として、または不支給による不法行為に基づく損害賠償請求として、実際に支給された賃金との差額及び遅延損害金の支払を求めたところ、原審（井関松山製造所事件・松山地判・平30.4.24労判1182号20頁）が、〔1〕を棄却し、〔2〕を一部認容したため、Xら及びYの双方が控訴した事例。

争点

原告Xの主張

1. 職務内容等の相違の有無

Xらと同じ製造ラインに配属された無期契約労働者（組長を除く）との間で職務内容等の相違はない。

2. 労働条件に関する相違の不合理性

上記1.のとおり、Xらと無期契約労働者の間で職務内容等に相違はないから、本件手当等に関する相違は不合理である。

1. 職務内容等の相違の有無

　X らと同じ製造ラインに配属された無期契約労働者との職務内容等には大きな相違がある。

2. 労働条件に関する相違の合理性

　上記 1.のとおり、X らと無期契約労働者の間で、職務内容等には大きな相違があるから、かかる相違等を考慮して、有期契約労働者と無期契約労働者の間で本件手当等の支給に差をつけることは、Y の経営・人事制度上の施策として、法的に否認すべき内容ないし程度で不公正とはいえない。

判例要旨

1. 　労契法 20 条に基づき、有期契約労働者と無期契約労働者の労働条件の相違は、①労働者の業務の内容および当該業務に伴う責任の程度、②当該職務の内容および配置の変更の範囲、③その他の事情を考慮して、不合理と認められるものであってはならない。賃金の相違の不合理性の判断においては、両者の賃金の総額ではなく、賃金項目の趣旨を個別に考慮すべきである。相違が不合理とされる場合には、不法行為が成立する。

2. 　X らは、同じ製造ラインに配属された無期契約労働者と基本的に同一の業務に従事しているが、作業ミスが発生した場合や品質不具合の再発防止の対応について、無期契約労働者と有期契約労働者では業務に伴う責任の程度が一定程度相違している。将来は組長以上の職制に就任することを期待されている無期契約労働者には定期的な研修等が実施され、無期契約労働者と有期契約労働者との間には、職務の内容および配置の変更の範囲に関して相違がある。中途採用は、ほぼ毎年実施されており、無期契約労働者と有期契約労働者の地位が必ずしも固定的でないこ

とは、不合理性を判断する際に考慮すべき事情といえる。

3. (1) 賞与について、一季30万円以上の差が生じているが、業務に伴う責任の程度が一定程度相違していること、「賞与は、就業規則や労働契約において支給の定めを置かない限り、当然に支給されるものではないから、賞与を支給するか否かは使用者の経営及び人事施策上の裁量判断によるところ、このような賞与の性格を踏まえ、長期雇用を前提とする正社員（無期契約労働者）に対し賞与の支給を手厚くすることにより有為な人材の獲得・定着を図るというYの主張する人事施策上の目的にも相応の合理性が認められることは否定し得ないというべきで」、有為な人材の獲得とその定着を図ることにも一定の合理性が認められること、Xらにも夏季および冬季に各5万円の寸志が支給されていること、中途採用制度により有期契約労働者から無期契約労働者になることが可能でその実績もあることを総合すると、Xらと無期契約労働者の相違が不合理なものであるとまでは認められない。

パート有期法15条1項等に基づき定められた不合理指針「において、同法8条及び9条（ただし、これらの条文は、当審口頭弁論終結時において未施行である。）の解釈に関係して、賞与の取扱いについて、『賞与であって、会社の業績等への労働者の貢献に応じて支給するものについて、通常の労働者と同一の貢献である短時間・有期雇用労働者には、貢献に応じた部分につき、通常の労働者と同一の賞与を支給しなければならない。また、貢献に一定の相違がある場合においては、その相違に応じた賞与を支給しなければならない。』との指針を定めていることが認められる（公知の事実）。しかしながら、上記認定説示のとおり、Yにおける人事政策上の配慮が労契法20条所定の『その他の事情』として考慮され得る事柄であることに加え、上記指針においても、無期契約労働者と有期契約労働者との間で、業務上の目標値の達成、不達成に係る不利益の有無な

どに応じて賞与の支給に差違を設けることは許されるものとされており（同指針における「問題とならない例」参照）、本件においては、上記のとおり、無期契約労働者と有期契約労働者の職務の範囲等には相応の差違があることや、賞与の支給が必ずしも当該労働者の業績、Ｙへの貢献のみに着目したものとはいえないこと、その他寸志の支給や役職者への昇進の可能性など有期契約労働者に対する人事上の施策等が採られていることなどに照らせば」、パート有期法「の施行前である現時点において、Ｙが有期契約労働者に対して無期契約労働者と同様の賞与を支給しないとの取扱いにつき、上記指針の定めを考慮しても」、労契法20条に反するものとまではいえない。「以上に照らせば、Ｘらが主張する諸事情を考慮しても、上記の取扱いが不合理であるとまではいえない。」

⑵　生活補助的な手当である家族手当および住宅手当を有期契約労働者に支給しないことは不合理である。

⑶　Ｙの無期契約労働者のうち、月給日給者（技能職）に限って精勤手当が支払われているが、その趣旨は、欠勤日数の影響で基本給が変動する状態を軽減するためであり、有期契約労働者に精勤手当を支給しないことは不合理である。

4.　Ｘらに対する賞与を除く本件手当等の不支給は、Ｘらに対する不法行為を構成する。「無期転換就業規則は、……当該定めについて合理的なものであることを要するところ（労契法7条参照）、①同規則は、……本件手当等の支給に関する限り、同規則制定前の有期契約労働者の労働条件と同一であること、また、②Ｙが同規則の制定に当たって……労働組合と交渉したことを認めるに足りる適切な証拠はなく、Ｘらが同規則に定める労働条件を受け入れたことを認めるに足りる証拠もないこと、そして、③Ｙは、……同規則の合理性について特段の立証をしないことからすると、同規則の制定のみをもって、Ｙが上記支払義務を負わな

いと解するべき根拠は認め難い。」

　本件各手当の不支給は、Xらに対する不法行為を構成するというべきであるとする一方、YがXらに同額の賞与を支給しないことが労契法20条に違反するものとはいえず、Xらに賞与請求権が認められないことはもとより、この不支給を理由とするXらの損害賠償請求にも理由がないことなどから、原判決は相当であるとして、Xらの各控訴及びYの控訴をいずれも棄却した。

判例からひもとく！留意点とポイント

　本件は、製造業の現場で作業に従事する有期契約労働者について、賞与の格差および家族手当、住宅手当、精勤手当の不支給が争われたもので、賞与の格差について、「長期雇用を前提とする正社員（無期契約労働者）に対し賞与の支給を手厚くすることにより有為な人材の獲得・定着を図るというYの主張する人事施策上の目的」に依拠して不合理性を否定する流れは裁判例では多いのですが、前述の如く、不合理指針第3の1の注1では、「『通常の労働者と短時間・有期雇用労働者との間で将来の役割期待が異なるため、賃金の決定基準・ルールが異なる』等の主観的又は抽象的な説明では足りず、賃金の決定基準・ルールの相違は、通常の労働者と短時間・有期雇用労働者の職務の内容、当該職務の内容及び配置の変更の範囲その他の事情のうち、当該待遇の性質及び当該待遇を行う目的に照らして適切と認められるものの客観的及び具体的な実態に照らして、不合理と認められるものであってはならない」とされており、裁判例の理解と乖離があることに留意すべきです。

　なお、本判決が、賞与に関する不合理指針の指摘につき、「Yにおける人

事政策上の配慮が労契法 20 条所定の『その他の事情』として考慮され得る事柄である」としつつ、不合理「指針の定めを考慮しても」、労契法 20 条に反するものとまではいえないと判示している点も、今後の裁判例と同指針の関係を示唆しており、注目されます。

参照条文等

労契法 20 条、民法 709 条

⑭ 五島育英会事件

〈東京地判・平 30.4.11 労経速 2355 号 3 頁〉

事案の概要

被告（学校法人）Yを定年退職後にYとの間で有期労働契約を締結して就労した原告Xが、当該有期労働契約に基づく賃金が定年退職前の期間の定めのない労働契約に基づく賃金の約6割程度しかないことは期間の定めがあることによる不合理な労働条件の相違であると主張して、主位的に、同賃金を定める就業規則等の定めは労契法20条により無効であり、Xにも無期労働契約に係る賃金を定める就業規則等の定めが適用されるべきであるとして、Yに対し、未払賃金の支払いを求め、予備的に、YがXに対して本来支払うべき賃金を支払わなかったことが公序良俗に反して違法であり、Xに対する関係で不法行為を構成するとして、民法709条に基づき、同額の損害金の支払いを求めた事例。

争 点

原告Xの主張

　本件において、定年退職日が属する年度（以下、「退職年度」という）の退職前後で労働者の①職務の内容及び②当該職務の内容及び配置の変更の範囲には何らの差異がないから、賃金に相違を設けることに合理的な根拠は全くないというべきである。したがって、本件労働条件の相違は、①及び②に差異がない以上、③その他の事情を考慮するとしても、これを正当と解すべき特段の事情がない限り不合理なものとの評価を免れないというべきであり、本件においてそのような特段の事情はないから、本件労働条件の相違は不合理なものである。

　退職年度の①職務の内容並びに②当該職務の内容及び配置の変更の範囲と退職前年度のそれらとを比較すると、それらに違いがある。以上に加え、③その他の事情として、まず、そもそも定年退職後に嘱託教諭として雇用を継続することは高年齢者等の雇用の安定等に関する法律において事業主に求められる措置を超えるものであって嘱託教諭自身の利益にもなること、次に、定年退職後の従業員の賃金を定年退職前よりも引き下げることについては世間一般に行われており、他の東京都内の私立学校においても定年後再雇用時の賃金が定年退職前の賃金の6割以下となる事例が大半であること、さらに、本件における定年退職後の労働条件は X が所属する労働組合との間でも合意された内容であることなどの事情を踏まえれば、本件労働条件の相違が不合理なものであるとはいえない。

判例要旨

1.　退職年度における退職前後の専任教諭と嘱託教諭との間で①職務の内容に差異がない。また、②職務の内容及び配置の変更の範囲について見るに、Y において所属や職種の変更を命じられること自体が極めて稀であったということができる上、実際に退職年度の専任教諭が当該年度中に所属や職種の変更を命じられた例も証拠上認められないことからすれば、業務上の必要により所属や職種の変更を命じることがある旨の規定の有無をもって、当該職務の内容及び配置の変更の範囲の差異として重視することはできない。退職年度の専任教諭については、それ以外の一般の専任教諭と比べて、職務の内容が軽減されながらも基本給等の水準がそれと連動して引き下げられることはないという特殊な状況にあるといえ、この点は、職務の内容に関連する③その他の事情として、本件労働条件の相違の不合理性を否定する方向で考慮すべき事情であるという

べきである。

2.　本件労働条件の相違は基本給、調整手当及び基本賞与の額が定年退職時の水準の約6割に減じられるというものであって、その程度は小さいとはいえない。しかし、年功的要素を含む賃金体系においては就労開始から定年退職までの全期間を通じて賃金の均衡が図られていることとの関係上、定年退職を迎えて一旦このような無期労働契約が解消された後に新たに締結された労働契約における賃金が定年退職直前の賃金と比較して低額となることは、それ自体が不合理であるということはできない。また、嘱託教諭の基本給等を退職前の約6割に相当する額とする旨定めた本件定年規程は、Xも構成員であった労働組合とYとの合意により導入されたものである。労使間の交渉及び合意を経て導入されたことは労使間の利害調整を経た結果としてその内容の合理性を相当程度裏付けるべきものとして考慮するのが相当である。本件労働条件の相違は、職務の内容、当該職務の内容及び配置の変更の範囲その他の事情に照らして不合理と認められるものとはいえないから、労契法20条に違反するということはできない。

結論

本件労働条件の相違は労契法20条に違反するものとはいえず、不法行為を構成しないとして、Xの請求を全面棄却した。

判例からひもとく！留意点とポイント

本判決は、6.1最判よりも前の同年4月11日に言い渡されたものではありますが、6.1最判後も、実務上参考となる点があります（以下につき、和田一郎「労契法20条に関する下級審裁判例の意義」労経速2355号2頁参照）。

第1は比較対象労働者の問題です。比較対象の無期雇用労働者につい

て、Ⅹは、定年退職年度の定年退職前の専任教諭であると主張し、Ⅰは、定年退職年度の前年度の専任教諭であると主張しました。専任教諭の職務内容が、退職年度には、それ以前の年度より軽減されるからです。裁判所は、Ⅹの主張を採りつつ、Ⅰ主張の点は、「その他の事情」の中で考慮しました。

第2は待遇を個々に比較するか、一括して比較するかの問題です。本判決は、「本件労働条件の相違は、基本給、調整手当及び賞与のうちの基本賞与部分に関するものであるところ、本件においては、調整手当及び賞与のうちの基本賞与部分は基本給の額に一定の係数を乗じて決定するものとされていて、係数も含め無期労働契約を締結している労働者と有期労働契約を締結している労働者との間に差異はないから、以下では、本件労働条件の相違について一括して検討する」と判示しています。そして、個別の不合理性を検討していません。これは、6.1最判及びパート有期法8条が個別に判断するとしていることに形式的には反しています。しかし、本件では、調整給も賞与のうちの基本賞与部分も基本給と密接に関連して基本的には基本給と趣旨を同じくするので、本件のような形態での待遇の相違の場合には、6.1最判及び同条の下でも一括比較が許される余地もあり得ることを示唆しています。

第3は再雇用後の賃金がそれ以前より低いことの理由付けです。本判決は、「その他の事情」を検討する中で、「本件学校における賃金体系は基本給の一部に年齢給が含まれるなど年功的要素が強いものであるところ、(中略)年功的要素を含む賃金体系においては就労開始から定年退職までの全期間を通じて賃金の均衡が図られていることとの関係上、定年退職を迎えて一旦このような無期労働契約が解消された後に新たに締結された労働契約における賃金が定年退職直前の賃金と比較して低額となることは当該労働者の貢献と賃金との均衡という観点からは見やすい道理であり、それ自

体が不合理であるということはできない」と判示し、不合理性を否定する最も大きな要素としています。この判示は、年功性の強い賃金制度が採られている会社において、労働者が20条違反を主張した場合に、使用者側の反論の有力な論拠になると思われます。他方、年功性の弱い賃金制度の下での反論には適切ではなくなります（年功性が弱い賃金制度が採られていた長澤運輸事件最判は、このような判示をしていません）。

　第4は労使合意・労使協議の意義です。本判決は、「その他の事情」として、再雇用後の賃金を定めた規定が、「Xも構成員であった本件組合とYとの合意により導入されたものである」ことは、「労使間の利害調整を経た結果としてその内容の合理性を相当程度裏付ける」と判示しています。これは、ハマキョウレックス事件最判が、「労働条件が均衡のとれたものであるか否かの判断に当たっては労使間の交渉（中略）を尊重すべき面がある」と判示し、また、長澤運輸事件最判が、労働者の賃金が「団体交渉による労使自治に委ねられる部分が大きい」とし、それを「その他の事情」で考慮すると判示したことと趣旨を同じくするものといえ、注目されます。

　特に指摘すべきが、前述した通り、定年後再雇用の事情の評価につき、長澤運輸事件最判が年金給付等の諸事情を考慮していたにもかかわらず、不合理指針第3の1の注2では、「様々な事情が総合的に考慮されて、通常の労働者と当該有期雇用労働者との間の待遇の相違が不合理と認められるか否かが判断される」と指摘されるにとどまっている点です。その意味で、長澤運輸事件最判や本判決なども定年後再雇用における労契法20条の不合理性判断に当たっては参酌されるべき事例といえます。

参照条文等

　労契法20条、民法709条

〈東京高判・平 30.10.25 労経速 2386 号 3 頁〉

事案の概要

被控訴人 Y の期間雇用社員（時給制契約社員）として雇用されていた控訴人 X が、Y の雇止めは違法・無効であるとして、Y に対し、雇用契約に基づき、①雇用契約上の地位確認、②未払賃金・臨時手当金等の支払を求めたところ、請求をいずれも棄却した原判決（日本郵便（休職）事件・東京地判・平 29.9.11 労判 1180 号 56 頁）に対して控訴した事例。

争 点

原告 X の主張

Y においては、正社員が疾病により勤務ができない場合、社員就業規則12 条に基づき、病気休暇（有給。勤続 10 年未満につき 90 日、勤続 10 年以上につき 180 日）と 3 年以内の休職制度（以下、「正社員休職制度」という）が定められており、平成 29 年 4 月 1 日以降、無期転換社員についても、病気休暇90 日（無給）と 1 年以内の休職制度（以下、「無期転換社員休職制度」という）が定められているのに対し、期間雇用社員には正社員休職制度や無期転換社員休職制度の適用はない。しかし、郵便の職場においては、期間雇用社員が正社員と同一の中核的業務を担当しており、管理職以外の正社員と同一の労働を低賃金で長期間継続し、職場を支えていること、X は、郵政公社、郵便事業株式会社ないし Y において、8 年 8 か月の長期にわたり、正社員と同様の職務に従事してきたこと、この間、スキル認定書のスキルランク評価において最上級の「A」と評価され、17 回にわたり契約更新がされてきたことなどからして、労契法 20 条所定の「同一労働同一賃金同一待遇の原則」に則り、X についても、正社員休職制度、少なくとも無期転換

社員休職制度を適用又は準用すべきである。

　労契法 20 条は、無期労働契約と有期労働契約との間に不合理な労働条件を設定することを禁止するという新たな不利益取扱いの規制を規定したものであり、均等取扱いないし均等処遇を規定したものではない。そして、Y における正社員と期間雇用社員との間には、職務の内容につき、業務量の把握・調整や作業指示、勤務時間管理等について、正社員のみが担当し、責任を課されるという相違、職務内容及び配置変更の範囲につき、転勤を含む人事異動や役割の変化等の有無の相違、その他、採用の基準・手続、配置・教育訓練等の相違が存在する。また、休職制度については、正社員の場合、定年までの長期雇用を前提として長期的な勤続を確保しているのに対し、期間雇用社員は、雇用契約期間を定めて労働契約を締結していることから、正社員のような事情は存在しない上、有期労働契約を期間の定めのない労働契約に転換した場合にも、長期雇用を前提として長期的な勤続を確保することとなるので、負傷又は疾病について休職制度を認めたとしても、これを認めない期間雇用社員との間に不合理な差異をきたすものではない。以上のとおり、期間雇用社員につき、正社員休職制度ないし無期転換社員休職制度の適用又は準用がないことは不合理とはいえない。

判例要旨

1.　時給制契約社員の比較対象

　時給制契約社員は、特定の定型業務に従事し、担当業務の変更は予定されておらず、班長等として班を総括するなどの業務は行わず、配置転換も昇任昇格も予定されていないなど、担当業務の種類や異動等の範囲が限定されていることが認められる。これに対し、正社員については、管理職、総合職、地域基幹職及び一般職の各コースが設けられ、それぞれが異なる

186　　　　第2章　パートタイム・有期雇用労働法　〜　同一労働同一賃金関連　〜

業務の内容を有し、これに伴う責任の程度も大きく異なるものとみられるところ、不合理性の判断に当たっては、上記各コースの中で、時給制契約社員の職務の内容等に類似する職務の内容等を有するものを比較の対象とするのが相当であると解される。したがって、正社員のうち、一般職を比較の対象とするのが相当である。

2.　職務内容等に関する相違

(1)　一般職と時給制契約社員との間には、その業務の内容自体については大きな違いはないが、期待される習熟度やスキルは異なり、一般職は勤務年数を重ねた後には応用的な能力、後輩への助言の能力等が求められるという違いがあり、業務に伴う責任の程度についても相応の違いがあると認められる。

(2)　職務の内容及び配置の変更の範囲についてみると、一般職については、人事ローテーションの観点からの業務の変更があり、異動についても、「配属エリアを中心とした『原則、転居を伴う転勤のない範囲』」とされているのであり、職場及び職務内容を特定して採用された時給制契約社員とは相違がある。

(3)　また、時給制契約社員の大半は採用後短期間で退職しており、平成28年度には、勤続3年以内で退職した時給制契約社員は全体の7割以上、勤続1年以内で退職した時給制契約社員は全体の5割以上であった。

(4)　したがって、両者において、その職務の内容、当該職務の内容及び配置の変更の範囲その他の事情については、一定の相違があるものと認められる。

3.　有給の病気休暇の不合理性

(1)　勤続10年未満の正社員には、私傷病につき90日以内の有給の病気休暇が付与されるのに対し、時給契約社員には、無給の病気休暇10日のみが認められているという相違がある。

(2)　正社員の病気休暇を有給としている趣旨は、正社員として継続して就労をしてきたことに対する評価の観点、今後も長期にわたって就労を続けることによる貢献を期待し、有為な人材の確保、定着を図るという観点、正社員の生活保障を図るという観点によるものと解することができ、一般職の職務の内容等について、一定の合理的な理由があるものと認められる。これに対し、時給制契約社員については、期間を6か月以内と定めて雇用し、長期間継続した雇用が当然に想定されるものではなく、継続して就労をしてきたことに対する評価の観点、有為な人材の確保、定着を図るという観点が直ちに当てはまるものとはいえない。また、Yにおいては、期間雇用社員の私傷病による欠務について、私傷病による欠務の届出があり、かつ診断書が提出された場合には、承認欠勤として処理されており、欠勤ではあるものの無断欠勤ではなく、問責の対象としない取扱いがされており、Xについても、これに従って手続がされている。そして、社会保険に加入している期間雇用社員については、一定の要件を満たせば傷病手当金を受給することができるため、ある程度の金銭的補てんのある療養が相当な期間にわたって可能な状態にあると認められる。

(3)　以上によれば、病気休暇に関する相違について不合理であるとまではいえない。

4.　休職制度の不合理性判断

　休職制度についても、正社員に関しては、上記3.（有給の病気休暇の不合理性）と同様、有為な人材の確保、定着を図るという観点から設けているものであり、合理性を有するものと解されるところ、時給制契約社員については、6か月の契約期間を定めて雇用され、長期間継続した雇用が当然に想定されるものではないのであり、休職制度を設けないことについては、不合理なこととはいえない。したがって、この点に関しても、この相違は、

職務の内容、当該職務の内容及び配置の変更の範囲その他の事情に照らして、不合理であると評価することができるとまではいえないというべきである。

5. その他（雇止めの有効性）

Yは、Xについて、その勤務状況や健康状態等に照らして、雇用契約における職務を全うできないとの判断に基づき本件雇止めをしたものであって、客観的に合理的な理由を欠くものとはいえないし、社会通念上相当であると認められないと評価することもできない。

6. 結論

よって、Xの請求をいずれも棄却した原判決は相当であって、本件控訴は理由がないからこれを棄却する。

結論

判決は、正社員のうちの一般職と時給制契約社員とを比較し、有給の休暇制度及び休職制度について、その相違が職務の内容、当該職務の内容及び配置の変更の範囲その他の事情に照らし不合理と評価することはできず、Yは、Xの勤務状況や健康状態に照らし、本件雇用契約における職務を全うできないとして、本件雇用契約期間満了をもって同契約を更新しないとしたもので、本件雇止めが客観的に合理的な理由を欠くとか、社会通念上相当ではないとはいえないなどとして、控訴を棄却した。

判例からひもとく！留意点とポイント

日本郵便における病気休暇・休職制度に関する労契法20条の裁判例としては、本判決以外に、日本郵便（東京）事件判決（東京高判・平30.12.13労判1198号45頁）や、⑤の10.15最判があります。東京事件の高裁判決では、病気休暇の趣旨を、労働者の健康保持のため、私傷病により勤務できなく

なった場合に、療養に専念させるための制度とし、長期雇用を前提とした正社員と時給制契約社員との間で病気休暇の日数に差を設けることは不合理とはいえないが、正社員のみ有給とする点については不合理と判断しました。また、大阪事件の高裁判決では、正社員と契約社員との間で病気休暇の期間や有給か否かについて差異を設けること自体、直ちに不合理とはいえないが、有期労働契約を反復更新して5年を超えた日以降は不合理と評価されるものと判断しました。このように、病気休暇については、本判決を含めて高裁レベルで判断が分かれているため、最高裁の判断が待たれていた中で⑤の10.15最判が相応継続勤務要件を用いて不合理性を認めましたが、しかし、10.15最判においては、「休暇日数に相違を設けることはともかく」として、正社員と契約社員との間で一定の差異を設ける余地は否定していません。

　不合理指針も、パート有期労働者への傷休職制度の適用を求めているものの、内容については一定の差異を設ける余地は否定していないことに近いのですが、裁判例との間には一定の乖離は出ています。

参照条文等

労契法19条・20条

⑯ 名古屋自動車学校事件

〈名古屋地判・令2.10.28 労判 1233 号 5 頁〉

事案の概要

本件は、自動車学校の経営等を目的とする被告 Y 社を定年退職した後に、期間の定めのある労働契約（以下「有期労働契約」という）を Y と締結して就労していた原告 X らが、期間の定めのない労働契約（以下「無期労働契約」という）を Y と締結している従業員（以下「正職員」という）との間に、改正前労契法 20 条に違反する労働条件の相違があると主張して、Y に対し、金員の支払を求めた事例。

則ち、Y 社を定年退職した後に、期間の定めのある労働契約を Y と締結して就労していた X らが、期間の定めのない労働契約を Y と締結している従業員（正職員）との間に、改正前労契法 20 条に違反する労働条件の相違があると主張して、正職員に適用される就業規則等が X らにも適用されることを前提に Y に対し、本来支給されるべき賃金と実際に支給された賃金との差額等の金員の支払を求めるなどした事案で、X らは、定年退職後、正職員定年退職時と嘱託職員時でその職務内容及び変更範囲には相違がなかった一方、X らの嘱託職員一時金は、正職員定年退職時の賞与を大幅に下回る結果、X らに比べて職務上の経験に劣り、将来の増額に備えて金額が抑制される傾向にある若年正職員の賞与をも下回るばかりか、賃金の総額が正職員定年退職時の労働条件を適用した場合の 60％をやや上回るかそれ以下にとどまる帰結をもたらしているものであって、このような帰結は、労使自治が反映された結果でもない以上、労働者の生活保障という観点からも看過し難い水準に達しているというべきであるといえ、Y には、このような違法な取扱いをしたことについて過失があったというべきで

あるところ、Ｘらの請求は、Ｘらの賃金において、改正前20条にいう不合理と認められる部分相当の金員等の損害賠償金の支払を求める限度で理由があるなどとして、請求を一部認容した事例。

争点

原告Ｘらの主張

不合理性の判断方法については、改正前労契法20条が、労働条件の相違の不合理性を判断する際の考慮要素として、〔１〕職務の内容、〔２〕当該職務の内容及び配置の変更の範囲のほか、〔３〕「その他の事情」を挙げている（職務の内容等）。このうち、〔３〕「その他の事情」については、上記〔１〕及び〔２〕（職務内容及び変更範囲）に関連する事情に限定する必要はないが、労契法20条が当該〔１〕及び〔２〕を考慮要素として明示していることからすれば、当該〔１〕及び〔２〕に相違がないのであれば、〔３〕「その他の事情」を理由として、両者の間に労働条件に相違を設けるには、「相応の理由」が必要であると解すべきである。

本件では、職務内容及び変更範囲には相違がないため、〔３〕「その他の事情」である定年後再雇用を理由として両者の間の労働条件の相違の不合理性を否定するには、「相応の理由」が必要である。

定年後再雇用であることを「その他の事情」として考慮するにしても、改正前労契法20条のいう不合理な相違であるかどうかを判断するに際しては、あくまで、個別企業における個別の賃金項目の趣旨や性質（必要に応じて賃金総額を参照する）に基づくべきであり、定年後再雇用であればその賃金を切り下げることが社会一般に容認されているなどという考慮をすべきではない。

1. 不合理性の判断方法について

改正前労契法20条は、たとえ、正職員と嘱託職員の間で、職務内容及び変更範囲に違いがないとしても、それをもって直ちに両者の賃金の相違が不合理となるものではない。

2. 個別の賃金項目の検討等

⑴ 基本給について

企業は、定年後再雇用の労働者に対し労働条件を提案するに当たり、〔1〕当該労働者が、本来、60歳で定年退職するはずであったこと、〔2〕それにもかかわらず、国の政策ミスにより企業が65歳まで雇用せざるを得なくなったこと、〔3〕企業の資金には限りがあること、〔4〕当該労働者が退職金を受領していること、〔5〕当該労働者が高年齢雇用継続基本給付金を受給していること、〔6〕定年退職した労働者より、将来、企業の中心となってその発展に尽力する者を育成したいこと等を考慮するものであり、これ自体は、不合理と判断されるようなものではない。

⑵ 賞与について

賞与は、会社に長く勤めてもらうために政策的に支給する意味合いのものであり、長期間の雇用が予定されていない嘱託職員に対してこれを支給しないことも、不合理ではない。なお、Yは、嘱託職員との間で賞与を支給する旨の合意をしておらず、嘱託職員に対して支給している嘱託職員一時金は、正職員の賞与とは別物のいわゆる調整給であり、その趣旨を異にする。

判例要旨

1. 正職員と嘱託職員の職務の内容等の相違について

Xらは、……、いずれも、再雇用に当たり主任の役職を退任したことを

除いて、定年退職の前後で、その職務内容及び変更範囲に相違はなかった。そして、Xらは、再雇用時に主任の役職を退任しているものの、これによりその業務の内容及び責任の範囲に相違が生じたことを認めるに足りる事実や証拠はない。仮に、主任退任により職務の内容に相違が生じていたとしても、嘱託職員となって以降は、役付手当が不支給となったことで、当該相違は、既に労働条件に反映されているといえる。

　したがって、Xらの正職員定年退職時と嘱託職員時では、その職務内容及び変更範囲には相違がなかったものであり、本件において、有期契約労働者と無期契約労働者との労働条件の相違が不合理と認められるものであるか否かの判断に当たっては、もっぱら、『その他の事情』として、Xらが被告を定年退職した後に有期労働契約により再雇用された嘱託職員であるとの点を考慮することになる。

2.　基本給について

⑴　基本給の相違の不合理性認定事情

　Xらは、正職員定年退職時と嘱託職員時でその職務内容及び変更範囲には相違がなかったにもかかわらず、Xらの嘱託職員としての基本給は、正職員定年退職時と比較して、50％以下に減額されており、その結果、Xらに比べて職務上の経験に劣り、基本給に年功的性格があることから将来の増額に備えて金額が抑制される傾向にある若年正職員の基本給をも下回っている。また、そもそも、Xらの正職員定年退職時の賃金は、同年代の賃金センサスを下回るものであったところ、Xらの嘱託職員として勤務した期間の賃金額は、上記のような基本給の減額を大きな要因として、正職員定年退職時の労働条件で就労した場合の60％をやや上回るかそれ以下にとどまることとなっている。

　そして、このことは、Xらが嘱託職員となる前後を通じて、Yとその従業員との間で、嘱託職員の賃金に係る労働条件一般について合意がされたと

か、その交渉結果が制度に反映されたという事情も見受けられないから、労使自治が反映された結果であるともいえない。

　以上に加えて、基本給は、一般に労働契約に基づく労働の対償の中核であるとされているところ、現に、Ｘらの正職員定年退職時の毎月の賃金に基本給が占める割合は相応に大きく、これが賞与額にも大きく影響していたことからすれば、Ｙにおいても、基本給をそのように位置付けているものと認められる。Ｙにおける基本給のこのような位置付けを踏まえると、上記の事実は、Ｘらの正職員定年退職時と嘱託職員時の各基本給に係る相違が労契法20条にいう不合理と認められるものに当たることを基礎付ける事実であるといえる。

(2)　基本給の相違の不合理性認定阻害事情としての年功制等

　検討するに、正職員の基本給は、長期雇用を前提とし、年功的性格を含むものであり、正職員が今後役職に就くこと、あるいはさらに高位の役職に就くことも想定して定められているものである一方、嘱託職員の基本給は、長期雇用を前提とせず、年功的性格を含まないものであり、嘱託職員が今後役職に就くことも予定されていないことが指摘できる。また、嘱託職員は、正職員を60歳で定年となった際に退職金の支払を受け、それ以降、要件を満たせば、高年齢雇用継続基本給付金及び老齢厚生年金（比例報酬分）の支給を受けることが予定され、現に、Ｘらはこれらを受給していたことも、基本給に係る相違が不合理であるとの評価を妨げる事実であるといえる。

　しかし、これら事実は、定年後再雇用の労働者の多くに当てはまる事情であり、……とりわけＸらの職務内容及び変更範囲に変更がないにもかかわらず、Ｘらの嘱託職員時の基本給が、それ自体賃金センサス上の平均賃金に満たない正職員定年退職時の賃金の基本給を大きく下回ることや、その結果、若年正職員の基本給も下回ることを正当化するには足りないとい

うほかない。

(3) 基本給の相違の不合理性認定阻害事情としての減額幅等

(イ) Ｙは、定められた手順に従ってＸらの定年後再雇用又はその更新の意向を確認し、賃金に係る労働条件も事前に提示しており、Ｘらが、いずれも、そのような経過を経て、賃金に係る労働条件についても合意の上、嘱託職員となり、その後も有期労働契約を更新していた旨指摘する。しかし、Ｙが指摘する経過は、労働契約を締結する過程として当然の事象を指摘するものであるにすぎず、基本給に係る正職員と嘱託職員の相違が不合理であるとの評価を妨げる事実とはいえない。

また、Ｙは、Ｘらは賃金に係る労働条件に不満があれば、いつでも団体交渉を求めることができた旨主張するが、Ｘ１がＹ代表者に対し個人で要望を行っても、労働組合の構成員として要望を行っても、その内容が労働条件に反映された事実がないことは前記のとおりであるから、このことは、同じく基本給に係る正職員と嘱託職員の相違が不合理であるとの評価を妨げる事実とはいえない。

(ロ) Ｙは、嘱託職員一時金は正職員の賞与とは異なり、嘱託職員に対する調整給の趣旨で支給するものであるから、正職員定年退職時と嘱託職員時の基本給の相違を検討するに際しては、毎月の基本給額に嘱託職員一時金も含めるべきである旨主張する。しかし、嘱託職員一時金は、嘱託規程において、嘱託職員に対しては賞与を原則として支給しないものの、正職員に対する賞与とは別に、勤務成績を勘案して支給することがあると規定されていること、さらに、嘱託職員としての労働契約書にも、勤務成績等を考慮の上、支給することがあると規定されていることを受けて、嘱託職員に対して支給されるものであり、その支給時期も正職員の賞与支給時期と同時期であることからすれば、嘱託職員一時金は、正職員の賞与に代替するものと位置付けられる。そうすると、嘱託職員一時

金について、専ら基本給の不足を調整することを目的として支給されるものであるなどと解することはできず、これは、賞与に関する相違が労契法20条にいう不合理と認められるものに当たるか否かを検討するに当たって考慮すべきものである。Yの上記主張は採用できない。

(ハ) さらに、Yは、雇用保険法による高年齢雇用継続基本給付金制度は、定年後再雇用時の賃金が60歳時の賃金の61%以下になる事態も予定している旨指摘する。しかし、そのことから直ちに、定年後再雇用時の賃金が61%以下となる労働条件の設定が常に許容されるというものではない。

(ニ) 以上のとおり、Xらは、Yを正職員として定年退職した後に嘱託職員として有期労働契約により再雇用された者であるが、正職員定年退職時と嘱託職員時でその職務内容及び変更範囲には相違がなく、Xらの正職員定年退職時の賃金は、賃金センサス上の平均賃金を下回る水準であった中で、Xらの嘱託職員時の基本給は、それが労働契約に基づく労働の対償の中核であるにもかかわらず、正職員定年退職時の基本給を大きく下回るものとされており、そのため、Xらに比べて職務上の経験に劣り、基本給に年功的性格があることから将来の増額に備えて金額が抑制される傾向にある若年正職員の基本給をも下回るばかりか、賃金の総額が正職員定年退職時の労働条件を適用した場合の60%をやや上回るかそれ以下にとどまる帰結をもたらしているものであって、このような帰結は、労使自治が反映された結果でもない以上、嘱託職員の基本給が年功的性格を含まないこと、Xらが退職金を受給しており、要件を満たせば高年齢雇用継続基本給付金及び老齢厚生年金（比例報酬分）の支給を受けることができたことといった事情を踏まえたとしても、労働者の生活保障の観点からも看過し難い水準に達しているというべきである。

そうすると、Xらの正職員定年退職時と嘱託職員時の各基本給に係る

金額という労働条件の相違は、労働者の生活保障という観点も踏まえ、嘱託職員時の基本給が正職員定年退職時の基本給の60％を下回る限度で、労契法20条にいう不合理と認められるものに当たると解するのが相当である。

3. 皆精勤手当及び敢闘賞（精励手当）について

皆精勤手当及び敢闘賞（精励手当）について、正職員定年退職時に比べ嘱託職員時に減額して支給するという労働条件の相違は、労契法20条にいう不合理と認められるものに当たると解するのが相当である。

4. 家族手当について

Yの正職員は、嘱託職員と異なり、幅広い世代の者が存在し得るところ、そのような正職員について家族を扶養するための生活費を補助することには相応の理由があるということができる。他方、嘱託職員は、正職員として勤続した後に定年退職した者であり、老齢厚生年金の支給を受けることにもなる。

これらの事情を総合考慮すると、正職員に対して家族手当を支給する一方、嘱託職員に対してこれを支給しないという労働条件の相違は、不合理であると評価することはできず、労契法20条にいう不合理と認められるものに当たるということはできない。

5. 賞与について

Xらは、Yを正職員として定年退職した後に嘱託職員として有期労働契約により再雇用された者であるが、正職員定年退職時と嘱託職員時でその職務内容及び変更範囲には相違がなかった一方、Xらの嘱託職員一時金は、正職員定年退職時の賞与を大幅に下回る結果、Xらに比べて職務上の経験に劣り、基本給に年功的性格があることから将来の増額に備えて金額が抑制される傾向にある若年正職員の賞与をも下回るばかりか、賃金の総額が正職員定年退職時の労働条件を適用した場合の60％をやや上回るか

それ以下にとどまる帰結をもたらしているものであって、このような帰結は、労使自治が反映された結果でもない以上、賞与が多様な趣旨を含みうるものであること、嘱託職員の賞与が年功的性格を含まないこと、Xらが退職金を受給しており、要件を満たせば高年齢雇用継続基本給付金及び老齢厚生年金（比例報酬分）の支給を受けることができたといった事情を踏まえたとしても、労働者の生活保障という観点からも看過し難い水準に達しているというべきである。

　そうすると、Xらの正職員定年退職時の賞与と嘱託職員時の嘱託職員一時金に係る金額という労働条件の相違は、労働者の生活保障という観点も踏まえ、Xらの基本給を正職員定年退職時の60％の金額……であるとして、各季の正職員の賞与の調整率……を乗じた結果を下回る限度で、労契法20条にいう不合理と認められるものに当たると解するのが相当である。

　なお、Xらは、Xらの嘱託職員一時金と正職員Fの賞与……を比較するところ、Xらと正職員Fの間では、賞与算定の基礎となる基本給や勤務評定分といった前提条件に相違があるから、その比較結果を直接採用することはできない。

結論

　〔1〕基本給のうち正職員定年退職時の額の60％を下回る部分、〔2〕皆精勤手当及び敢闘賞（精励手当）の減額分、〔3〕賞与（嘱託職員一時金）のうち正職員定年退職時の基本給の60％に各季の正職員の賞与の調整率を乗じた結果を下回る部分は、いずれも労契法20条に違反するものである。また、このような法違反状態の労働条件は、YがXらに対して提示し、その後、これに沿った賃金の支払がされたのであるから、Yには、このような違法な取扱いをしたことについて過失があったというべきである。

　以上によれば、Xについては別表1、X2については別表2に記載され

た「あるべき金額」欄と「支給額」欄の差額に相当する損害を被ったということができる。

判例からひもとく！留意点とポイント

　長澤運輸事件最判と同様に、定年後再雇用において、職務内容及び変更範囲に相違はなかった事案において、長澤運輸事件最判では、「能率給及び職務給の不支給」として、実質争われた基本給と賞与につき、長澤運輸事件最判ではそれらの不支給につき不合理性が否定されていたのに対して、本判決は、そのいずれについても、正職員定年退職時の額の60％を下回る部分につき不合理性を認めたもので注目される。ただし、なぜ、60％が不合理性存否判断の分岐点となるのかの説得力には欠ける。

　前述のように（101ページ参照）長澤運輸事件最判は、再雇用後のXらの賃金額が、定年前に比べて20〜24％程度減額事案であり、本判決のように40％以上の減額事案とは異なる事案でした。そこで、減額幅が大きな事案では結論が変わる可能性がかねて指摘され、それが実証されたものです（定年後再雇用に関する❽の北日本放送事件では、約27％減額の不合理性を否定したが、⓮の五島育英会事件では40％減額の不合理性も否定した）。

　本丸の基本給の相違につき、不合理性を認めた例は、従前は❼の学校法人産業医科大学事件以外にはなく、その点でも注目されます。

　賞与の相違につき、不合理性を認めた例は、定年後再雇用に関する長澤運輸事件最判と、割合的認定による大阪医科薬科大学事件最判原審とメトロコマース事件最判不受理決定以外にはなく、その点でも注目されます。

　また、メトロコマース事件最判と大阪医科薬科大学事件最判により、各最判の原審が認めた、均衡処遇の原則に沿った損害の割合的認定が否定されても、前述の通り（38ページ）、今後もその手法が全面的に否定されたわけではなかったところ、10.13最判の後にも、割合的認定例が示された点で

も注目されます。

参照条文等

労契法 20 条・民法 709 条

（弁護士：岩出誠）

第**3**章

労働施策総合推進法

（旧雇用対策法）

第1節 パワーハラスメント対策の法制化の流れと概要

1 パワーハラスメント対策の法制化の流れ

1 パワーハラスメントの実態

職場のパワーハラスメント（以下「パワハラ」と略記）は、近時、増加傾向にあります。

厚生労働省の「平成30年度個別労働紛争解決制度の施行状況」によると、「いじめ・嫌がらせ」は、平成24年度以降、解雇を抜き、全ての相談の中でトップの件数であり、職場のパワハラに関する都道府県労働局や労働基準監督署等への相談件数は、増加の一途をたどっています【図3-1】（206ページ）。

【図3-1】

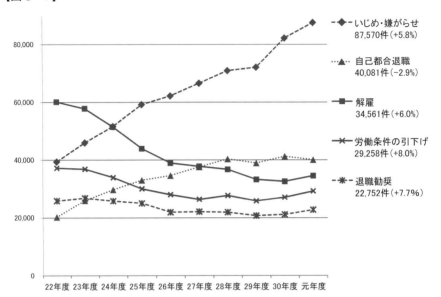

いじめ・嫌がらせ
87,570件(+5.8%)

自己都合退職
40,081件(−2.9%)

解雇
34,561件(+6.0%)

労働条件の引下げ
29,258件(+8.0%)

退職勧奨
22,752件(+7.7%)

22年度 23年度 24年度 25年度 26年度 27年度 28年度 29年度 30年度 元年度

※ （ ）内は対前年度比。

(厚労省「令和元年度個別労働紛争解決制度の施行状況」)

　また、労災保険の支給決定件数においても、ひどい嫌がらせ等を理由とする精神障害等は高水準を推移しており、平成30年度精神障害の労災補

【図3-2】

	23 年度	24 年度	25 年度	26 年度	27 年度	28 年度	29 年度	30 年度
精神障害の労災補償の支給決定件数全体	325 件	475 件	436 件	497 件	472 件	498 件	506 件	465 件
（ひどい）嫌がらせ、いじめ、又は暴行を受けた	40 件	55 件	55 件	69 件	60 件	74 件	88 件	69 件
上司とのトラブルがあった	16 件	35 件	17 件	21 件	21 件	24 件	22 件	18 件
同僚とのトラブルがあった	2 件	2 件	3 件	2 件	2 件	0 件	1 件	1 件
部下とのトラブルがあった	2 件	4 件	3 件	0 件	1 件	1 件	0 件	3 件

表1　精神障害の労災補償状況

「脳・心臓疾患と精神障害の労災補償状況」(厚生労働省)

(厚労省「パワーハラスメント対策導入マニュアル（第4版）」)

償状況においては、「（ひどい）嫌がらせ、いじめ、又は暴行を受けた」の件数が69件と、具体的な出来事別の支給決定件数のうち多数を占めました【図3-2】（206ページ）。

　以上に加え、企業においても、パワハラの問題は増加傾向にあるといえます。

　厚生労働省の平成28年度「職場のパワーハラスメントに関する実態調査」によると、相談窓口を設置している企業において、従業員からの相談の多いテーマの中で、パワハラはトップとなっています【図3-3】。

【図3-3】

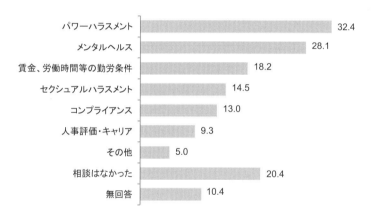

従業員から相談の多いテーマ（2つまで）

パワーハラスメント	32.4
メンタルヘルス	28.1
賃金、労働時間等の勤労条件	18.2
セクシュアルハラスメント	14.5
コンプライアンス	13.0
人事評価・キャリア	9.3
その他	5.0
相談はなかった	20.4
無回答	10.4

（対象：相談窓口を設置している企業（n=3365, 図表23参照）、単位%）
（厚労省「平成28年度職場のパワーハラスメントに関する実態調査」）

❷ パワーハラスメント防止措置義務の成立

　パワハラという言葉は、従来から、労働法の世界に限らず、世間でも広く周知されていましたが、それにもかかわらず、パワハラの定義やパワハラに関する事業主の措置義務等を定めた法律は存在していませんでした。

　一方で、セクシュアルハラスメント（以下「セクハラ」という）やマタニティ

ハラスメント（以下「マタハラ」という）については、パワハラに先立ち、法の改正や法に基づく厚生労働大臣による指針の策定が行われていました。

　例えば、セクハラについて、均等法11条1項は、事業主に対し、職場において行われる性的な言動に対するその雇用する労働者の対応により当該労働者がその労働条件につき不利益を受け、又は当該性的な言動により当該労働者の就業環境が害されることのないよう、当該労働者からの相談に応じ、適切に対応するために必要な体制の整備その他の雇用管理上必要な措置を講じることを義務づけています。そして、同条4項は、厚生労働大臣は事業主が講ずべき措置についての指針を定めるものとし、平成18年に「事業主が職場における性的な言動に起因する問題に関して雇用管理上講ずべき措置に関する指針」が公表されました。同指針は、概要、事業主が講ずべき措置として、①セクシュアル・ハラスメントがあってはならない旨の事業主の方針の明確化とその周知・啓発、②相談（苦情を含む）に応じ適切に対処するために必要な整備（相談窓口、担当者、人事部門との連携など）の整備、③事後の迅速かつ適切な対応（事実関係の迅速・正確な確認、行為者・被害者に対する適正な措置、再発防止措置）、④相談や事後対応におけるプライバシーの保護、相談や事実確認への協力を理由とする不利益取扱い禁止の周知・啓発を定めています。

　また、マタハラについてもセクハラと同様に、男女雇用機会均等法11条の3が、事業主のマタハラに関する雇用管理上の措置義務を定め、同条に基づき厚生労働大臣による指針が定められています。

　パワハラについては、平成24年3月に厚生労働省の「職場のいじめ・嫌がらせ問題に関する円卓会議」が作成した「職場のパワーハラスメントの予防・解決に向けた提言」の中で、その定義づけがなされ、平成30年3月に厚生労働省の「職場のパワーハラスメント防止対策についての検討会」がまとめた報告書において、その要素が整理されました。その後、厚生労

働省の労働政策審議での検討を経て、令和元年5月29日、第198回通常国会において、「女性の職業生活における活躍の推進に関する法律等の一部を改正する法律」が参議院で可決・成立し、パワハラに関する法の整備がなされました。

すなわち、事業主のパワハラに関する雇用管理上講ずべき措置義務等は、同法の中で改正された「労働施策の総合的な推進並びに労働者の雇用の安定及び職業生活の充実等に関する法律」の中で定められています（以下、この点を捉え、同法を「パワハラ防止法」といい、「法」と記載する場合は、同法を指す）。

2 パワーハラスメント対策の法制化

❶ パワハラ防止法の重要点

パワハラ防止法で重要な点は、概要、次のとおりです。

① パワハラの定義の法定
② 事業主に、パワハラ防止のため、雇用管理上の措置を講じることを義務付け
　※雇用管理上の措置の具体的な内容等については、厚生労働大臣が指針（以下、「パワハラ指針」という）を策定
③ パワハラに関する国、事業主、労働者の責務の明確化
④ パワハラに関する労使紛争を、都道府県労働局長による紛争解決援助、紛争調整委員会による調停（行政ADR）の対象へ
⑤ 措置義務等についての履行確保（助言、指導、勧告等）の整備

❷ 施行日

パワハラ防止法の施行は、大企業では令和2年6月1日、中小企業は令

和4年4月1日とされています。

　なお、中小企業の範囲は、下記のとおりであり、①資本金の額又は出資の総額、②常時使用する従業員の数のいずれかに該当する場合に、中小企業に該当することとなります。

業　種	①資本金の額又は出資の総額	②常時使用する従業員の数
小売業	5,000万円以下	50人以下
サービス業（サービス業、医療・福祉等）	5,000万円以下	100人以下
卸売業	1億円以下	100人以下
その他の業種（製造業、建設業、運輸業等上記以外全て）	3億円以下	300人以下

※業種は、日本標準産業分類（第13回改訂）に従い分類されます。

（厚労省「2020年6月1日より、職場におけるハラスメント防止対策が強化されます！」）

❸ パワハラ防止法の内容

　以下では、パワハラ防止法について、詳説します。

①パワハラの定義

　まず、パワハラ防止法によって、パワハラの定義が法律で示された点は重要です。

㈣　パワハラの定義

　　パワハラとは、①職場において行われる優越的な関係を背景とした言動であって、②業務上必要かつ相当な範囲を超えたものにより③その雇用する労働者の就業環境が害されることをいいます（法30条の2第1項）。

㈥　「職場」とは

　　「職場」とは、事業主が雇用する労働者が業務を遂行する場所をい

います。ここでは、当該労働者が通常就業している場所以外の場所であっても、当該労働者が業務を遂行する場所については、「職場」に含まれます。

(ハ)　「優越的な関係を背景とした」とは

　　　「優越的な関係を背景とした」とは、当該事業主の業務を遂行するに当たって、当該言動を受ける労働者が当該言動の行為者とされる者（以下「行為者」という）に対して抵抗又は拒絶することができない蓋然性が高い関係を背景として行われるものをいいます。例えば、職務上の地位が上位の者による言動は当然のことながら、同僚又は部下による言動で、当該言動を行う者が業務上必要な知識や豊富な経験を有しており、当該者の協力を得なければ業務の円滑な遂行を行うことが困難であるものや、同僚又は部下からの集団による行為で、これに抵抗又は拒絶することが困難であるものもこれに含まれます。

(ニ)　「業務上必要かつ相当な範囲を超えた」とは

　　　「業務上必要かつ相当な範囲を超えた」とは、社会通念に照らし、当該言動が明らかに当該事業主の業務上必要性がない、又はその態様が相当でないものをいいます。

　　　この判断に当たっては、様々な要素（当該言動の目的、当該言動を受けた労働者の問題行動の有無や内容・程度を含む当該言動が行われた経緯や状況、業種・業態、業務の内容・性質、当該言動の態様・頻度・継続性、労働者の属性や心身の状況、行為者との関係性等）が総合的に考慮されます。

　　　また、その際には、個別の事案における労働者の行動が問題となる場合は、その内容・程度とそれに対する指導の態様等の相対的な関係性が重要な要素となることについても留意が必要です。

(ホ)　「労働者の就業環境が害される」とは

　　　「労働者の就業環境が害される」とは、当該言動により労働者が身

体的又は精神的に苦痛を与えられ、労働者の就業環境が不快なものと
なったため、能力の発揮に重大な悪影響が生じる等当該労働者が就業
する上で看過できない程度の支障が生じることをいいます。

　この判断に当たっては、「平均的な労働者の感じ方」、すなわち、同
様の状況で当該言動を受けた場合に、社会一般の労働者が、就業する
上で看過できない程度の支障が生じたと感じるような言動であるかど
うかが基準となります。

㈥　「労働者」とは

　「労働者」とは、いわゆる正規雇用労働者のみならず、パートタイ
ム労働者、契約社員等いわゆる非正規雇用労働者を含む事業主が雇用
する労働者の全てをいいます。

　また、派遣労働者については、派遣元事業主のみならず、労働者派
遣の役務の提供を受ける者についても、派遣法47条の4により、その
指揮命令の下に労働させる派遣労働者を雇用する事業主とみなされ、
法30条の3第1項及び法30条の3第2項の規定が適用されるため、
労働者派遣の役務の提供を受ける者は、派遣労働者についてもその雇
用する労働者と同様に、下記②の措置等を講ずる必要があります。

②パワハラ防止のための雇用管理上の相談体制等の措置義務

㈠　相談体制等の設置義務

　パワハラ防止法によって、事業主は、職場において行われる優越的
な関係を背景とした言動であって、業務上必要かつ相当な範囲を超え
たものによりその雇用する労働者の就業環境が害されることのないよ
う、当該労働者からの相談に応じ、適切に対応するために必要な体制
の整備その他の雇用管理上必要な措置を講じなければならないとされ
ました（法30条の2第1項）。

（ロ） 相談等を行ったことを理由とする不利益取扱いの禁止

　また、事業主は、労働者が相談を行ったこと又は事業主による当該相談への対応に協力した際に事実を述べたことを理由として、当該労働者に対して解雇その他不利益な取扱いをしてはなりません（法30条の2第2項）。

　この不利益取扱いの禁止は、相談を行ったことを理由とするものに限らず、事業主による当該相談への対応に協力した際に事実を述べたことも含まれている点には留意が必要です。

（ハ） 厚生労働大臣による指針の策定

　厚生労働大臣により、事業主が講ずべき措置等に関して、その適切かつ有効な実施を図るために必要な指針（パワハラ指針）が定められます（法30条の2第3項）。

　パワハラ指針（令和2年1月15日厚労告5号）には、概要、次の事項が示されています。

①	パワハラの定義・解釈（上記本文中①の内容）及びパワハラの具体例
②	事業主及び労働者等の責務（後記本文中③の内容）
③	事業主が雇用管理上講ずべき措置の内容
④	事業主が行うことが望ましい取組の内容（セクハラ及びマタハラと一体的に相談に応じることのできる体制の整備、コミュニケーションの活性化や円滑化のために研修等の必要な取組）
⑤	事業主が自らの雇用する労働者以外の者に対する言動に関し行うことが望ましい取組の内容（他の事業主が雇用する労働者、求職者、個人事業主、インターンシップ等に対する言動についての必要な注意を払うよう努めること）
⑥	事業主が他の事業主の雇用する労働者等からのパワーハラスメントや顧客等からの著しい迷惑行為に関し行うことが望ましい取組の内容

（詳細は第4節参照）

　このうち、③については、事業主の措置義務の内容として、次の措置を講じることが求められています。

❶　事業主の方針等の明確化及びその周知・啓発
・パワハラの内容・行ってはならない旨の方針を明確化、周知・啓発すること
・行為者について、厳正に対処する旨の方針・対処の内容を就業規則等の文書に規定し、労働者に周知・啓発すること
❷　相談（苦情を含む）に応じ適切に対応するために必要な体制
・相談窓口をあらかじめ定め、労働者に周知すること
❸　職場におけるハラスメントに係る事後の迅速かつ適切な対応
・事実関係を迅速かつ正確に確認すること
・（確認できた場合）速やかに被害者に対する配慮のための措置を適正に行うこと
・（確認できた場合）事実関係の確認後、行為者に対する措置を適正に行うこと
・（いずれの場合であっても）再発防止に向けた措置を講ずること
❹　❶～❸までの措置と併せて講ずべき措置
・相談者・行為者等のプライバシーを保護するための必要な措置を講じ、その旨を周知すること
・相談等を理由とした不利益取扱いを禁止し、その内容を周知・啓発すること

③職場における優越的な関係を背景とした言動に起因する問題に関する国、事業主及び労働者の責務

　パワハラ防止法は、以下のとおり、パワハラに関する、国、事業主、労働者等の責務も定めました。

(イ)　国の責務

　　国は、労働者の就業環境を害する上記①(イ)（178ページ）に規定する言動を行ってはならないことその他当該言動に起因する問題（以下「優越的言動問題」という）に対する事業主その他国民一般の関心と理解を深めるため、広報活動、啓発活動その他の措置を講ずるように努めなければなりません（法30条の3第1項）。

(ロ)　事業主の責務

　　イ．優越的言動問題と労働者の配慮義務に関する啓発活動努力義務

　　　事業主は、優越的言動問題に対するその雇用する労働者の関心と理解を深めるともに、当該労働者が他の労働者（他の事業主が雇用する労働者及び求職者を含む）に対する言動に必要な注意を払うよう、研修の実施その他の必要な配慮をするほか、国の講ずる前記(イ)の措置に協力するように努めなければなりません（法30条の3第2項）。

　　ロ．事業主・役員のパワハラ言動注意努力義務

　　　事業主（その者が法人である場合にあっては、その役員）は、自らも、優越的言動問題に対する関心と理解を深め、労働者に対する言動に必要な注意を払うように努めなければなりません（法30条の3第3項）。

(ハ)　労働者の責務

　　労働者は、パワハラに対する関心と理解を深め、自身の言動に必要な注意を払うとともに、事業主の措置義務に協力するよう努めなければなりません（法30条の3第4項）。

④紛争解決援助制度・調停

　パワハラは、従来、労働局のあっせんによって解決が図られていましたが、今回の改正により、上記②㋑㋺（212ページ）についての労働者と事業主との間の紛争については、個別労働関係紛争の解決の促進に関する法律（個別紛争法）4条、5条及び12条から19条までの規定は適用されないこととなり、次の㋑及び㋺によって処理されることとなります（法30条の4）。

㋑　紛争の解決の援助

　都道府県労働局長は、上記②（212ページ）の紛争に関し、当該紛争の当事者の双方又は一方からその解決につき援助を求められた場合には、当該紛争の当事者に対し、必要な助言、指導又は勧告をすることができます（法30条の5第1項）。

　なお、事業主は、労働者がこの援助を求めたこと又は都道府県労働局長による援助を求めたことへの対応に協力した際に事実を述べたことを理由として、当該労働者に対して解雇その他不利益な取扱いをすることはできません（同条2項）。

㋺　都道府県労働局の調停

　都道府県労働局長は、上記②（212ページ）の紛争に関し、当該紛争の当事者の双方又は一方から調停の申請があった場合、当該紛争の解決のために必要があると認めるときは、紛争調整委員会に調停を行わせるものとされました（法30条の6第1項）。この調停に関しても、助言・指導と同様に、不利益取扱いの禁止が定められています（同条2項）。

　調停の利用が可能となったことで、調停案の提示が行われることとなり、行政による紛争解決の可能性が高まるといえます。

　そして、調停の手続については、均等法の手続が準用される点も重要です（法30条の7）。均等法20条が準用されることとなり、調停に、

パワハラの直接の加害者を優越的「言動を行ったとされる者」として参加を求め、一括解決を図ることが可能となりました。

⑤履行確保措置

厚生労働大臣は、この法律の施行に関し必要があると認めるときは、事業主に対し、助言、指導又は勧告をすることができ（法33条1項）、事業主がパワハラ防止措置義務や不利益取扱い禁止に違反し、勧告に従わないときは、その旨を公表することができます（法33条2項）。

3 判決事例と企業の対応策

以下では、パワハラ該当性について、パワハラ指針の考え方と判例を踏まえ、企業の対応策について、解説を行います。

● パワハラ該当性

①パワハラ指針の考え方

　(イ)　パワハラ6類型

　　　パワハラは、一般的に次の6類型があるとされています。

① 暴行・傷害（身体的な攻撃）
② 脅迫・名誉棄損・侮辱・ひどい暴言（精神的な攻撃）
③ 隔離・仲間はずし・無視（人間関係からの切り離し）
④ 業務上明らかに不要なことや遂行不可能なことの強制、仕事の妨害（過大な要求）
⑤ 業務上の合理性なく、能力や経験とかけ離れた程度の低い仕事を命じることや仕事を与えないこと（過小な要求）
⑥ 私的なことに過度に立ち入ること（個の侵害）

㈡　パワハラの判断要素

　　パワハラに該当するかどうかは、当該言動の目的、当該言動を受け
　た労働者の問題行動の有無や内容・程度を含む当該言動が行われた経
　緯や状況、業種・業態、業務の内容・性質、当該言動の態様・頻度・
　継続性、労働者の属性や心身の状況、行為者との関係性等が総合的に
　考慮され決せられます。

　　また、その際には、個別の事案における労働者の行動が問題となる
　場合は、その内容・程度とそれに対する指導の態様等の相対的な関係
　性が重要な要素となります。

㈥　パワハラ指針が示すパワハラ具体例

　　パワハラ指針は、以下のとおり、パワハラに該当すると考えられる
　例と該当しないと考えられる例を示しています。

　イ．身体的な攻撃（暴行・傷害）
　　〈該当すると考えられる例〉
　　　・　殴打、足蹴りを行うこと。
　　　・　相手に物を投げつけること。
　　〈該当しないと考えられる例〉
　　　・　誤ってぶつかること。

　ロ．精神的な攻撃（脅迫・名誉棄損・侮辱・ひどい暴言）
　　〈該当すると考えられる例〉
　　　・　人格を否定するような言動を行うこと。相手の性的指向・性
　　　　　自認に関する侮辱的な言動を行うことを含む。
　　　・　業務の遂行に関する必要以上に長時間にわたる厳しい叱責を
　　　　　繰り返し行うこと。
　　　・　他の労働者の面前における大声での威圧的な叱責を繰り返し
　　　　　行うこと。

- 相手の能力を否定し、罵倒するような内容の電子メール等を当該相手を含む複数の労働者宛てに送信すること。

〈該当しないと考えられる例〉

- 遅刻など社会的ルールを欠いた言動が見られ、再三注意してもそれが改善されない労働者に対して一定程度強く注意をすること。
- その企業の業務の内容や性質等に照らして重大な問題行動を行った労働者に対して、一定程度強く注意をすること。

ハ．人間関係からの切り離し（隔離・仲間外し・無視）

〈該当すると考えられる例〉

- 自身の意に沿わない労働者に対して、仕事を外し、長期間にわたり、別室に隔離したり、自宅研修させたりすること。
- 一人の労働者に対して同僚が集団で無視をし、職場で孤立させること。

〈該当しないと考えられる例〉

- 新規に採用した労働者を育成するために短期間集中的に別室で研修等の教育を実施すること。
- 懲戒規定に基づき処分を受けた労働者に対し、通常の業務に復帰させるために、その前に、一時的に別室で必要な研修を受けさせること。

ニ．過大な要求（業務上明らかに不要なことや遂行不可能なことの強制・仕事の妨害）

〈該当すると考えられる例〉

- 長期間にわたる、肉体的苦痛を伴う過酷な環境下での勤務に直接関係のない作業を命ずること。
- 新卒採用者に対し、必要な教育を行わないまま到底対応でき

ないレベルの業績目標を課し、達成できなかったことに対し
厳しく叱責すること。

　・　労働者に業務とは関係のない私的な雑用の処理を強制的に行
わせること。

　〈該当しないと考えられる例〉

　・　労働者を育成するために現状よりも少し高いレベルの業務を
任せること。

　・　業務の繁忙期に、業務上の必要性から、当該業務の担当者に
通常時よりも一定程度多い業務の処理を任せること。

ホ．過小な要求（業務上の合理性なく能力や経験とかけ離れた程度の低い仕
　事を命じることや仕事を与えないこと）

　〈該当すると考えられる例〉

　・　管理職である労働者を退職させるため、誰でも遂行可能な業
務を行わせること。

　・　気にいらない労働者に対して嫌がらせのために仕事を与えな
いこと。

　〈該当しないと考えられる例〉

　・　労働者の能力に応じて、一定程度業務内容や業務量を軽減す
ること。

ヘ．個の侵害（私的なことに過度に立ち入ること）

　〈該当すると考えられる例〉

　・　労働者を職場外でも継続的に監視したり、私物の写真撮影を
したりすること。

　・　労働者の性的指向・性自認や病歴、不妊治療等の機微な個人
情報について、当該労働者の了解を得ずに他の労働者に暴露
すること。

〈該当しないと考えられる例〉

・　労働者への配慮を目的として、労働者の家族の状況等についてヒアリングを行うこと。

・　労働者の了解を得て、当該労働者の性的指向・性自認や病歴、不妊治療等の機微な個人情報について、必要な範囲で人事労務部門の担当者に伝達し、配慮を促すこと。

②判決事例

　以下では、パワハラに関する裁判例を概説するとともに、各裁判例における留意点を示します。

イ クレイン農協ほか事件

〈甲府地判・平27.1.13 労判 1129 号 67 頁〉

事案の概要

農業協同組合Ｙ１に平成20年４月に中途採用で入組した営業担当職員Ｋ（昭和50年生）が平成22年３月に自殺したことについて、支店長Ｙ２（昭和59年４月に入組）からのノルマ不達成を理由とする叱責や顔を殴るなどの暴行等による急性ストレス反応が原因であるとして、Ｙ２に不法行為責任、Ｙ１に使用者責任が肯定された事例。

争点

①Ｙ２の責任原因の成否、②過失相殺又は素因減額の可否、③損害額（以下①のみ取り扱う）

原告の主張

Ｙ２の行為は、いずれも正当な業務を逸脱するものであって、違法である。

被告側の主張

Ｙ２の行為は、いずれも正当な業務を逸脱するものではなく、違法性はない。

判例要旨

1. **認定事実**

⑴ Ｙ２は、Ｋに対して、Ｋが共済の獲得等のノルマを達成できていなかったことから、月に２、３回程度叱責をしており、その際、必要以上に大きな声を出していたことがあった。

⑵ Ｋの平成22年度のノルマは、同年２月及び３月で、年間目標の４％

を達成しているにすぎなかった。Ｙ１では、ノルマを達成できない職員がいると、他の職員が穴埋めをしなければならないほか、支店の目標の達成を左右し、査定にも大きく響くなど、他の職員にも迷惑がかかることになるため、Ｙ１では、職員がノルマを達成できない場合自ら加入することが多かった。

⑶　Ｋは、平成22年2月10日、進発式終了後、Ｙ２を自己の自動車で送り届けることになっていたが、待ち合わせ場所に遅れて現れた。Ｙ２は、腹を立て、Ｋに対し、顔を3回殴り、腹を10回蹴るという暴行を振るった（Ｋは、同暴行により、左眼に眼球打撲及び眼瞼皮下出血の傷害を負った）。

⑷　Ｙ２は、Ｋに対して、同年3月頃、Ｋが顧客にすぐに配達に行くと約束していたのに、これをせずに、自動車のタイヤ交換をしていたことから、仕事の優先順位が違うと叱責をし、手に持っていたクリアファイルでＫをたたいた。

⑸　Ｙ２は、Ｋが他の職員に対し、死にたいなどと発言していたことを知っていたにもかかわらず、Ｋに対し、笑いながら自殺するなよとの発言をした。

⑹　Ｙ２は、同年3月24日、Ｋに対して、Ｋが、自らの担当している顧客に対して、代金の支払を受けていないのに商品を供給したり、売掛金や共済金の回収作業も怠ったりすることが非常に多かったことから「給料を返してもらわなければならない。」との発言をした。

2.　評価

⑴　職員に一定のノルマを課すことやノルマの不達成を叱責すること自体は、一定の範囲で許容されるといい得る。しかしながら、上記のような心理的負担を感じているＫに対し、ノルマの不達成を叱責すること自体、大きな心理的負荷をかけたと評価できる。

(2)　本件暴行はその回数も多く、その態様も、職員から羽交い締めにされてようやくやめていることからすると、暴行の程度はひどく、執拗であったものといえる。

(3)　Ｙ２は、本件暴行後においても、特段Ｋの精神状態に配慮することなく、Ｋの職務が適切にされていないことを理由に、他の職員もいる前で、叱責の際にファイルで殴打し、「給料を返してもらわなければならない。」との発言をするなどした。当時のＫの状況からすると、これら一つ一つの行為によるＫへの心理的影響は大きかったといわざるを得ず、Ｋが、これ以上、Ｙ１で勤務することに困難を感じたとしても相当のものといえる。

(4)　Ｙ２は、自ら上記の行為を行っており、Ｋの自殺につき予見可能性が認められ、過失があったといえる。

(5)　Ｙ２の各行為は、通常の業務上の指導の範囲を逸脱したものといえるから、違法性が認められる。

結論

Ｘの損害を逸失利益 2,477 万 6,148 円、慰謝料 2,000 万円、葬儀費用 150 万円と認定した上で、過失割合 3 割を考慮し、Ｙ１及びＹ２の損害賠償責任を肯定した。

判例からひもとく！留意点とポイント

　本件は、パワハラ６類型（217 ページ）のうち、「身体的な攻撃」等に該当するものと考えられます。

　暴行・傷害については、業務の遂行に必要な行為であることが通常想定できないため、原則として業務の適正な範囲内とはいえないと考えられています。

本件も原則どおり、業務の適正な範囲外とされています。

　また、暴行・傷害が行われる場合、当該暴行・傷害については、基本的に、不法行為が成立するといえます。

　そして、暴行・傷害については、そもそも使用者が、当該行為について、使用者責任を負うのかという点が問題となり得ます。

　この点、使用者責任については、判例上、「被用者の暴力行為により第三者に生じた損害については、その行為が使用者の事業の執行行為を契機とし、これと密接な関連を有すると認められる場合には、被用者が事業の執行について加えた損害に該当する」と解されています。

　本判決とは別に、エヌ・ティ・ティ・ネオメイトなど事件（大阪地判・平24.5.25 労判 1057 号 78 頁）においても、被告従業員が、原告が原告の間に座っていた者に対してわざと大きな咳をするなどの嫌がらせをしていると感じていたところ、原告が何度も大きな咳払いをしていたことに腹を立て、原告と口論となり、席を立って近くにあった椅子を足蹴にしたところ、椅子が原告の右脚付近に当たり、また、原告の胸ぐらをつかんで前後に揺さぶった行為につき、「行為は、勤務時間中に、……原告の勤務時間中の態度を戒めるために行われた行為であり、単に……個人的な関係に起因するものとは認められないから、……事業の執行行為を契機とし、これと密接な関連を有すると認められ」ると判断しました。

　このように、使用者責任は、比較的広く認められる傾向にあります。

　また、本件は、Kが他の職も経験しており、新人と異なることなどからすれば、何らかの健康上の問題があれば、申出や相談があることも期待できる状況として、過失相殺・素因減額を認めている点も、実務上参考となります。

民法 709 条・719 条

富国生命保険ほか事件

〈鳥取地米子支判・平 21.10.21 労判 996 号 28 頁〉

事案の概要

生命保険会社であるＹ１の営業所の班長・マネージャーであったＸ（昭和29年生）が、営業所長であるＹ３の手続懈怠が元で発生した死亡保険金のトラブルやＸの班の分離をめぐる動きなどを契機にストレス性うつ病に罹患し、欠勤、休職の後、自動退職となったという事案において、支社長であるＹ２及び所長であるＹ３が行った、①他の社員の前でＸに不告知教唆の有無を問いただしたこと、②Ｘの承諾なくＸ班の分離を決行したこと、③Ｘに対しマネージャー失格であるかのような言葉で叱責したことが違法な行為であったとされた事例。

争 点

①Ｙ２及び被告Ｙ３の行為とその違法性、②Ｙらの責任、③Ｘの損害、④素因減額（以下①のみ取り扱う）

原告の主張

行為は、いずれも、Ｙ２及びＹ３の逆恨みによるいじめないし嫌がらせあるいは報復であって、Ｘを米子営業所内で孤立させ、Ｘの業績を落とさせることで、ＸをＹ１にいられなくさせるため、職務上の権限を濫用して行われたものであるから、Ｘに対する不法行為を構成する違法な行為である。

被告側の主張

Ｙ３は、Ｘを逆恨みすることなどなかった。また、Ｙ２においても、Ｘを逆恨みなどしていない。

告知義務違反が問題になった際、担当者に不告知教唆の有無を確認した

り、顧客とのトラブルが生じた際、顧客に直接接している担当者に事実の確認をするのは、異常なことではないし、支社長や所長が業績の悪い班のマネージャーを叱責するのは当然のことである。また、X班の分離は、新たにマネージャーになる者の昇格にも関わることであって、経営上の判断によるものである。

判例要旨

1.　Y2は、他の社員の居る中で、Xに対し、不告知教唆の有無を問いただしているが、この点は、管理職としての配慮に欠けるものであり、違法であるといわねばならない。すなわち、生命保険会社の営業職員にとって、不告知を教唆することは、その職業倫理に反する不名誉な事柄なのであるから、その点について、上司として問いただす必要があるとすれば、誰もいない別室に呼び出すなどの配慮があって然るべきであって、この点において、Y2の上記行為は配慮が欠けていたといわねばならない。

　　そうすると、Y2は、Xとのやりとりをしているうち、不容易に、その現実の必要性も乏しいのに、他の社員が聞き及ぶおそれのある状況下において、Xに対し、営業職員としてのXの名誉に関わる質問をしたものであって、違法との評価を免れない。

2.　Xの承諾なくしてX班の分離を実施したことについても、違法との評価を免れない。すなわち、計画どおり平成15年4月にX班を分離しなければならない必要性があったと認めるに足りる証拠はない。

3.　Y2やY3は、Xに対し「マネージャーが務まると思っているのか。」「マネージャーをいつ降りてもらっても構わない。」等の言葉を使って叱責を与えることがあったものであり、この点においても違法といわねばならない。確かに、当時のX班の成績は、他の班に比べて芳しくなく、この点について、Xを叱責してその奮闘を促す必要性があったことは否

定できないが、長年マネージャーを務めてきたXに対し、いかにもマネージャー失格であるかのような上記の言葉を使って叱責することは、マネージャーとしてXの誇りを傷つけるもので、違法といわねばならない。

結論

Xの損害を慰謝料300万円として、Yらの損害賠償責任を肯定。

判例からひもとく！留意点とポイント

本件は、パワハラ該当性を肯定する上で、言動の場所（他の社員が居る中）や内容（不名誉な事柄、マネージャーとしての誇りを傷つけるもの）が重視されているといえます。

このように、違法なパワハラに該当するかどうかは、言動が行われた場所が重要な要素となります。

他の社員の面前で行われたような場合には、当該被害者の名誉感情を害する程度が大きいといえ、パワハラ該当性が肯定されやすいといえます。

同様の考え方を示す例として、勤務先の上司が部下に対し「意欲がない、やる気がないなら、会社を辞めるべきだと思います」などと記載された電子メールをその部下とその職場の同僚に送信したことにつき、慰謝料5万円を認めた事例（三井住友海上火災保険上司（損害賠償）事件・東京高判・平17.4.20労判914号82頁）も参考となります（同裁判例はパワハラを否定し、名誉を毀損するものとして損害賠償請求を一部認めましたが、現在であれば、パワハラとして認定される可能性が高いといえます）。

参照条文等

民法709条・715条

㈧ U銀行事件

〈岡山地判・平 24.4.19 労判 1051 号 28 頁〉

事案の概要

銀行であるＹ１に平成 14 年 7 月に中途採用にて入社したＸ（昭和 30 年生）が、平成 21 年 2 月に、不安抑うつ状態とインフルエンザにより職場を欠勤し、同年 3 月 31 日付でＹ１を選択定年退職したところ、Ｘが平成 18 年 10 月 1 日から平成 19 年 4 月 30 日までの間にＱ支店に在籍していたときの上司（支店長代理）Ｙ２がＸに対し、厳しい口調で、辞めてしまえ等といった表現を用いて、頻繁に叱責していたことが、パワハラに該当するとされ、他方で、Ｘが平成 19 年 5 月 1 日から同年 9 月 30 日までの間に銀行営業本部お客様サポートセンターに在籍していたときの上司（センター長）Ｙ３及びＸが平成 19 年 12 月 14 日から平成 21 年 3 月 31 日までの間に銀行人事総務部に在籍していたときの上司（部長代理）Ｙ４の言動について、パワハラの該当性が否定された事例。

争 点

①Ｙ２、Ｙ３及びＹ４が、Ｘに対し、各々パワーハラスメントを行ったと認められるか、②Ｙ１に、使用者責任が認められるか、③Ｙ１に、Ｘの配転等につき注意義務違反があったといえるか（以下①のみ取り扱う）

原告の主張

Ｙ２は、Ｘに対し、職務上の指導・注意の範疇を超える行為を行い、Ｘに耐え難い疲労と心理的負荷を与えた。

被告側の主張

Ｙ２は、ミスやクレームに対する指導や注意を行っていただけである。

1. Y2について

⑴ Y2は、時期は不明であるが、ミスをしたXに対し、「もうええ加減にせえ、ほんま。代弁の一つもまともにできんのんか。辞めてしまえ。足がけ引っ張るな。」、「足引っ張るばあすんじゃったら、おらん方がええ。」などと言った。

⑵ Y2は、延滞金の回収ができず、代位弁済の処理もしなかったXに対し、「今まで何回だまされとんで。あほじゃねんかな、もう。普通じゃねえわ。あほうじゃ、そら。」、「県信から来た人だって……そら、すごい人もおる。けど、僕はもう県信から来た人っていったら、もう今は係長（X）。だから、僕がペケになったように県信から来た人を僕はもうペケしとるからな。」などと言った。

⑶ Y2は、ミスをしたXに対し、厳しい口調で、辞めてしまえ、（他人と比較して）以下だなどといった表現を用いて、叱責していたことが認められ、それも1回限りではなく、頻繁に行っていたと認められる。

⑷ 確かに、Xが通常に比して仕事が遅く、役席に期待される水準の仕事ができてはいなかったとはいえる。しかしながら、本件で行われたような叱責は、健常者であっても精神的にかなりの負担を負うものであるところ、脊髄空洞症による療養復帰直後であり、かつ、同症状の後遺症等が存するXにとっては、さらに精神的に厳しいものであったと考えられること、それについてY2が全くの無配慮であったことに照らすと、上記X自身の問題を踏まえても、Y2の行為はパワーハラスメントに該当するといえる。

2. Y3について

⑴ Xが主張する、Y3が、仕事が遅いとことあるごとに言っていたと

いう事実については、これを裏付ける事実はXの供述以外になく、特に、Y2、Y4についてはメモに記載があるが、Y3についての言動についてのメモは提出されていないことからすると、当該事実の存在を認めるに足る証拠はないといえる。

(2) さらに、Y3が、Xの居眠りについて注意したこと、Xは取り上げられた、Y3は手伝ったという認識の違いはあるが、Xの仕事を持って行ったことがあることは争いがないところ、この点も、Xの主張するような恫喝等がなされたとは認められない。

仮にY3が寝ていたのかと強い口調で言ったり、Xから貸せと言って書類を取り上げた事実があったとしても、Xを含め部下が働きやすい職場環境を構築する配慮も必要ではあるが、仕事を勤務時間内や期限内に終わらせるようにすることが上司であり会社員であるY3の務めであると考えられること、本件でY3の置かれた状況に鑑みれば、多少口調がきつくなったとしても無理からぬことなどによれば、Xの病状を踏まえても、それだけでパワーハラスメントに当たるとはいえないと解する。

3. Y4について

Y4が、Xに対し、どこに行っていたとの質問をしていたことは当事者間に争いがない。もっとも、Xが勤務時間内に勤務場所にいなかったために、Y4が同質問を行っていたと考えられるところ、このことは業務遂行上必要な質問であると言え、仮に厳しい口調となっていたとしても、これをもってパワーハラスメントとは認められない。

本件でY4らが認めるXへの注意内容を加えたとしても、Y4の行動は、注意、指導の限度を超えたものということはできないから、パワーハラスメントに該当するとは認められない。

Xの損害を慰謝料100万円として、Y1及びY2の損害賠償責任を肯定。

なお、本件では、XがY2と勤務していたのは平成19年4月30日までであり、その後退職までは2年近くの期間があったことから、Y2の不法行為と、Xの退職との間に相当因果関係があるとまでは認められないとして、逸失利益まで損害に含めることは相当ではないと判断した。

判例からひもとく！留意点とポイント

本件は、控訴審においては、結論が逆転しています。

控訴審は、Y2の言動は、いずれもXの具体的なミスに対してなされたものであり、注意や叱責が長時間にわたったわけではなく、口調も常に強いものであったとはいえないとしました。

本判決でY2とY3及びY4との間での結論が分かれたことや控訴審の判断からも分かるように、業務上の指導と違法なパワハラの明確な線引きは困難です。

パワハラ該当性の判断においては、業務上の必要性の存否、言動の内容、叱責に要した時間等の詳細な事実関係の確認が肝要となります。

参照条文等

民法709条・715条

二 医療法人財団健和会事件

〈東京地判・平 21.10.15 労判 999 号 54 頁〉

事案の概要

被告病院Yの事務総合職として採用され稼働していたXが、試用期間中の採用取消しを不服として地位確認や未払賃金を請求するとともに、職場でのパワハラにより精神疾患に罹患したとして損害賠償請求をしたが、パワハラの事実はないとして損害賠償請求が棄却された事例。

争 点

①本件解雇の有効性、②職場のパワハラ・いじめ等に基づく損害賠償請求の肯否（以下②のみ取り扱う）

原告の主張

Yは、Xが配属された健康管理室において、必要な指導・教育を行わないまま職務に就かせ、業務上の間違いを誘発させたにもかかわらず、あげてXの責任として叱責し、2月10日ころからはXを無視して職場で孤立させるなどの謂れなき職場のいじめが始まり日常的・継続的に繰り返され、3月9日の面接での退職強要、3月13日に意図的にXの机の引き出しに鍵がかけられ、3月23日の面接での退職強要、3月26日以降も職場でのパワハラが続けられ、これを改善することもしなかった。これらにより、Yは、Xに対する安全配慮義務に違反した。

被告側の主張

Xの主張にかかるYの職場での日常的なパワハラや退職強要の事実は存在しない。

　Ｘの業務遂行についてＹによる教育・指導が不十分であったということはできず、Ｘの事務処理上のミスや事務の不手際は、いずれも、正確性を要請される医療機関においては見過ごせないものであり、これに対するＢ又はＥによる都度の注意・指導は、必要かつ的確なものというほかない。そして、一般に医療事故は単純ミスがその原因の大きな部分を占めることは顕著な事実であり、そのため、Ｂが、Ｘを責任ある常勤スタッフとして育てるため、単純ミスを繰り返すＸに対して、時には厳しい指摘・指導や物言いをしたことが窺われるが、それは生命・健康を預かる職場の管理職が医療現場において当然になすべき業務上の指示の範囲内にとどまるものであり、到底違法ということはできない。

結論

　パワハラに関し、Ｘの請求は認められない。

判例からひもとく！留意点とポイント

　本判決は、医療機関における業務の特性を踏まえ、パワハラ該当性を検討している点が参考となります。

　このように、業務上の必要性の検討においては、パワハラ指針も示すとおり、当該業務の性質を踏まえ、その必要性を検討することが必要となります。

参照条文等

　民法709条

㋭ 美研事件

〈東京地判・平20.11.11 労判982号81頁〉

事案の概要

化粧品の販売等を業とする株式会社Y1にて、平成17年4月から営業職である美容カウンセラーとして採用され勤務していた（以前は、Y1のテレフォンアポインター）Xが平成18年3月末日で解雇されたところ、部長職にあったY2や課長職にあったY3から人格を否定するような罵倒やいじめ等を受けたとされた事例。

争点

①Xの未払賃金の有無及び時間外労働の有無、②YらによるXに対するいじめ、退職強要等があり、不法行為を構成するか、③YらがXに対し、その優越的な地位を濫用して、不要な商品を売りつけたか、④Xの損害（以下②のみ取り扱う）

原告の主張

医薬品でない神草丸の営業トークで、薬効をうたうことは薬事法で禁止されているが、被告会社では堂々とこれをうたうトークマニュアルを配布し、そのようなセールストークを行わせていた。このことをXや一部のカウンセラーは疑問に思い、Y1に対し指摘し、質問したりした。これに対して、Y1（主としてY2及びY3）は、報復的な退職勧奨や、これに応じない者に対し仕事を与えないなどの退職強要に出た。これも拒否すると、正社員からアルバイトのテレフォンアポインターに降格され、反対した者は順次辞めていった。それでも辞めなかったXに対しては、いじめがエスカレートした。

Ｙらは、Ｘに対し退職強要やいじめをした事実はない。

判例要旨

1. 認定事実

(1) 平成17年10月、Ｃというカウンセラーから引き継いだＸが、業務連絡のために電話したＡという老人の顧客に電話したところ、同女から、以前の担当者のＣがした取引について、「詐欺商法である。」等として、解約したい旨のクレームがあった。Ｘは、上司のＹ２に指示を仰ぎ、これに従ってすぐ解約するという方向である旨をＡに示した。しかし、その後Ｙ１の本社からは、同女に解約を思いとどまらせるような電話を長時間にわたってかけてきた。

(2) 同年11月に、Ｙ１東京事業本部で会議が開かれ、本社からＴ専務が上京して出席し、同人は、会議の席上、Ｘが(1)の件で18万円の契約を解約したことを取り上げ、この損害をどうしてくれるんだ、と強く非難した。Ｘは、自分が解約させたのではないことを説明しようとしたが、同専務は聞いてくれず、Ｘがサプリメントアドバイザーの資格を持っていることから、営業成績が悪く、解約が多いのに上記資格を名乗っているとみんな笑っているなどと罵倒した。

(3) その後、Ｘに対し、Ｙ１東京事業本部のカウンセラーの中で、Ｘをのけ者にするようないじめが行われた。常時監視されているような状態に置かれ、新人のカウンセラーをＸに近づけさせないようにしたり、挨拶をしても返してくれないようになった。また、Ｙ２らは、同調するようなカウンセラーのことを、ろくでもない連中などと言っていた。

(4) 同年12月17日、Ｙ２及びＹ３は、東京事業部において、Ｘを呼び

つけ、「Xさんは嘘つきだ。私たちが会社のお金を横領して忘年会をしたと言った。」等と強く申し向けて、Xの名誉を毀損する言動を行った。

(5) 同月19日、本社のD部長からXに電話があり、テレフォンアポインターの職に移るよう命令された。同部長は、正社員としてのテレフォンアポインターであるとは少なくとも説明しなかった。テレフォンアポインターは、多くがパート又はアルバイトであり、Xもそのように理解していたため、この命令は正社員からの降格であると理解した。Xは、その前に労基署に相談しており、異動するよう命令があっても従う必要はない、命令は文書でもらうようにとのアドバイスを受けていたため、上記Dの命令を拒否し、文書での命令として交付することを求めた。そして、Y2に対し、異動しないでがんばる旨述べた。すると、T専務からXに電話があり、大声でXに対し「あなたがいると会社がつぶれてしまう。言うことを聞けなければ自宅待機だ。」と強く言われた。その後すぐにY2がXの席にやってきて、「あなたを必ず午後3時までにすべての荷物を持たせ、会社から出て行かせろ、と言われました。必ず午後3時までにすべての私物を持って出て行きなさい。」と告げた（Xは、これにより頸椎上がり症、腰部脊管狭窄症（重症）、椎椎間板ヘルニアと診断された）。

2. 評価

T専務、Y2及びY3が、Xに対し、その人格を否定するような罵倒やいじめを行ったものと認められる。また、Y1は、Xをテレフォンアポインターに正社員として配置換えしただけであるのか、Aの件で理由なく降格したのか、必ずしも明らかでないが、たとえ配置換えの趣旨であっても、Y1のD部長がXにテレフォンアポインターが正社員であることを説明していないことからすれば、Xが退職させるよう仕向けるための降格と捉えることは無理からぬものがあり、このことも、Xに精神

的苦痛を与えたものといえる。

　Xの損害として、慰謝料80万円等を認め、加えて、上記傷害により、当面働くことのできない状態になり、少なくとも1年は就労することができなかったものと認められるとして、Xの基本給の1年分225万6,000円を逸失利益として認め、Y1、Y2、及びY3の損害賠償責任を肯定。

判例からひもとく！留意点とポイント

　本件は、パワハラ6類型（217ページ）のうち、「人間関係からの切り離し」に該当する例と考えられます。

　人間関係からの切り離しについては、一般的に、業務上の必要性によって肯定する余地は少ないといえます。それゆえ企業としては、人間関係からの切り離し等によるいじめ等を発見した場合には、直ちに是正を図ることが必要となります。

　なお、本件は、上記のとおり、基本給の1年分の逸失利益が認められていますが、これは、傷害が認められたことによるためです。パワハラ一般にあてはまるわけではない点に留意が必要です。

参照条文等

　民法709条・715条・719条

へ 天むす・すえひろ事件

〈大阪地判・平 20.9.11 労判 973 号 41 頁〉

事案の概要

おむすびの製造・販売等を目的とする有限会社Y１との間で平成18年７月に雇用契約を締結し、同年11月から取締役統括部長として常勤していたX（昭和39年生）が、平成19年２月13日に、「不安（恐怖）抑うつ状態」と診断され、同年３月に退職したところ、代表取締役社長Y２がXに対し、職務に関して、肉体的疲労及び精神的ストレスを蓄積させ、健康状態を著しく悪化させるような言動を繰り返し行い、Xを精神疾患により就労不能な状態にし、退職を決意せざるを得ない状態にしたと判断した事例。

争 点

①移籍料について、支払に関する合意の内容、支払期の到来の有無、②移籍料に関する被告主張の当否、③原告主張の不法行為又は債務不履行の有無、④慰謝料の額（以下③のみ取り扱う）

原告の主張

Y２は、Xに対し、その職務において違法な侵害行為を継続して行い、よってXが不安抑うつ状態になり就労不能になる状態に至らせた。

Y１は、Xに対し、その職場環境を保持して、適正に職務を執行できるように配慮する法的義務を怠り、以上のようなY２の言動によって、Xの職場環境を著しく劣悪な状態にして、これを改善することなく、他の取締役もY２がXに対して精神的苦痛を与えるような言動をすることを防止しなかった。

Xの損害賠償に関する主張は、Y1への責任転嫁を図るために誇張されたものであり、失当である。

判例要旨

1. 認定事実

(1) Xは、1日8時間を超える長時間にわたり就労することが多く、また、未経験の業務内容が多く、業務遂行に当たりY2又は他の従業員の協力を十分に得られない状況にあった上、Y1の従業員がY2の言動等を理由に退職することが相次いだため、退職する従業員への対応に追われるなどした。

(2) Y2は、業務上の指示を突然に変更したり、独断で業務内容を決定することがしばしばあり、Xは、その都度、これに対応しなければならない状況におかれた。

(3) Y2は、Xに対し、平成18年12月ころ以降、Xの仕事振り等について、突然、一方的に非難したり、何かと不快感を露わにするといった態度を繰り返しとるようになった。

(4) Xは、平成19年2月13日、心療内科医師の診察を受け、「不安（恐怖）抑うつ状態」と診断され、同日、Y2にこの診断書を提出し、その際、Y2から、とりあえず1週間休みなさいと言われた。その後、Xは、自宅で療養していたが、この間も、Y2から、Y1の業務に関する指示等をFAXで受けたり、店長会議に出席するように命じられたりし、また、Y1の従業員との間で、業務上の連絡をFAXでやりとりしたりした。

2. 評価

これらによれば、Y2は、Xに対し、職務に関して、肉体的疲労及び

精神的ストレスを蓄積させ、健康状態を著しく悪化させるような言動を繰り返し行い、Ｘは、精神疾患により就労不能な状態になり、退職を決意せざるを得ない状態になったものと認められる。Ｙ２の上記行為は、違法にＸの権利又は法的利益を侵害したものとして、不法行為に当たると認めるのが相当である。

結論

Ｘの損害として、慰謝料150万円を認定し、Ｙ１のＸに対する損害賠償責任を肯定。

判例からひもとく！留意点とポイント

本件は、パワハラ6類型（217ページ）のうち、「過大な要求」に該当するものと考えられます。

本判決は、Ｘが退職する従業員への対応に追われるなどしていたこと、Ｙ２が業務上の指示を突然に変更したり、独断で業務内容を決定することがあったこと、休養中にもかかわらず業務上の指示をしていたことなどを認定しています。

休養中に業務上の指示をすることは当然問題といえますが、業務上の指示を突然に変更することは、あり得る行為といえます。

したがって、企業としては、業務上の指示や方針等を変更する場合には、当該変更により労働者の業務が過大となっているといえないかを検討する必要があります。

なお、本判決は、代表取締役の行為が不法行為に当たると判断し、代表者の行為についての損害賠償責任を定めた会社法350条の適用があった珍しい事案であったといえます。

会社法 350 条

⊢ プロクター・アンド・ギャンブル・ファー・イースト・インク（本訴）事件

〈神戸地判・平 16.8.31 労判 880 号 52 頁〉

事案の概要

Ｙ１にて市場調査業務等を担当していたＸが、上司であったＹ２から、仕事を与えられないまま、賃金上昇に関連する「ジョブ・バンド」職位を降下するという内容の「スペシャル・アサインメント」を提示され、あわせての退職勧奨を拒否したところ、他部門の単純事務作業に従事し、職位も降下する内容の「本件配転命令」を受けた点につき、人事権の濫用とした事例。

争点

①本件スペシャル・アサインメントが違法、無効か、②本件配転命令の有効性、③Ｘの賞与、④Ｙらの損害賠償責任の成否、⑤損害額（以下①のみ取り扱う）

原告の主張

本件スペシャル・アサインメントは、配転命令であるところ、配転命令は、労働の種類、場所等の労働条件の変更を伴うものであるから、これが許容されるためには、就業規則上ないし労働契約上の根拠が必要である。しかるに、Ｙ１の就業規則上ないしＸとの労働契約上、配転命令の根拠規定が見当たらない。よって、本件スペシャル・アサインメントは違法、無効である。

仮に使用者が、業務上の必要に応じ、その裁量により労働者の職務内容、勤務場所等を決定することができるとしても、使用者の配転命令権も無制約に行使できるものではなく、その行使が人事権の濫用に当たる場合には、当該配転命令は無効となると解される。本件スペシャル・アサイン

メントは、業務上の必要性が存せず、不当な動機・目的があり、Ｘが著しい不利益を被るため違法、無効である。

本件スペシャル・アサインメントは、形式的には、配転命令と解する余地もあるが、Ｘの上司は従前どおり被告Ｃであり、スペシャル・アサインメントといっても、特定の職責があるわけではなく、その内容は上司から命ぜられる職務に従事するというものであるから、その実質は待機命令というべきものである。

したがって、かかる職務命令に合理性、相当性があるかという観点から判断すべきであって、一般の配転命令と全く同じ判断基準でその有効性を判断すべきではない。Ｙ１としては、Ｘを実質的に待機とした上で、社内公募制度を活用し、Ｘ自身でも積極的に社内で新たな職を探すよう指示したのであり、当時の状況において合理的な措置であったといえる。

本件スペシャル・アサインメントには、業務上の必要性が存在し、不当な動機・目的によるものでもなく、Ｘが通常甘受すべき程度を超える不利益を被らないため有効である。

判例要旨

1. 本件スペシャル・アサインメントは、Ｘに対し、従前の職務を変更して、Ｙ１に出勤した上で社内公募制度を利用して社内で他の職務を探すことを新たな職務とし、職場の移動も命じており、また、職位をバンド３からバンド１に変更していることからすると、新たな職務の特殊性を考慮しても、単なる待機命令であるとはいえず、Ｘの職種の変更をもたらすもので、配転命令に当たるというべきである。

2. 本件スペシャル・アサインメント発令の時点で、Ｘがなすべき職務がなかったとはいえず、それにもかかわらず、Ｙ１が、早々にＸに従前の

仕事を止めさせ、もっぱら社内公募制度を利用して他の職務を探すことだけに従事させようとしたのは、実質的に仕事を取り上げるに等しく、いたずらにXに不安感、屈辱感を与え、著しい精神的圧力をかけるものであって、恣意的で合理性に欠けるものというべきである。

　Y1はXに対し、Xに社内公募制度を利用して新たな職務を見付けるよう指示しているが、社内公募制度の利用は、通常の職務を継続しながらでも可能であり、あえて、それに専念させる必要はなく、むしろ、それだけに専念すると、勤務時間の多くを無為に過ごさざるを得なくなり、それは、Xに強い疎外感や心理的圧迫感をもたらすであろうと思われる。

　Y1としては、Xが退職勧奨に応ずることを拒否し、Y1に残ることを明言している以上、自ら、Xの意見を聴取し、社内の各部門、部署に当たるなどして業務上の必要性や適正な人材配置を検討し、Xのために新たな職務を確保すべきであったと考えられる。

　以上により、本件スペシャル・アサインメントは、業務上の必要性を欠いていたと認めるのが相当である。

3.　本件スペシャル・アサインメントは業務上の必要性がないのになされた不合理なものであり、Xに通常の業務をさせず、新たな職務を探すことに専念させることは、いたずらにXの不安感を煽り、著しい精神的圧力をかけるものであること、Y1には、Xのために自ら新たな職務を確保しようとする積極的かつ真摯な姿勢がみられないこと、Y1は、Xに社内公募制度を利用して新たな職務を探すことを指示しているが、Y1が退職勧奨の対象とした者に対し、新しい職務を見付けることに協力する部署があるかは疑問であること（その意味でも、Y1が主体的にXのために新たな職務を確保する努力をなすべきであった）、もし、Xが社内公募制度を利用しても所定の期間内に新たな職務を見付けることができなかったときは、いよいよ退職せざるを得ない立場に事実上追い込まれる

こと、Ｙ１は、本件スペシャル・アサインメントにより、Ｘの職位をバンド３からバンド１へ低下させ、また他の職員から切り離された場所への席替えを指示していること、そして、Ｙ１のこのような処置が、Ｙ２によるＸに対する退職勧奨に引き続いて行われているところ、Ｘが、退職勧奨に応じないことを明言したからといって、Ｙ１がＸを退職させる方針を直ちに放棄したとは想定し難いことなどを考慮すると、本件スペシャル・アサインメントは、Ｘに不安感、屈辱感を与え、精神的圧力をかけて任意退職に追い込もうとする動機・目的によるものと推認することができる。

4.　Ｘは、本件スペシャル・アサインメントにより、職位をバンド３からバンド１に低下させられたところ、給与額の減額はないものの、バンド３とバンド１とは給与レンジが重ならないから、将来の昇給の可能性がないことになり、経済的に不利益がある。

　　さらに、Ｘは、本件スペシャル・アサインメントにより、ＭＤＯ―ＣＭＫのシニア・マネジャーとして専門性の高い職務に従事していたのに、そのような従前の職務のみならず、他の通常の職務も与えられず、新たな職務を探すことだけに従事させられたものであり、自己の能力を発揮する機会を与えられず、正当な評価を受ける機会が保障されないという職業生活上の不利益を受けたものということができる。

結論

　Ｘが、能力を発揮し、昇給の機会を得ることができなかった無形の損害を50万円とし、不安感や屈辱感、精神的圧力等を味わったことによる精神的苦痛に対する慰謝料を100万円として、Ｙ１及びＹ２の損害賠償責任を肯定。

　本件スペシャル・アサインメントは、パワハラ6類型（217ページ）のうちの「過小な要求」として位置付けることができます。

　過小な要求といえるかどうかは、パワハラ指針がパワハラに該当しない例として「労働者の能力に応じて、一定程度業務内容や業務量を軽減すること。」と示すように、能力に応じているかどうかが重要となります。

参照条文等

　民法 709 条

豊前市（パワハラ）事件

〈福岡高判・平 25.7.30 判タ 1417 号 100 頁〉

事案の概要

地方公共団体の被控訴人（Ｙ１）の総務課長（Ｙ２）が、Ｙ１の男性職員（離婚歴があり、当時、同じくＹ１の職員であるＡと交際）であるＸ（昭和 43 年生）に対し、交際に介入するごとき言動を避けるべき職務上の義務があったにもかかわらず、これに違反したことについて、国家賠償法上の違法性を認めた事例。

争点

①事実経過、②不法行為の有無、③Ｙ側の行為とＸの症状との因果関係、④損害額（以下②のみ取り扱う）

控訴人の主張

省略【一審が確認できないため】

被控訴人の主張

省略【同上】

判例要旨

1. 認定事実

⑴　ＸとＡは、平成 20 年 4 月ころより交際していた。

⑵　Ｘは、同年 7 月、勤務時間中にＹ２に呼び出され、市民から「Ａと男性が、市営団地の建物の前で抱き合うなどしていた。」という市民からの通報があったとして、事情を聴かれた。その際、Ｙ２は、Ｘに対し「Ｘが、Ａと市営団地の前で抱き合ってキスをしているとの市民からの通報があった。入社して右も左も分からない若い子を捕まえ

て、だまして。お前は一度失敗しているから悪く言われるんだ。うわさになって、美人でもなくスタイルもよくないＡが結婚できなくなったらどうするんだ。」と言った。これに対し、Ｘが、上記抱き合うなどしていたとの事実を否定したのに対し、Ｙ２は「通報者がうそを言っているのか。お前がうそを言っている。」と決めつけた。

(3) Ａは、平成21年8月、勤務時間中にＹ２から呼び出され、ＡとＸとの関係について尋ねられた。面談の際、Ｙ２は、Ａに対し「あいつ（Ｘ）は危険人物だぞ。これまでもたくさんの女性を泣かせてきた。Ｙ市のドン・ファンだ。（Ａを、福祉課から市民健康課に）異動させたのも、そのせいだ。」「向こうの親はＸとＡの交際を知っているのか。」「もっと他に友達を作って何でも相談するようにしなさい。自分を飲みに誘ってくれてもいい。」などと話した。

2. 評価

　Ｙ２のＸ及びＡに対する面談は、いずれも、市民からの通報を端緒としこれに対する対応のためになされたものである。

　Ｙ１においては、市長の方針により、市民からのＹ１に対する要望や苦情があった場合に積極的に対応することとしていたところ、その窓口は総務課であり、Ｙ２はその責任者であったから、上記面談においてＹ２に故意又は過失による職務上の義務違反が認められる場合、Ｙ１はＹ２に対し国家賠償法1条1項により賠償責任を負うものである。

　本件についてこれを見るに、ＸとＡはいずれも成年に達している者であるから、その交際はＸらの自主的な判断に委ねるべきものであり、その過程でＸあるいはＸの職場への悪影響が生じこれを是正する必要がある場合を除き、Ｙ２としては、面談において、上記交際に介入するごとき言動を避けるべき職務上の義務があるところ、本件全証拠によるも上記悪影響が生じていたとは認められない。

そうすると、上記面談におけるＹ２の言動は、いずれも、上記義務に反するＸに対する誹謗中傷、名誉毀損あるいは私生活に対する不当な介入であって国家賠償法上違法であり、Ｙ２の故意によるＸの人格権侵害であるから、Ｙ１はＸに対し損害賠償義務を負うものである。

結論

　Ｘの損害を慰謝料30万円として、Ｙ１の損害賠償責任を肯定。

　本件は、パワハラ６類型（217ページ）のうち、「個の侵害」に該当する典型例と考えられます。

　本件は、面談の目的が市民からの通報を端緒とし、これに対する対応のためになされたものであることが前提となっている点には留意が必要ですが、本判決がＹ２の言動について、「誹謗中傷、名誉毀損あるいは私生活に対する不当な介入」と評価した点は参考となります。

参照条文等

　国家賠償法１条１項

③まとめ

　以上のとおり、パワハラに該当するかどうかは、個別具体的な判断が必要となります。

　結局のところ、パワハラ指針が示すように、パワハラかどうかは、当該言動の目的、当該言動を受けた労働者の問題行動の有無や内容・程度を含む当該言動が行われた経緯や状況、業種・業態、業務の内容・性質、当該言動の態様・頻度・継続性、労働者の属性や心身の状況、行為者と

の関係性等を総合的に考慮し決するほかありません。

また、その際には、個別の事案における労働者の行動が問題となる場合は、その内容・程度とそれに対する指導の態様等の相対的な関係性が重要な要素となることについても留意が必要です。

❷ 会社固有の責任

以上みてきたとおり、従業員の行為に不法行為としてのパワハラが肯定されるようなケースでは、会社も、使用者責任、固有の不法行為責任等に基づき、被害者に対し、損害賠償責任を負うケースが多いです。

もっとも、次の例が示すとおり、会社固有の法的責任が肯定される例が存在することには、留意が必要です。会社固有の法的責任が肯定されてしまうと、会社のレピュテーションも大きく低下するリスクが想定されます。

㋑ ゆうちょ銀行事件

〈徳島地判・平 30.7.9 労判 1194 号 49 頁〉

事案の概要

銀行（Y）のあるセンターの総務課にて（平成 25 年 7 月 1 日付異動）、貯金申込課の主任として勤務していた A（昭和 47 年生）が、平成 27 年 6 月 22 日に実家で自殺（死亡時 43 歳）したことについて、A の配属時から死亡時までの主査である G 及び H の一連の叱責が、業務上の指導の範囲を逸脱し、社会通念上違法なものであったとまでは認められないとして両人の不法行為責任を否定したものの、係長の F において、A の体調不良や自殺願望の原因が G や H との人間関係に起因するものであることを容易に想定できたものといえ、A の上司である D（A の配属から平成 27 年 3 月までの課長）や F としては A の執務状態を改善

し、Aの心身に過度の負担が生じないように、同人の異動をも含めその対応を検討すべきであったといえるところ、DやFは、一時期、Aの担当業務を軽減したのみで、その他にはなんらの対応もしなかったとして、Yの安全配慮義務違反を肯定した事例。

争点

①Yの使用者責任・債務不履行責任の有無、②Aの損害（以下①のみ取り扱う）

原告の主張

G及びHは、Aに対し、継続的にハラスメントを加えた。これらは、上司の部下に対する業務上の指導、指示などとは無縁の理不尽な誹謗中傷やいびり倒しという違法なものであった。

Yは、Aに対し、労働契約に伴い、労働者がその生命、身体等の安全を確保しつつ労働することができるように必要な配慮をする義務を負っており（労契法5条）、雇用契約上、労働者であるAが良好な職場環境の中で稼働することができるようにする職場環境配慮義務を負っていた。G、H、F及びE（平成27年4月以降の課長）は、いずれもYの履行補助者であるところ、G及びHはAに対し本件ハラスメントを行い、F及びDは本件ハラスメントを知りながらその防止措置をとらなかったのであるから、Yには、上記職場環境配慮義務違反があり、被告は債務不履行による損害賠償責任を負う。

G及びHによる本件ハラスメントと、F及びDによる本件ハラスメントの防止措置懈怠は、いずれもAに対する不法行為であり、かつYの業務の執行過程におけるものであるから、Yは民法715条1項に基づく使用者責任を負う。

被告側の主張

Xの主張は否認ないし争う。

G及びHの指導や指示は、業務上の必要性に基づき、相当な方法でなされ

たものであって、Aに対して精神的・身体的に苦痛を与えたり、職場環境を悪化させたりするものではなく、ハラスメントには該当しない。Yには、ハラスメントに関する相談窓口や内部通報窓口が設置されているが、Aから本件ハラスメントについて相談がなされたことはなかったものである。

G及びHがハラスメント行為を行っていない以上、F及びEが、ハラスメント行為が行われているのを知りながら放置したこともない。

判例要旨

1. 使用者責任の有無

G及びHは、日常的にAに対し強い口調の叱責（「ここのとこって前も注意したでえな。確認せんかったん。どこを見たん。」「どこまでできとん。何ができてないん。どこが原因なん。」「何回も言ようよな。マニュアルをきちんと見ながらしたら、こんなミスは起こるわけがない。」等）を繰り返し、その際、Aのことを「△△っ」と呼び捨てにするなどもしており、部下に対する指導としての相当性には疑問があるといわざるをえない。しかし、部下の書類作成のミスを指摘しその改善を求めることは、Yにおける社内ルールであり、主査としての上記両名の業務であるうえ、Aに対する叱責が日常的に継続したのは、Aが頻繁に書類作成上のミスを発生させたことによるものであって、証拠上、GやHが何ら理由なくAを叱責していたというような事情は認められない。そして、G及びHのAに対する具体的な発言内容はAの人格的非難に及ぶものとまではいえないことや、他の者の業務に支障が出ないように静かにすることを求めること自体は業務上相当な指導の範囲内であるといえることからすれば、GやHのAに対する一連の叱責が、業務上の指導の範囲を逸脱し、社会通念上違法なものであったとまでは認められない。

2. 債務不履行責任の成否

　雇用者には、労働契約上の付随義務として、労働者が、その生命、身体等の安全を確保しつつ、労働することができるよう必要な配慮をする義務があるから（労契法5条参照）、雇用者であるYは、従業員であるAの業務を管理するに際し、業務遂行に伴う疲労や心理的負荷が過度に蓄積してその心身の健康を損なうことのないように注意する義務があるところ、雇用者の補助者としてAに対し業務上の指揮監督を行うF（預金申込課の運行担当の係長）やD（預金申込課の課長）には、上記の雇用者の注意義務に従いその権限を行使する義務があるものと解するのが相当である。

　Aは、G及びHから日常的に厳しい叱責を受け続けるとともに、他の社員よりも多くの「ありがとうシート」（他の従業員からの指摘で組織全体としての過誤の発生を防止できた場合であっても、事務処理上のミスを発生させた従業員は、ミスの内容やその原因、改善点等を記載した「ありがとうシート」と題する報告書を作成し、翌日の朝のミーティングで報告することになっていた）を作成していたが、G、H及びAの近くの席で仕事をしていたD及びFは、上記のようなAの状況を十分に認識していた。また、「ありがとうシート」の作成について運行担当の上司の部下に対する対応に問題がある旨の投書がなされただけでなく、Fは、GやHがAに対する不満を述べていることも現に知っていた。

　そして、Aは、徳島に赴任後わずか数か月で、愛媛県地域センターへの異動を希望し、その後も継続的に異動を希望し続けていたが、徳島に赴任後の2年間で体重が約15kgも減少するなどFが気に掛けるほどAが体調不良の状態であることは明らかであったうえ、平成27年3月には、FはIからAが死にたがっているなどと知らされてもいた。

　そうすると、少なくともFにおいては、Aの体調不良や自殺願望の原

因がGやHとの人間関係に起因するものであることを容易に想定できたものといえるから、Aの上司であるDやFとしては、上記のようなAの執務状態を改善し、Aの心身に過度の負担が生じないように、同人の異動をも含めその対応を検討すべきであったといえるところ、DやFは、一時期、Aの担当業務を軽減したのみで、その他にはなんらの対応もしなかったのであるから、Yには、Aに対する安全配慮義務違反があったというべきである。

結 論

逸失利益3,582万5,774円、慰謝料2,000万円、弁護士費用560万円を損害として認定し、Yの損害賠償責任を肯定。

判例からひもとく！留意点とポイント

本判決は、上司のパワハラ該当性を否定しつつも、会社の責任を認めている点に特徴があります。

まず、本判決は、G及びHの言動について、A自身のミスが頻繁にあったこと、その内容が人格的非難に及んでいないこと等を考慮し、パワハラ該当性を否定しました。

そして、本判決は、Aの当時の状況等を詳細に認定した上で、「少なくともFにおいては、Aの体調不良や自殺願望の原因がGやHとの人間関係に起因するものであることを容易に想定できたものといえる」と判断しました。

このことから、企業においては、ＳＯＳを出している従業員への配慮が強く求められるといえます。

参照条文等

民法415条、労契法5条

一方で、結論として、使用者責任に基づき会社の責任を認めたものの、パワハラの予防を評価し、安全配慮義務違反自体の成立を否定した次の例もあります。

▢ 関西ケーズ電気事件

〈大津地判・平 30.5.24 労経速 2354 号 18 頁〉

事案の概要

電機製品等の販売等を目的とする株式会社である被告会社に平成 24 年 11 月に入社した亡 B（昭和 40 年生）が平成 27 年 9 月 29 日に自死した点につき、亡 B の上司であった店長 Y 1（平成 8 年入社、平成 24 年 12 月 6 日に本件店舗の店長に就任）が亡 B に対し、注意書の徴求、望まないシフト変更、叱責を行ったことがパワハラとは評価できないとした一方で、競合店舗の価格調査の強要が不法行為に該当するとした事例（被告会社の安全配慮義務は否定した事例）。

争点

①Y 1 の亡 B に対するパワハラの存否、②被告会社におけるパワハラ防止体制の存否、③因果関係の存否、④損害の有無及び額（以下①及び②を取り扱う）

原告の主張

注意書の徴求には、業務上の必要性及び相当性はない。

Y 1 が亡 B に競合店舗の価格調査業務を専任で担当させようとした行為は、適正な業務の範囲を超えた業務を、当該業務に対して忌避感を有する亡 B に対してあえて命じたものであって、パワハラに該当する。

Y 1 は、日曜日に出勤することを望まないスタッフにあえて日曜出勤を

命じ、日曜日に出勤することを希望していた亡Bをあえて日曜出勤から外したのであって、かかるシフト変更には何ら合理的な理由がなく、Y1による亡Bに対するパワハラの一環であると評価すべきである。

大声で叱責したり、12時間にわたって注意を行う必要性や相当性があるとは考えられず、Y1による亡Bに対するパワハラの一環であると評価すべきである。

被告会社は、営業店舗内で上司によるパワハラ等の不法行為が発生しないよう、従業員に対する研修などの機会を設けてこれを未然に防止するとともに、営業店舗内でパワハラ等が生じていないか注視し、問題が生じていればこれを是正し、また、パワハラ等の被害者が救済を求めることができるような苦情対応の体制をとる安全配慮上の義務があるのにこれを怠り、必要な未然防止策を講じず、Y1によるパワハラが発生している事実に気付かず、これを是正する措置もとらず、亡Bが救済を求めることができるような苦情対応の体制も構築していなかった。

被告の主張

Y1は、亡Bが不適正な行為を繰り返したため、その内容を注意書として記録に残したものであるが、亡Bの不適正な行為は些細な問題ではなく、注意書は、Y1が業務上の必要性から亡Bに作成させたものであり、パワハラではない。

Y1は、亡Bに対して、業務上の必要性から、価格調査業務への配置換えについて意向打診したものであるし、これを無理強いしたこともないのであるから、およそパワハラとは評価されない。

事業者が業務上の必要性やパートナー従業員の意向を聴取しながら、パートナー従業員の勤務日を調整し、シフト表を組むのは裁量の範囲に属し、そのシフト表に同意できないからといって、これがパワハラであるとする主張には理由がない。また、Y1は、平成27年9月28日、亡Bから

休日の取扱いについて申出があった際、どうしてもというのであれば変更を考える旨伝えたが、亡Bはもうそのままでよいと答えたのであり、シフト変更については解決している。したがって、かかる観点からも、出勤日の一方的な変更があり、これがパワハラであるとする主張には理由がない。

Xの主張は、いつ、どこで、どのような内容の言葉で叱責が行われたのか明らかでなく、主張自体失当であるし、そもそも、Y1が亡Bに対して大声で叱責したことなど一度もない。

判例要旨

1. 注意書の徴求について

亡Bが、被告会社における業務を遂行するに当たって、社内の規定や取扱いに反する不適正な処理を行っていたことが認められるのであり、亡Bに対し、かかる行為が不適正なものであることの自覚を促し、今後の改善を図る必要があったことは否定できないというべきである。

被告会社における注意書とは、従業員に今後の改善策を検討させるにとどまるものであって、顛末書や始末書のような性質を有するものではないことにも鑑みると、本件において、Y1が亡Bをして3通の注意書を作成させた行為は、業務上の必要性及び相当性が認められる行為であると解するのが相当であり、Y1による亡Bに対するパワハラの一環であると評価することはできない。

2. シフト変更について

単にY1が亡Bの希望に反する本件シフト変更を行ったことのみをもって、それ自体がY1による亡Bに対するパワハラの一環であったと評価することはできない。

3. 叱責

Y1が、亡Bに対して、声を荒げて大声で叱責することがあったことが

認められる。その態様としてはある程度強いものであったといえるが、あくまで、何度も不適切な処理を繰り返した亡Bに十分な反省が見られず、「売ってるからいいやん」と反論されたため、一時的に感情を抑制できずにされた叱責にすぎないというべきである。

　また、その内容としては、亡Bがテレビのリサイクル料金について不適正な処理を行おうとしたことについてのものであり、叱責の内容自体が根拠のない不合理なものであったというわけでもない。

　そして、それ以外に、大声での叱責が反復継続して繰り返し行われていたとか、他の従業員の面前で見せしめとして行われていたなど、業務の適正な範囲を超えた叱責があったことを窺わせる事情を認めるに足りる証拠はない。

　そうすると、亡BにもY1に叱責を受けてもやむを得ない部分があったことは否定できず、一時的に感情を抑制できずに声を荒げて大声で亡Bを叱責したというだけで、それがY1による亡Bに対するパワハラの一環であったと評価することはできない。

4.　価格調査業務への配置換えについて

　Y1が亡Bに意向打診した際に説明した価格調査業務の内容は、ほぼ毎日競合店舗に赴き、電池1個から4Kテレビまで全ての商品についての価格調査をし、5ないし6時間はでかけて行うといった態様のものであり、被告会社の親会社である訴外株式会社bが編成するマーケットリサーチプロジェクトチームの業務内容に匹敵する業務量であるにもかかわらず、これをLP1人が地域で競合する1店舗のみに専従するという意味において、極めて特異な内容のものであった。

　そうすると、たとえ、Y1に、亡Bに対して積極的に嫌がらせをし、あるいは、本件店舗を辞めさせる意図まではなかったとしても、本件配置換えの結果、亡Bに対して過重な内容の業務を強いることになり、こ

の業務に強い忌避感を示す亡Bに強い精神的苦痛を与えることになるとの認識に欠けるところはなかったというべきである。

　したがって、Y1による本件配置換え指示は、亡Bに対し、業務の適正な範囲を超えた過重なものであって、強い精神的苦痛を与える業務に従事することを求める行為であるという意味で、不法行為に該当すると評価するのが相当であるというべきである。

5. パワハラ防止体制について

　被告会社においては、店長等の管理職従業員に対してパワハラの防止についての研修を行っていること、パワハラに関する相談窓口を人事部及び労働組合に設置した上でこれを周知するなど、パワハラ防止の啓蒙活動、注意喚起を行っていることが認められるし、本件においても、亡BはY1からの本件配置換え指示について、パワハラに関する相談窓口となっている被告会社労働組合のD書記長に対して相談したところ、D書記長は、これを受けてG部長に対して本件配置換えを実行させないように指示されたいとの連絡をしているのであって、被告会社における相談窓口が実質的に機能していたことも認められる。

　以上によれば、被告会社としては、パワハラを防止するための施策を講じるとともに、パワハラ被害を救済するための従業員からの相談対応の体制も整えていたと認めるのが相当であるから、被告会社の職場環境配慮義務違反を認めることはできない。

結論

　亡Bの損害として、慰謝料100万円を認め、被告会社とY1の損害賠償責任を肯定。

　Ｙ１のパワハラとして認定された行為は、パワハラ６類型（217ページ）のうち、「過大な要求」に該当すると考えられます。

　本件は、結論として、会社の使用者責任を肯定しましたが、パワハラ防止体制に関する安全配慮義務違反は否定しました。

　このように、会社として安全配慮義務違反を免れるという点は、会社のレピュテーションにも影響する問題といえ、企業としては体制の整備が肝要となります。

参照条文等

民法709条・715条

❸ 企業の対応

①企業のパワハラ対応

　会社が相談窓口を設置し、労働者からパワハラについての相談がなされたとき、会社は、パワハラ指針に基づき、迅速かつ適切な対応を行う必要があります。

　具体的には、まず、相談者の心身の状況や当該言動が行われた際の受け止めなどその認識にも適切に配慮しつつ、事案に係る事実関係を迅速かつ正確に確認すること（確認が困難な場合などにおいて、法第30条の6に基づく調停の申請を行うことその他中立な第三者機関に紛争処理を委ねること）が必要となります。

　パワハラが生じた事実が確認できた場合においては、速やかに被害を受けた被害者に対する配慮のための措置を適正に行うこと（被害者と行為者を引き離すための配置転換、行為者の謝罪、被害者の労働条件上の不利益の回

復等）が必要となります。

　加えて、行為者に対しても、適正な措置を行わなければなりません。適正な措置としては、被害者と行為者を引き離すための配置転換、行為者の謝罪等が想定され、行為者に対する懲戒処分の検討も必要となります。

②パワハラと懲戒処分

　懲戒処分は、当該懲戒に係る労働者の行為の性質及び態様その他の事情に照らして、客観的に合理的な理由を欠き、社会通念上相当であると認められない場合は、その権利を濫用したものとして、無効となります（労契法15条）。

　以下では、パワハラを理由とする懲戒処分の有効性判断に係る裁判例を紹介します。

⊘ M社事件

〈東京地判・平 27.8.7 労経速 2263 号 3 頁〉

事案の概要

不動産の所有、管理及び賃借等を目的とする Y の「理事（8 等級）、担当役員補佐兼丸の内流通営業部長」という地位にあった X（平成 3 年 12 月に Y に入社）に対するパワーハラスメントを理由とする降格処分が有効とされた事例。

争点

①確認の利益、②パワハラの存否、③懲戒事由該当性、④本件処分の相当性、⑤本件処分の適法性（以下④のみ取り扱う）

　軽い懲戒処分として「けん責」処分等や、懲戒処分に至らないまでの訓戒等が存在するにもかかわらず、Ｙは、これらの処分の検討をすることもなく、いきなりＸに「降格」処分を行った。本件処分の内容は、Ｘの地位を「理事」から「副理事」に「降格」させたものであり、同処分に伴い、Ｘの役職についても「担当役員補佐」から２段階下の「担当部長」へと大幅な降格がなされた。

　Ｘは、本件処分によって被る損害は、どんなに少なく見積もっても300万円を超えるのは確実である。

　本件処分前の支給月額及び賞与基準額を基にＸの被った損害を算出すると、79万2,738円（給与の損害額）＋185万9,789円（賞与の損害額）＝265万2,527円である。なお、通常の昇給があれば、Ｘの等級号俸は、平成25年4月から8等級25号俸（支給月額が22号俸より6,900円多い）、平成26年4月から8等級28号俸（支給月額が22号俸より1万3,800円多い）となっていることから、給与及び賞与の損害額はさらに大きくふくらむことになる。

　年収の大幅減少もさることながら、「理事」と「副理事」では月額給与に大きな差額が生じることから、現在の賃金だけでなく、その後を通じた生涯賃金や退職後の年金支給額まで含めて換算すると、本件処分により、Ｘは数千万円単位の損害を被った。

　本件言動は、Ｘが一般仲介事業グループ担当役員補佐の地位に基づいて、部下である数多くの管理職、営業マンに対して、広範囲にわたり、また、平成23年4月以降平成24年11月まで継続的に行った「パワハラ」に相当する言動である。

　本件言動は、そのほとんどが、部下に対する職務執行に絡む単なる「いじめ」、「嫌がらせ」ではなく、「究極のハラスメント」ともいえる退職を意

図したものであって、退職を強要しこれを執拗に迫ったものである。

　本件言動によって、Ｃ氏がカウンセリングを継続的に受けざるを得ず、他の者も精神的苦痛を受けるなどした。また、浦和流通営業部、横浜流通営業部及び大手町営業室における従業員のやる気、活力などを含むＹの職場全体の環境、規律に悪影響を及ぼした。

　Ｙは、Ｘを含む全従業員に対し、本件言動を含むハラスメントに関し、就業規則違反の言動に該当する重大なコンプライアンス違反であると指摘し、書面を作成配布して指導啓発に努めてきた。Ｘを含む管理職にも研修を実施し、指導啓発を強化していた。ハラスメントのない職場作りがＹの経営上の指針であることも明確にした。

　Ｘは、自らの地位、職責から率先してハラスメント防止に努める外に、他の管理職に対して、快適な職場作りを目指してハラスメントを行わないよう指導、教育すべきであったにもかかわらず、Ｙの期待を裏切り、数々の指導、教育を無視し、真っ向から相反する言動を取り続けた。本件処分は相当である。

判例要旨

　Ｘの一連の言動は、一般仲介事業グループ担当役員補佐の地位に基づいて、部下である数多くの管理職、従業員に対して、長期間にわたり継続的に行ったパワハラである。Ｘは、成果の挙がらない従業員らに対して、適切な教育的指導を施すのではなく、単にその結果をもって従業員らの能力等を否定し、それどころか、退職を強要しこれを執拗に迫ったものであって、極めて悪質である。

　Ｘの各言動によってＸの部下らは多大なる精神的被害・苦痛を被った。すなわち、Ｃ氏はカウンセリングを継続的に受けざるを得ない状況に陥った。Ｄ氏は退職約束文書を無理やり作成させられた上に、約束した成果を

達成できなかったD氏は、退職約束文書を根拠にXから執拗に退職を迫られた。また、Xは、E氏に対しても暗に退職を迫り、F氏には他の従業員のいる前でさらし者にして退職を示唆する発言をした。G氏及びH氏に対しては「どこにも行き場所の無い人の為に作った部署で、売上をやらなければ会社を辞めさせることがミッション」などという通常想定し難い理不尽な要求・指示を行った。のみならず、部会でのXの発言からは、浦和流通営業部、横浜流通営業部及び大手町営業室における従業員のやる気、活力などを含む被告の職場全体の環境、規律に悪影響を及ぼしたことも推認できる。

　部下である従業員の立場にしてみれば、真面目に頑張っていても営業成績が残せないことはあり得ることであるが、さりとて、それをやむを得ないとか、それでも良しとは通常は考えないはずである。成績を挙げられないことに悩み、苦しんでいるはずである。にもかかわらず、数字が挙がらないことをただ非難するのは無益であるどころか、いたずらに部下に精神的苦痛を与える有害な行為である。部下の悩みを汲み取って適切な気付きを与え、業務改善につなげるのが上司としての本来の役目ではないかと考える。X自身も営業職として苦労した経験はあるだろうし、それを基に、伸び悩む部下に気付きを与え指導すべきものである。

　Yは、パワハラについての指導啓発を継続して行い、ハラスメントのない職場作りが被告の経営上の指針であることも明確にしていたところ、Xは幹部としての地位、職責を忘れ、かえって、相反する言動を取り続けたものであるから、降格処分を受けることはいわば当然のことであり、本件処分は相当である。

結論

　懲戒処分を有効として、Xの請求を棄却。

　本件は、会社がパワハラについて指導啓発を継続的に行い、ハラスメントのない職場作りを経営上の指針であることを明確にしていたこと、Xの地位、その言動の内容、結果等に着目し、処分の相当性を肯定しました。

　パワハラについての啓発活動が懲戒処分の有効性に影響を与えた点は、参考となります。

参照条文等

労契法 15 条

◻ Y社事件

〈東京地判・平 28.11.16 労経速 2299 号 12 頁〉

事案の概要

Xが部下4名に対し、「お前、アホか」と言ったり、「私は至らない人間です」という言葉を何度も復唱させる等した行為につき、前にもハラスメント行為により会社から厳重注意処分を受け、今後同様の行為を行った場合には厳しい処分が下り得ることの警告を受けたにもかかわらず同行為を行ったことにつき、被害者の従業員が適応障害となったこと等も考慮し、懲戒解雇を有効とした事例。

争 点

本件懲戒処分及び本件解雇の有効性。

原告の主張

そもそもXが部下に行った指導は、部下の人格や尊厳を傷つけたり、理不尽な言動を伴うものではなく、社会的に相当な範囲での言動をもって指導を行っていたにすぎない。したがって、Xの言動は、被告就業規則72条8号（理不尽な言動により精神的苦痛を与える行為）に該当する行為とはいえない。

Xは、Yに移籍して以来、Yから数多くの理不尽、不合理な指示や扱いに対し、不満を言ったり言い訳をするのではなく、乗り越え目標を達成することで周りを認めさせていく方針を採った。そのためには、部下に対し、従来の手法を改め、原告が所属する部署のやり方を教え、交渉技術等のスキルを上げ、大きな成果が出せるように、時には強い口調で指導する必要があった。しかし、Xの言動は、あくまで部下を指導し成長させることを目的としたものであり、部下の人格を否定したり、プライベートなことを

否定するような理不尽な言動をしたことはない。このように、Xの部下に対する言動は、十分な背景をもって指導を行った際のものであり、社会的に相当な範囲のものであることが明らかである。

Xは、所属部署の部下に対し、日々高圧的な態度を示し、以下の期間に、特に執拗かつ強度に加害行為を行った。①Cに対し、平成25年7月頃から平成26年3月頃まで約9か月間、②Dに対し、平成25年10月頃から平成26年3月頃まで約6か月間、③Eに対し、平成26年11月頃から平成27年6月頃まで約8か月間、④Fに対し、平成27年3月頃から同年5月末頃まで約3か月間、⑤Gに対し、平成27年2月頃から同年7月頃まで約6か月間。

Xが譴責等処分事由を2回以上繰り返し、懲戒解雇事由に該当することや、Xの行為の悪質性、被害の重大性に鑑みれば、Xに対する処分としては、懲戒解雇処分が相当である。

1. Xの部下4名に対する言動は、就業規則72条8号が禁止する「理不尽な言動により精神的苦痛を与える」に該当し、Yの定める就業規則に違反する行為として、譴責等処分事由に該当する。

2. 就業規則87条2号は、諭旨退職又は懲戒処分事由として、「譴責等処分事由の複数に該当したとき、又は同一事由を2回以上繰り返したとき」を挙げる。

   Xは、平成26年3月に譴責等処分事由に該当する自らのハラスメント行為につき、厳重注意処分を受け、かかる行為が不適切なハラスメント行為に当たり、今後同様の行為を行った場合には厳しい処分が下り得ることの警告を受けたにもかかわらず、再度他の部下2名に対するハラス

メント行為に及んだのであるから、就業規則87条2号にいう「同一事由を2回以上繰り返したこと」に該当することが明らかである。

3. Xの部下4名に対する言動は、その内容に照らして相手の人格や尊厳を傷つける理不尽なものであり、その対象が部下の生き方自体やプライベートな事項にまで及んでいることも考慮すると、業務上正当な指導や叱責として許容される範囲を超えるものであることが明らかである。

4. Xは、平成26年3月末にC及びDに対するハラスメント行為によりYから厳重注意を受け、顛末書まで提出したにもかかわらず、そのわずか1年余り後に再度F及びEに対するハラスメント行為に及んでおり、短期間に複数の部下に対するハラスメント行為に及んだ態様は悪質というべきである。また、Xによる上記行為の結果、Fは別の部署に異動せざるを得なくなり、Eに至っては適応障害に罹患し傷病休暇を余儀なくされるなど、その結果は重大である。

　Xは、2度目のハラスメント行為に及んだ後も、自身の言動の問題性を理解することなく、あくまで部下への指導として正当なものであったとの態度を一貫して変えず、全く反省する態度が見られない。また、原告の陳述書や本人尋問における供述からは、自身の部下に対する指導方法は正当なものであり間違っていないという強固な信念がうかがわれ、Xの部下に対する指導方法が改善される見込みは乏しいと判断せざるを得ない。

　このように、Xは、部下を預かる上司としての適性を欠くというべきである。

　さらに、上記のとおり、Xは、自身の部下に対する指導方法を一貫して正当なものと捉え、部下4名に対するハラスメント行為を反省する態度を示していないことに照らすと、仮にXを継続して被告に在籍させた場合、将来再び部下に対するパワーハラスメント等の行為に及ぶ可能性は高いというべきである（このことは、Xを東京以外の営業所に異動させた

り、グループ企業に出向させた場合にも同様に妥当する）。

　Yは使用者として、雇用中の従業員が心身の健康を損なわないように職場環境に配慮する信義則上の義務を負っていると解されること、Yの所属するグループ企業においてはハラスメントの禁止を含むコンプライアンスの遵守が重視されていることを考慮すると、2度のハラスメント行為に及んだXを継続雇用することが職場環境を保全するという観点からも望ましくないというYの判断は、尊重されるべきである。

結論

　本件懲戒処分及び本件解雇は、客観的に合理的な理由があり、社会通念上相当であり、有効であるとして、Xの請求を棄却。

判例からひもとく！留意点とポイント

　本件は、行為態様、その結果の重大性、反省の程度、指導歴等を考慮して、解雇を有効とした例として、パワハラについて改善が認められない社員に対する対応として、実務上参考となります。

　パワハラについては、注意しても繰り返してしまう者も一定数いますが、当該社員に対して最終的に解雇を行う場合には、段階的な注意等が要求されるといえます。

　上記M社事件を踏まえると、パワハラに関する懲戒処分においては、行為態様、結果の重大性、行為者と被害者との関係が重視され、併せて、注意喚起や改善の機会を付与したかどうかが重視されているといえます。

参照条文等

　労契法 15 条

ハ 辻・本郷税理士法人事件
〈東京地判・令元.11.7 労経速 2412 号 3 頁〉

事案の概要

XがCに対し、国籍に関する差別的な言動、席の横に立たせて注意する行為、及び人事部又はフロア全体に聞こえる程度の大声で怒鳴りつける行為を行ったことがパワーハラスメントに該当するとしてYから訓戒の懲戒処分を受けた懲戒処分が有効とされた事例。

争点

①本件懲戒処分の無効確認に係る訴えの利益、②本件懲戒処分の有効性、③不法行為の成否及びXの損害額（以下②のみ取り扱う）

原告の主張

Yは、本件報告書により、パワーハラスメントの事実を認定しているが、本件調査は、Yが依頼した弁護士により行われたもので、また、客観的な証拠に基づくことなく事実が認定されている。同調査においては、Xによるパワーハラスメントのほか、A部長によるパワーハラスメントも調査の対象とされているが、Xによるパワーハラスメントの事実は全て認めているのに対し、A部長によるパワーハラスメントの事実は全て否定されていることからしても、本件報告書は公平性に欠けるもので、信用性が認められない。

被告の主張

Xはパワーハラスメントを行ったことを否認するが、Xによるパワーハラスメントは、Yが第三者であるB弁護士に調査を依頼し、同弁護士が複数のY従業員から事情聴取をして認定したものであり、その調査結果は信用することができる。

　B弁護士は、Yの顧問弁護士であり、Yから依頼を受けて本件調査を行った者であるが、同弁護士は、Yから本件調査についての意見を聞くことなく本件調査を開始し、X及びEからそれぞれの言い分等を記載した書面の提出を受け、X及びA部長が所属する人事部の従業員のみならず、他の部署の従業員からも事情聴取を行った上で本件報告書を作成していることが認められる。

　そして、B弁護士による調査が中立性、公平性を欠くというべき具体的な事情はうかがわれず、また、上記のとおり本件調査における調査は、複数の部署にわたるYの従業員から事情を聴取して行われており、人事部における人間関係にとらわれない調査方法が用いられているということができる。さらに、本件報告書の記載内容は、詳細かつ具体的である上、事実認定に至る過程に特段不自然・不合理な点は認められない。以上によれば、本件報告書には信用性が認められ、同報告書に記載された事実を認めることが相当である。

　Xは、本件報告書は公平性に欠けるもので、信用性が認められず、同報告書において認定された事実は認められない旨主張し、A部長はXを人事部から異動させたいとの意向を持っており、Yの従業員はその意向に従っていると考えられることや、本件調査において聴取の対象者とされた従業員の中には、Yの人事部又はその隣の部署に所属し、Cと親しい従業員がいるから同人らの供述の信用性は低く、Yの従業員の供述に基づき事実認定をした本件報告書の記載は信用することができない旨供述する。

　しかしながら、Xは、人事部において課長として新卒採用の立ち上げを行うなど多くの業務を担っていた者であり、人事部の体制に照らしても、同部の業務執行におけるXの役割は大きかったというべきところ、同部のA部長や顧問のDがXを陥れるために、多数の従業員を巻き込んで虚偽の

供述を行うことは考え難く、A部長がXを人事部から異動させたいとの意向を持っていることをうかがわせる証拠もない。また、本件調査は、顧問であるDや、Cと親しい関係にあるとまでは認められない人事部に所属しない従業員に対しても事情聴取が行われ、その結果に基づき調査報告書が作成されていることからすれば、Cと親しい従業員が聴取の対象とされていることをもって、本件報告書の信用性が欠けるということはできない。

結論

懲戒処分を有効として、Xの請求を棄却。

判例からひもとく！留意点とポイント

　本件では、B弁護士は、Yから本件調査についての意見を聞くことなく本件調査を開始しており、この点は、調査方法の中立性・公平性を基礎づけるものとして重要な事情といえるでしょう。

　また、本件では、X及びA部長が所属する人事部の従業員のみならず、他の部署の従業員からも事情聴取が行われていることにつき、人事部における人間関係にとらわれない調査方法が用いられていると評価されています。このような方法も、調査方法の中立性・公平性を基礎づけるものといえるでしょう。

　そのため、パワハラの調査の際には、会社の意見を述べずに調査を行わせ、パワハラの加害者とされる者や被害者とされる者、いずれの側にも偏らないように聴取を行うことが重要であると考えられます。

参照条文等

労契法15条、民法709条

（弁護士：中野 博和）

第2節 男女雇用機会均等法の改正

1 セクハラ

① セクハラとは

　職場におけるセクシュアルハラスメント（セクハラ）とは、「職場」において行われる「性的な言動」に対する「労働者」の対応により、その労働者が労働条件について不利益を受けたり、性的な言動によりその労働者の就業環境が害されたりすることをいいます。

　後述するセクハラ指針（「事業主が職場における性的な言動に起因する問題に関して雇用管理上講ずべき措置についての指針」（平成18年厚労告615号））によれば、セクハラの定義について、以下のような解釈が示されています。

① 「職場」とは

　取引先の事務所や取引先と打合せするための飲食店、顧客の自宅も含まれるとしており、当該労働者が通常就業している場所以外の場所であっても、当該労働者が業務を遂行する場所については、「職場」に含まれると解しています。

② 「労働者」とは

　正規、非正規問わず、事業主が雇用する労働者のすべてを含みます。また、派遣労働者については、派遣元事業主のみならず、派遣先事業主も、自ら雇用する労働者と同様に取り扱う必要があります。

③「性的な言動」とは

　性的な内容の発言（例えば、性的な事実関係を尋ねること、性的な内容の情報を意図的に流布すること、食事やデートへの執拗な誘い等）及び性的な行動（性的な関係を強要すること、必要なく身体に触ること、わいせつな図画を配布すること、強制わいせつ行為等）が含まれます。なお、セクハラは、異性に対するものだけではなく、同性に対する性的な言動もセクハラに該当します。

　そして、後述する均等法改正に伴って改正されたセクハラ指針によれば、性的な言動を行う者には、労働者を雇用する事業主、上司、同僚に限らず、取引先等の他の事業主又はその雇用する労働者、顧客、患者またはその家族、学校における生徒も該当し得ることが明示され、近時問題となっているカスタマーハラスメント（カスハラ）など、雇用関係にない第三者からのハラスメントを想定した内容に改正されました（カスハラについては、第4節で詳述します）。

② セクハラの類型

　セクハラ指針では、セクハラの内容を以下の2つに分類して整理しています。

①対価型セクハラ

　職場において行われる労働者の意に反する性的な言動（性的事実関係を尋ねること、性的関係の強要など）に対する労働者の対応により、当該労働者が解雇、降格、減給等の不利益を受けること

【例】

・事務所内において事業主が労働者に対して性的な関係を要求したが、拒否されたため、当該労働者を解雇すること

・出張中の車中において上司が労働者の腰、胸等に触ったが、抵抗さ

れたため、当該労働者について不利益な配置転換をすること

・営業所内において事業主が日頃から労働者に係る性的な事柄について公然と発言していたが、抗議されたため、当該労働者を降格すること

②環境型セクハラ

　職場において行われる労働者の意に反する性的な言動により労働者の就業環境が不快なものとなったため、能力の発揮に重大な悪影響が生じる等、当該労働者が就業する上で看過できない程度の支障が生じること

【例】

・事務所内において上司が労働者の腰、胸等に度々触ったため、当該労働者が苦痛に感じてその就業意欲が低下していること

・同僚が取引先において労働者に係る性的な内容の情報を意図的かつ継続的に流布したため、当該労働者が苦痛に感じて仕事が手につかないこと

・労働者が抗議をしているにもかかわらず、事務所内にヌードポスターを掲示しているため、当該労働者が苦痛に感じて業務に専念できないこと

3 セクハラ該当性判断

　セクハラの該当性判断にあたっては、被害者の主観を重視しつつも、平均的な女性ないし男性の感じ方を基準に判断されます。意に反する身体的接触により、強い精神的苦痛を感じる場合には、行為が一回でも就業環境を害することになるでしょうし、継続的な行為であったとしても、単に回数だけではなく、明確に抗議しているにもかかわらず放置されたり、心身に重大な影響を受けていることが明らかであったりする場合には、就業環

境が害されていると判断し得ます。

　相手の意に反する性的言動をしたからといって、直ちに裁判所において違法と判断されるわけではなく、その行為の態様、行為者の職務上の地位、年齢、被害者の年齢、婚姻歴の有無、両者のそれまでの関係、当該行為の行われた場所、その行為の反復・継続性、被害者の対応等を総合的にみて、それが社会的見地から不相当とされる程度のものである場合に、性的自由ないし性的自己決定権等の人格権を侵害するものとして、違法と判断されます（金沢セクハラ事件・名古屋高金沢支判・平8.10.20労判707号37頁）。

　例えば、裁判例においては、大学教授が、職員との間で、頻繁に業務用のチャットや電子メールで連絡を取り合って、業務とは関連しない雑談を交わしていた場面で、職員のことをチャットでくだけた表現として「B様」などと呼びかけたり、「B様がオールヌードの時に……」というチャットは、大学教授としての品位に重大な疑問を感じさせるものの、Bの方も教授とのチャットやメールを楽しんでいたような外形上の態度も明らかであり、Bが教授に私生活上の相談を持ち掛け、ある程度信頼を寄せていたことを示す会話の事実も認められ、また、教授が職務上の権勢を振りかざしたり、何らかの不利益を示唆したりして、連絡や雑談を「繰り返しを強いて」いたというに足りる具体的な言動も認めるに足りないことからすれば、教授とBとの間のチャットやメールは、Bの内心の感じ方はともかく、社会通念上、その客観的な性質、態様、程度等に照らして、相手に不利益や不快感を与える、又はその尊厳を損なう人格侵害に当たると断定することに疑問が残り、セクハラその他のハラスメントに該当するとは認めるに足りないと認定されたものも存在します（東京地判・平30.1.12判タ1462号160頁）。

❹ 事業主によるセクハラ防止措置

セクハラに関しては、均等法において事業主に対してセクハラ防止措置が義務付けられています（均等法11条）。すなわち、職場において行われる性的な言動に対する対応により、労働者が不利益を受けたり、就業環境が害されたりしないよう、事業主は労働者からの相談に応じ、適切に対応するために必要な体制の整備その他の雇用管理上必要な措置を講じなければなりません。

この事業者のセクハラ防止措置の内容に関しては、前述のセクハラ指針（平成18年厚労告615号）が定められています。事業主は、同指針において実施することが「望ましい」とされているものを除き、一定のセクハラ防止措置を講じる必要があります。

なお、均等法が求めるセクハラ防止措置は、国が事業主に課した公法上の義務であり、作為・不作為の請求権や損害賠償請求権を与えるような私法上の効力を持つものではないと解されています（菅野・280頁）。そのため、これに違反したからといって、直ちに会社の損害賠償義務を基礎づけることにはなりませんが、実際上は、これに従った雇用管理上の措置を講じていたか否かによって、会社の職場環境配慮義務違反、安全配慮義務違反、使用者責任の有無といった判断において考慮され得るので、注意が必要です。また、上記の雇用管理上の措置を講じないことで、厚生労働大臣の行政指導（均等法29条）や企業名公表（均等法30条）、都道府県労働局長による紛争解決の援助（均等法17条）の対象になることにも留意する必要があります。

セクハラ防止のために講じる必要がある措置とは、具体的には以下のとおりです。

①事業主の方針等の明確化及びその周知・啓発
・職場におけるセクシュアルハラスメントの内容及び職場におけるセ

クシュアルハラスメントがあってはならない旨の方針を明確化し、管理・監督者を含む労働者に周知・啓発すること

・職場におけるセクシュアルハラスメントに係る性的な言動を行った者については、厳正に対処する旨の方針及び対処の内容を就業規則その他の職場における服務規律等を定めた文書に規定し、管理・監督者を含む労働者に周知・啓発すること

②相談（苦情を含む）に応じ、適切に対応するために必要な体制の整備

・相談への対応のための窓口をあらかじめ定めること

・相談窓口の担当者が、相談に対し、その内容や状況に応じ適切に対応できるようにすること。また、相談窓口においては、職場におけるセクシュアルハラスメントが現実に生じている場合だけでなく、その発生のおそれがある場合や、職場におけるセクシュアルハラスメントに該当するか否か微妙な場合であっても、広く相談に対応し、適切な対応を行うようにすること

③職場におけるセクシュアルハラスメントに係る事後の迅速かつ適切な対応

・事案に係る事実関係を迅速かつ正確に確認すること

・職場におけるセクシュアルハラスメントが生じた事実が確認できた場合においては、速やかに被害者に対する配慮のための措置を適正に行うこと

・職場におけるセクシュアルハラスメントが生じた事実が確認できた場合においては、行為者に対する措置を適正に行うこと

・改めて職場におけるセクシュアルハラスメントに関する方針を周知・啓発する等の再発防止に向けた措置を講ずること

④併せて講ずべき措置

・相談者、行為者等のプライバシーを保護するために必要な措置を講

じ、その旨を労働者に対して周知すること

・労働者がセクハラに関し、相談をしたこと、事実関係の確認等に協力したこと、労働局に対して相談、紛争解決の援助の求め若しくは調停の申請を行ったこと、調停の出頭の求めに応じたことを理由として、解雇その他不利益な取扱いをされない旨を定め、労働者に周知・啓発すること

⑤ セクハラに関する均等法改正

　女性をはじめとする多様な労働者が活躍できる就業環境を整備するため、女性活躍推進法などの法改正がなされました。セクハラについても、その防止対策の強化が均等法、育介法、労総施策法の改正によって図られています。このセクハラ防止対策の強化については、事業所の規模を問わず、令和2年（2020年）6月1日から施行されています。

　以下、均等法の改正部分を中心に解説します。

①国・事業主及び労働者の責務の明確化（改正均等法11条の2）

　　上述のように、均等法11条にて事業主に対するセクハラ防止措置が求められているところですが、2019年の女性活躍推進法等の改正に伴い、均等法11条の2が新設され、セクハラに関して、国、事業主、労働者等のそれぞれの責務が明文化されました。

イ．国の責務（改正均等法11条の2第1項）

　　国は、職場において行われる性的な言動に対する対応により、労働者に不利益を与える行為又は労働者の就業環境を害する当該言動を行ってはならないこと、その他当該言動に起因する問題に対する事業主その他国民一般の関心と理解を深めるため、広報活動、啓発活動その他の措置を講ずるように努めなければなりません。

ロ．事業主の責務（改正均等法11条の2第2・3項）

事業主は、当該問題に対するその雇用する労働者の関心と理解を深めるとともに、当該労働者が他の労働者に対する言動に必要な注意を払うよう、研修の実施その他の必要な配慮をするほか、国の講ずる措置に協力するように努めなければなりません。

　また、事業主（その者が法人である場合にあっては、その役員）は、自らも、当該問題に対する関心と理解を深め、労働者に対する言動に必要な注意を払うように努めなければなりません。

ハ．労働者の責務（改正均等法11条の2第4項）

　労働者は、当該問題に対する関心と理解を深め、他の労働者に対する言動に必要な注意を払うとともに、事業主の講ずる職場における性的な言動に起因する問題に関する雇用管理上の措置に協力するように努めなければなりません。

②セクハラの相談をした労働者に対する不利益取扱いの禁止（改正均等法11条2項）

　事業主は、労働者が職場における性的な言動に起因する問題に関する相談を行ったこと又は事業主による当該相談への対応に協力した際に事実を述べたことを理由として、当該労働者に対して解雇その他不利益な取扱いをしてはなりません。

　相談関係者への不利益取扱い禁止は、セクハラ指針においても定められていましたが、今回の法改正で、指針から格上げがなされ、法律上明記されるに至ったものです。

③企業間の協力義務（改正均等法11条3項）

　営業担当者が顧客接待中に受けるセクハラや、報道関係者が取材先から受けるセクハラのように、セクハラの存否・程度・経緯等につき、他の企業への調査協力が必要な場合があります。

　そこで、改正均等法では、事業主は、他の事業主から当該事業主の講

ずる職場における性的な言動に起因する問題に関して、雇用管理上の措置の実施について必要な協力を求められた場合には、これに応ずるように努めなければならないことが定められました。

改正セクハラ指針においても、事業主がセクハラ問題に関して雇用管理上講ずべき措置の内容の一つである「事案に係る事実関係を迅速かつ正確に確認すること」について、「セクシュアルハラスメントに係る性的な言動の行為者が、他の事業主が雇用する労働者又は他の事業主（その者が法人である場合にあっては、その役員）である場合には、必要に応じて、他の事業主に事実関係の確認への協力を求めることも含まれる」と明記しています。

ただし、この企業間の協力義務は努力義務に留まります。また、この義務はセクハラの場面に限られ、マタハラ等については規定されていません。しかしながら、マタハラ等であったとしても、複数企業間をめぐる事象はあり得るところで、今後の適用範囲の拡大が期待されます。

④均等調停での参考人の範囲の拡大（改正均等法20条）

均等法では、機会均等調停会議による調停（均等調停）という紛争解決手段が設けられています。これは、弁護士や大学教授、家庭裁判所家事調停委員などの専門家が援助の主体となり、労使双方から事情を聞き、紛争解決の方法として調停案を作成し、当事者双方に調停案の受諾を勧告することによって紛争の解決を図る制度です。均等調停の対象となる紛争には、セクハラも含まれています。

従前は、調停のために必要があると認め、かつ、関係当事者の双方の同意があるときは、関係当事者のほか、当該事件に係る職場において性的な言動等を行ったとされる者の出頭を求め、その意見を聴くことができると定められていました（均等法20条2項）。これによれば、当事者（使用者・労働者）のほか、例えば加害者を調停に加える場合には、関係当事

者の同意が必要となります。

　改正法では、同項が削除されるとともに、改正均等法20条において、当事者の同意の有無にかかわらず、調停のため必要があると認めるときに、出頭を求め、意見を聴くことができる者として「関係当事者と同一の事業場に雇用される労働者その他の参考人」が加えられました。

　これにより、当事者の同意がなくても、関係当事者の周囲の者から聞き取りを行うことも可能になりました。セクハラの加害者はもちろんですが、被害者がセクハラを受けているのを見たと証言してくれる同僚も呼び出すことが可能になったということであり、調停の在り方を大きく変容させる可能性もあるといえるでしょう。また、環境型セクハラの類型においては、被害の申出者以外の被害者からも聴取することが可能になり、一体的な解決も期待できます。

❻ 企業の対応

　違法なセクハラが発生した場合、加害者本人とその雇用主に対する損害賠償責任を生じさせることはもちろん、行為態様によっては、刑事責任（迷惑防止条例違反や強制わいせつ罪など）を発生させることもあり得ます。さらに、解雇事件での解雇の目的がセクハラ被害申告への報復だと主張されるケースや、セクハラの疑いをかけられた社員に対する懲戒処分の有効性を争う紛争において、セクハラ問題が顕在化することもあります（後述のL館事件（最一小判・平27. 2.26労判1109号5頁）、A市事件（最判・平30.11. 6労経速2372号3頁）など）。

　セクハラの事実認定においては、被害者・関係者の証言の信用性が問題となることもありますが、加害者との同意の有無が問題となるケースも少なくありません。一見すると同意のうえでの性的発言と解される場合も、加害者との関係、被害者の心理的状況から、抵抗することができなかったと認定されることがあるので、セクハラの調査に当たっては留意する必要

があります。裁判例では、加害者と被害者の関係は不倫であり、全て合意の上での行為であるとする加害者の主張を排斥したうえで、被害者が入社した当時から好意を寄せており、職場上の上下関係を利用して、性行為を含めた性的な関係を強要したものとして、セクハラに該当すると認定した事例などがあります（ワカホ事件・東京地判・平24.6.13労経速2153号3頁）。

　企業としては、まずは、セクハラの態様、加害者と被害者との関係、事業主の規模に応じた適切な対応を講じる必要があります（この点で職場環境配慮・調整義務違反を否定した事例として、後述のN商会事件（東京地判・平31.4.19労経速2394号3頁）があります）。さらに、グループ会社の法令遵守体制として、親会社がコンプライアンス相談窓口を設置した場合、親会社は子会社従業員との関係で、直接の雇用契約上の付随義務としての職場環境配慮・調整義務を負うとはいえませんが、当該相談窓口制度に基づいた適切な対応をすべき信義則上の義務を負うと解されるケースもありますので、注意が必要です（後述のイビデン事件（最一小判・平30.2.15労判1181号5頁）参照）。

⑦ 判決事例

ⓘ イビデン事件

〈最一小判・平30.2.15労判1181号5頁〉

事案の概要

> Y社の子会社であるZ１社の契約社員としてY社の事業場内で就労していたXが、同じ事業場内で就労していた他の子会社Z２社の従業員Aから（過去にXとAは親しい関係にあったが、XはAに対し、関係を解消したい旨の手紙を渡していた）、繰り返し交際を要求され、自宅に押し掛けられるなどしたため、複数の上司に対し、これらの問題行為を注意するよう求めた。これを受けてXの上司は、朝礼で「ストーカーや

付きまといをしているやつがいるようだが、やめるように」などと発言したものの、それ以上の対策はなされなかったことから、ＸはＺ社を退社するに至った。

ところが、Ｘの退職後も、ＡはＸの自宅付近に数回Ａの自動車を停車させるなどの行為に及んだ。Ｘから当該行為の話を聞いたＸの同僚であったＢは、Ｙ社がグループ会社全体の業務等の適正を確保するためのコンプライアンス体制を整備しており、相談窓口を設けていたことから、同窓口に対して、Ｘ及びＡに対する事実確認等の対応をするよう申し出を行った（以下、「本件申出」という）。

本件申出を受けてＹ社は、Ａその他の関係者の聞き取り調査を実施したが、Ｚ２社より本件申出に係る事実は存在しない旨の報告を受けたため、Ｘに対する事実確認は行わず、Ｂに対して、本件申出に係る事実は確認できなかった旨伝えた。

Ｘは、Ａ・Ｚ１社・Ｚ２社・Ｙ社に対し、損害賠償請求を求めた。特に、親会社であるＹ社に対しては、本件申出に対するＹ社の対応が信義則上の義務に違反したと主張して、債務不履行又は不法行為に基づき、損害賠償を求めた事例。

争点

グループ会社として相談窓口を設置している会社において、子会社従業員から内部統制に係る申出があった場合において、どの程度まで対応しなければならないのか、付随義務違反としての損害賠償責任の有無。

原告の主張

グループ会社従業員が職場で行ったセクハラ行為について、安全配慮義務の一内容として措置義務を負担しているところ、Ｘに対する事実確認をしなかったから、措置義務の内容として求められる事実確認義務が履行さ

れたとはいえず、安全配慮義務としての措置義務違反を内容とする債務不履行ないし不法行為に基づく損害賠償義務を負う。

被告の主張

原告の主張は独自の見解であって、それ自体失当である。

判例要旨

1. Xは、Z1社の指揮監督の下で労務を提供していたというのであり、Y社は、本件当時、法令等の遵守に関する社員行動基準を定め、本件法令遵守体制を整備していたものの、Xに対しその指揮監督権を行使する立場にあったとか、Xから実質的に労務の提供を受ける関係にあったとみるべき事情はないというべきである。また、Y社において整備した本件法令遵守体制の仕組みの具体的内容が、Z1社が使用者として負うべき雇用契約上の付随義務をY社自らが履行し又はY社の直接間接の指揮監督の下でZ1社に履行させるものであったとみるべき事情はうかがわれない。

　　以上によれば、Z1社が本件付随義務に基づく対応を怠ったことのみをもって、Y社のXに対する信義則上の義務違反があったものとすることはできない。

2. もっとも、Y社は、法令遵守体制の一環として、本件グループ会社の事業場内で就労する者から法令等の遵守に関する相談を受ける本件相談窓口制度を設け、上記の者に対し、本件相談窓口制度を周知してその利用を促し、現に本件相談窓口における相談への対応を行っていた。その趣旨は、本件グループ会社から成る企業集団の業務の適正の確保等を目的として、本件相談窓口における相談への対応を通じて、本件グループ会社の業務に関して生じる可能性がある法令等に違反する行為（以下、「法令等違反行為」という）を予防し、又は現に生じた法令等違反行為に対処することにあると解される。

これらのことに照らすと、本件グループ会社の事業場内で就労した際に、法令等違反行為によって被害を受けた従業員等が、本件相談窓口に対しその旨の相談の申出をすれば、Ｙ社は、相応の対応をするよう努めることが想定されていたものといえ、上記申出の具体的状況いかんによっては、当該申出をした者に対し、当該申出を受け、体制として整備された仕組みの内容、当該申出に係る相談の内容等に応じて適切に対応すべき信義則上の義務を負う場合があると解される。

　しかしながら、本件では、本件法令遵守体制の仕組みの具体的内容が、Ｙ社において本件相談窓口に対する相談の申出をした者の求める対応をすべきとするものであったとはうかがわれない。本件申出に係る相談の内容も、Ｘが退職した後に本件グループ会社の事業場外で行われた行為に関するものであり、Ａの職務執行に直接関係するものとはうかがわれない。しかも、本件申出の当時、Ｘは、既にＡと同じ職場では就労しておらず、申出に係るＡの行為が行われてから８か月以上経過していた。

　Ｙ社において本件申出の際に求められたＸに対する事実確認等の対応をしなかったことをもって、Ｙ社のＸに対する損害賠償責任を生じさせることとなる信義則上の義務違反があったものとすることはできない。

結論

　Ｙ社の損害賠償責任を否定した。

判例からひもとく！留意点とポイント

　本判決では、結論として親会社の責任を否定したものの（本件申告の対象となる行為が被害者の退職後に行われ、セクハラ行為からも８か月が経過しているなど特殊な事例であったことに留意する必要があります）、一般論として、相談窓口が設置されている場合、具体的状況によっては、親会社が、信義則上

の付随義務を負う場合があることを認めた点に意義があります。これは、加害者の直接の使用者に対する使用者責任（民法715条）や、被害者の使用者が負う安全配慮義務違反（民法415条）の責任とも区別され、グループ会社全体につき、法令遵守体制を設定し、相談窓口を設けたことによって要請される対応を怠った場合に要請される信義則上の義務違反と把握している点にも留意すべきです。

　本判決を前提としても、親会社がグループ会社全体を対象とする相談窓口を設置したからといって、あらゆる案件にも親会社が対応しなければならないわけではありません。もっとも、窓口を設置したということのみでは当然足りず、それが適切に運用されていることが重要です。コンプライアンス体制を充実させるため、相談窓口を設置した使用者にどこまでの要請が求められるのか、その事例判断としても参考になるといえるでしょう。

参照条文等

民法1条2項・415条・709条

L館事件

〈最一小判・平 27.2.26 労判 1109 号 5 頁〉

事案の概要

Ｙ社の管理的職員であるＸ１、Ｘ２が、女性従業員Ａに対し、職場において１年以上にわたって強い不快感や嫌悪感ないし屈辱感を与える発言（自らの不貞相手との性生活の話や、「もうそんな歳になったん。結婚もせんでこんな所で何してんの。親泣くで。」などといった発言）を繰り返していた。Ｙ社はセクハラ行為等を受けた旨の申告をＡから受け、Ｘらに対し事情聴取等を行ったうえで、出勤停止の懲戒処分を行った。また、Ｙ社はＸらが出勤停止処分を受けたことを理由に等級を降格することを決定した。これに対し、Ｘらが出勤停止処分は懲戒事由の事実を欠き、または懲戒権を濫用したものとして無効であり、降格も無効であると主張して、出勤停止処分の無効確認、降格前の等級を有する地位にあることの確認等を求めた事例。

争点

①出勤停止処分の有効性、②降格の有効性、③不法行為の成否

原告の主張

①出勤停止処分の有効性

　Ｘらはの意に反することを認識して行ったものではなく、セクハラ行為の故意がないことから、懲戒処分の対象にはできない。懲戒処分の前に処分の理由となる事実を具体的に特定して、弁明の機会を与えていないから、懲戒処分を行うことは社会通念上相当性を欠く。出勤停止処分をすることは重すぎ、各処分によって被ったＸらの不利益はあまりに大きいから、社会通念上相当性を欠き、無効である。

②降格の有効性

　出勤停止処分が無効であるから、降格は理由を欠くため、客観的合理的理由を欠き、社会通念上相当であると認められないから、人事権を濫用したものとして無効である。

被告の主張

①出勤停止処分の有効性

　Xらの行為は、就業規則に規定する「会社の秩序又は職場規律を乱すこと」などに該当し、懲戒処分の対象となるというべきである。

②降格の有効性

　資格等級制度規程に基づき、Xらが出勤停止処分を受けたことを理由に降格したのであって、セクハラ行為等を繰り返していたXらが管理職に適さないことは明らかである。

判例要旨

1.　同一部署内において勤務していた女性従業員Aらに対し、Xらが職場において1年余にわたり繰り返した上記の発言等の内容は、いずれも女性従業員に対して強い不快感や嫌悪感ないし屈辱感等を与えるもので、職場における女性従業員に対する言動として極めて不適切なものであって、その執務環境を著しく害するものであったというべきであり、当該従業員らの就業意欲の低下や能力発揮の阻害を招来するものといえる。

　しかも、Y社においては、職場におけるセクハラの防止を重要課題と位置付け、セクハラ禁止文書を作成してこれを従業員らに周知させるとともに、セクハラに関する研修への毎年の参加を全従業員に義務付けるなど、セクハラの防止のために種々の取組を行っていたのであり、Xらは、上記の研修を受けていただけでなく、Y社の管理職として上記のようなY社の方針や取組を十分に理解し、セクハラの防止のために部下職

員を指導すべき立場にあったにもかかわらず、派遣労働者等の立場にある女性従業員らに対し、職場内において1年余にわたり上記のような多数回のセクハラ行為等を繰り返したものであって、その職責や立場に照らしても著しく不適切なものといわなければならない。

そして、Aは、Xらのこのような本件各行為が一因となって、本件水族館での勤務を辞めることを余儀なくされているのであり、管理職であるXらが女性従業員らに対して反復継続的に行った上記のような極めて不適切なセクハラ行為等がY社の企業秩序や職場規律に及ぼした有害な影響は看過し難いものというべきである。

2. 職場におけるセクハラ行為については、被害者が内心でこれに著しい不快感や嫌悪感等を抱きながらも、職場の人間関係の悪化等を懸念して、加害者に対する抗議や抵抗ないし会社に対する被害の申告を差し控えたりちゅうちょしたりすることが少なくないと考えられることなどから、Aらが明白な拒否の姿勢を示していないことなどをXらに有利にしんしゃくすることは相当ではない。

また、管理職であるXらにおいて、セクハラの防止やこれに対する懲戒等に関するY社の方針や取組を当然に認識すべきであったといえることに加え、本件各行為の多くが第三者のいない状況で行われており、従業員Aらから被害の申告を受ける前の時点において、Y社がXらのセクハラ行為及びこれによるAらの被害の事実を具体的に認識して警告や注意等を行い得る機会があったとはうかがわれないことからすれば、Xらが懲戒を受ける前の経緯についてXらに有利にしんしゃくし得る事情があるとはいえない。

3. 本件資格等級制度規程には降格事由の一つとして懲戒処分を受けたことが規定されており、また、Xらに対する各出勤停止処分は有効であるからXらについては降格事由に該当する事情が存するものといえる。本

件資格等級制度規程は、社員の心身の故障や職務遂行能力の著しい不足といった当該等級に係る適格性の欠如の徴表となる事由と並んで、社員が懲戒処分を受けたことを独立の降格事由として定めているところ、その趣旨は、社員が企業秩序や職場規律を害する非違行為につき懲戒処分を受けたことに伴い、上記の秩序や規律の保持それ自体のための降格を認めるところにあるものと解され、現に非違行為の事実が存在し懲戒処分が有効である限り、その定めは合理性を有するものということができる。

結論

Y社がXらに対してした本件各行為を懲戒事由とする各出勤停止処分は、客観的に合理的な理由を欠き社会通念上相当であると認められない場合に当たるとはいえないから、Y社において懲戒権を濫用したものとはいえず、有効なものというべきである。

Y社がXらに対してした出勤停止処分を理由とする各降格は、Y社において人事権を濫用したものとはいえず、有効なものというべきである。

判例からひもとく！留意点とポイント

原審（大阪地判・平26.3.28労判1099号33頁）では、Aから明確な拒否の姿勢を示されておらず、当該セクハラ行為について許容されていると誤信していたことや、Y社から注意を受けたりしてもなお、行為に及んだとまでは認められないことなどから、出勤停止処分を行うことは、酷に過ぎるから社会通念上相当とは認められず、権利の濫用として無効であると判断していました。

この点、最高裁が、セクハラ被害者の態度やその受容性に対する加害者側の誤信をむしろ有利な事情として斟酌しないとした点は着目されます（判

旨では、「被害者が……加害者に対する抗議や抵抗ないし会社に対する被害の申告を差し控えたりちゅうちょしたりすることが少なくないと考えられることなどから、Aらが明白な拒否の姿勢を示していないことなどをXらに有利にしんしゃくすることは相当でない」と指摘しています）。

さらには、本件セクハラ行為は身体的接触がないものでしたが、原審が重きに失すると判断した点を覆し、比較的重い懲戒処分が有効とされた点も留意すべきでしょう。

なお、Y社ではセクハラ禁止文言として、「我が社は下記の行為を許しません。就業規則第4条（禁止行為）「(5)会社の秩序又は職場規律を乱すこと。」には、次の内容を含みます。『性的な冗談、からかい、質問』、『その他、他人に不快感を与える性的な言動』、『身体への不必要な接触』、『性的な言動により社員等の就業意欲を低下させ、能力発揮を阻害する行為』」を定めていました。判例では、これを従業員に周知し、セクハラ研修を行うなどしていたことについて、好意的に捉えられています。こうした対応についても、企業が講ずべき取組み例として参考になると考えられます。

参照条文等

労契法15条

Ａ市事件

〈最判・平 30.11.6 労経速 2372 号 3 頁〉

事案の概要

地方公共団体であるＡ市の男性職員であるＸは、勤務時間中に訪れた
コンビニエンスストアにおいて、その女性従業員Ｖに対し、わいせつ
な行為（Ｖを不快にさせる不適切な言動や、Ｖに飲物を買い与えようとした
際に、右手でＶの左手首をつかんで引き寄せ、その指先を制服の上から自ら
の股間に軽く触れさせた等）を行った。その後、当該事実は、新聞報道
されるに至り、Ａ市長はＸに対し、停職６月の懲戒処分を課した。こ
れに対し、Ｘが当該処分は重きに失するものとして違法であるなどと
主張して、Ａ市を相手に、その取消しを求めた事例。なお、Ａ市では、
停職は免職に次ぐ重い処分で、その期間は１日以上６月以下と定めら
れていた。

争 点

停職処分としたことが裁量権の逸脱・濫用といえるか。

原告の主張

　故意的なわいせつ行為とまではいえず、Ａ市の懲戒処分に関する指針で
いえば「セクシュアル・ハラスメント」であるが、暴行または脅迫を用い
て行われたものではないから「強制わいせつ」に該当しないことは明らか
である。また、同指針において該当しうるのは「意に反することを認識の
上での性的な言動」であり、その処分量定は減給または戒告である。本件
処分は同指針に違反し、重すぎる処分であるから、相当性を欠く。

被告の主張

　Ａ市の懲戒処分に関する指針によれば、本件行為は「痴漢・わいせつ行

為」に該当し、処分の標準例は免職または停職である。女性の手を故意に自己の陰部に押しあてるというもので、女性にきわめて不快な思いを与え、その尊厳を否定して多大な屈辱感を与えるとともに、社会的にも強く非難を受ける破廉恥な行為であり、迷惑防止条例違反として刑罰の対象となる。そのうえ、勤務時間中に市章のついた制服を着用した状態で行ったものであること、大々的に新聞報道され、社会的影響がきわめて大きいこと、従前から本件店舗で不適切な行為を繰り返す中で行われた非違行為であること、不合理な弁明を繰り返すなど反省の度合いがきわめて低いことなどを考慮すれば、指針上の処分量定のうち最も重い免職にまでは至らないとしても、停職としては最も重い停職6か月が妥当である。類似事件における他の処分事例と比較しても、重すぎるとはいえない。したがって本件処分が社会観念上著しく妥当を欠くとはいえず、裁量権の逸脱・濫用はない。

判例要旨

原審は、①VがXからの身体的接触について渋々ながらも同意していたこと、②VがXの処罰を望まず、そのためもあってXが警察の捜査の対象にもされていないこと、③Xが常習として行為をしていたとまでは認められないこと、④社会に与えた影響が大きいとはいえないこと等を、本件処分が社会観念上著しく妥当を欠くことを基礎付ける事情として考慮している。

しかし、上記①については、XとVは客と店員の関係にすぎず、VがXによる身体的接触に抵抗を示さなかったとしても、それは、客との間のトラブルを避けるためのものであったとみる余地があり、身体的接触についての同意があったとして、これをXに有利に評価することは相当でない。

上記②については、VがXの処罰を望まないとしても、それは、本件店舗の営業への悪影響等を懸念したことによるものとも解される。

上記③については、身体的接触を伴うかどうかはともかく、Ｘが以前から不適切な言動をしていたことは、本件処分の量定を決定するに当たり軽視することができない事情である。

　上記④についても、行為が勤務時間中に制服を着用してされたものである上、複数の新聞で報道され、Ｙにおいて記者会見も行われたことからすると、Ｙの公務一般に対する住民の信頼が大きく損なわれたというべきであり、社会に与えた影響は決して小さいものということはできない。本件処分が相当に重い処分であることは否定できないが、客と店員の関係にあって拒絶が困難であることに乗じて行われた厳しく非難されるべき行為であって、Ｙの公務一般に対する住民の信頼を大きく損なうものであり、また、Ｘが以前から同じ店舗で不適切な言動を行っていたなどの事情に照らせば、本件処分が重きに失するものとして社会観念上著しく妥当を欠くものであるとまではいえず、市長の上記判断が、懲戒権者に与えられた裁量権の範囲を逸脱し、又はこれを濫用したものということはできない。

結論

　本件処分に裁量権の範囲を逸脱し、又はこれを濫用した違法があるとはいえない。

判例からひもとく！留意点とポイント

　裁判所が公務員に対する懲戒処分の適否を審査するに当たっては、「懲戒権者と同一の立場に立って懲戒処分をすべきであったかどうか又はいかなる処分を選択すべきであったかについて判断し、その結果と懲戒処分とを比較してその軽重を論ずべきものではなく、懲戒権者の裁量権の行使に基づく処分が社会観念上著しく妥当を欠き、裁量権を濫用したと認められる場合に限り違法であると判断すべきものである」（神戸税関事件・最判・昭

52.12.20 労判 288 号 22 頁）という判示があり、本件もこれに従って判断しています。

　本判決は、原審がした事実評価とは大きく異なっており、特に女性従業員が身体的接触を拒否していなかったとしても、立場上拒否できなかったとして、反対の結論を導いています。こうした被害者の視点に立った事実評価は前述の L 館事件と同様であるといえるでしょう。また、本判決は、公務員であるという特性から、勤務時間中に制服を着た上で行われた点や、新聞報道された点などを重視している点も着目されます。

　原審と最高裁において評価が異なったように、セクハラの判断に当たっては、同一の事実であっても異なる評価がされることがあり得ます。懲戒処分の行使にあたり、企業が事実認定する場合にも、判例・裁判例の事実評価を参考にしつつ、慎重に検討する必要があるといえるでしょう。

参照条文等

地方公務員法 29 条 1 項・33 条

㈡ N商会事件

〈東京地判・平 31.4.19 労経速 2394 号 3 頁〉

事案の概要

Yの従業員であるCは、Yの従業員であったXに対して好意を抱き、Xと食事した後に交際を申込んだが、Xは回答しなかった。その後も、Cは、Xに対して、折々メールを送る、会社の最寄り駅で原告に土産を渡す、交際申込みの返答を聞く目的で待ち合わせしようとする等した。Yで人事を担当していたD部長は、Xから、Cとの接触を忌避すべく担当を交代できないかとの相談を受け、Dから報告を受けた営業部長のE部長は、Cに対し、内容にかかわらずメール等でXを不快にさせないよう注意し、Xに謝罪するよう指導した。Cもこれを了解し、Xに対して謝罪し、Xもひとまずこれを了とした。実際、その後Cはメールを送信していない。

Xは、その後も不快な行為が続いているとして、配置転換や業務内容の変更、Cへの懲戒処分、Cを退職させること等をYに求めた。XはYの対応では不足があるとして、Yを退職し、その後、Yに対し、Yが安全配慮義務ないし職場環境配慮義務を怠ったこと等により精神的苦痛を被ったなどと主張して、債務不履行に基づき、損害賠償を求めた事例。

争点

Yの安全配慮義務ないし職場環境配慮義務違反の有無

原告の主張

本件セクハラ行為は、ストーカー行為規制法所定のストーカー行為に該当する悪質な行為であるところ、Yは、CとXとの間で交わされたメール

の提出を求め、その内容や頻度等について調査し、従業員全員から聴取を行うといったことをしておらず、事実関係を迅速・正確に調査することを怠った。したがって、この点において、被告には調査義務の違反がある。また、Ｙは、適切な懲戒処分や当事者に接触をさせないようチーム編成の変更や配置転換等の措置をとるべき職場環境配慮義務ないし安全配慮義務を負っていたというべきところ、これらの措置もとらず、上記各義務に違反した。

　Ｙは、被害者とされるＸと加害者とされるＣから可及的速やかに個別に事情聴取をし、メールなどセクハラ行為の態様に即した客観的な証拠によって当事者の言い分の裏付けを取り、さらにはＸの主張を認めることができなかったものの、その主張内容を前提とした一定の措置を講じており、調査義務違反はもちろん、職場環境配慮義務ないし安全配慮義務違反となる点も存しない。

１．調査義務

　Ｙは、平成25年9月頃に、Ｘから、Ｃよりメールを送信されて困っているなどとセクハラ行為に係る相談を持ち掛けられたのを受けて、まもなく、Ｃに対し、事実関係を問い、Ｃから事実認識について聴取するとともに、問題となっている送信メールについてもＣに任意開示させて、その内容を確認するといった対応をとっているものである。

　そうしてみると、Ｙにおいて、事案に応じた事実確認を施していると評価することができるところであって、Ｙに債務不履行責任を問われるべき調査義務の違背があったとは認め難い。

　Ｘは、Ｙにおいて、ＣとＸとの間で交わされたメールの提出を求め、

あるいは、従業員全員から聴取を行うべきであったなどと主張しているが、Yにおいて、メールの確認はしているし、そのような事実確認も経ている中、プライバシーに関わる相談事象について、他の従業員に対し、ことさら事実確認を行うことが必須ということもできず、YにXが主張するような具体的な注意義務があったとまでは認め難い。

2．懲戒処分を行う義務

Xは、Yにおいて、Xに対する職場環境配慮義務ないし安全配慮義務として、Cに懲戒処分を行うべき義務があり、その違反があったなどとも主張する。

しかし、CがXに対してした所為は、身体の安全等や行動の自由が著しく害される不安を覚えさせるような方法により行われたものとまでは認め難いところ、こうしたCの所為につき、Cに対し、Xに不快の情を抱かせている旨説示して注意し、メール送信等もしないよう口頭で注意を施したものである。しかも、その際、Yは、Cからはメール送信も既にしなくなっている旨の申し出を受け、その申出内容もメールの内容を見ることで確認し、Xも、ひとまずCの謝罪を了としていたものである。そうすると、Yが、以上のような事実関係に鑑み、Cに対して上記のとおり厳重に注意するにとどめ、懲戒処分を行うことまではしないと判断したとしても、その判断が不合理ということはできず、これに反し、Yにおいて、Cに対する懲戒処分を行うべき具体的な注意義務をXに対して負っていたとまでは認め難い。

3．配置転換等の措置を取るべき義務

Xは、Yにおいて、Xに対する職場環境配慮義務ないし安全配慮義務として、配置転換等の措置を取るべき注意義務があり、その違反があったとも主張する。

しかしながら、CがXに対してした所為の程度や、Cに対して厳重に

注意もなされていること、Cも自身の行為を謝し、Xもひとまずこれを了とし、その際、あるいはそれ以降、特段、Cから、メール送信等によりXに不快な情を抱かせるべき具体的言動がなされていたともYに認められていなかったところ、Yには本社建物しか事業所が存せず、配転をすることはそもそも困難であった上、この点を措いても、そもそも倉庫業務担当者と営業補助担当者との接触の機会自体、伝票の受け渡し程度で、乏しかったものである。しかも、Yは、Xの発意に基づくものであったかは措くとしても、上記わずかな接触の機会についても、その意向も踏まえ、納品伝票を入れる伝票箱に入れることでやり取りをすることを認めたり、さらには担当者自体を交代するといったことも許容していたものである。そうしてみると、Yにおいて、事案の内容や状況に応じ、合理的範囲における措置を都度とっていたと認めることはできるところであって、Xが指摘するような注意義務違反があったとは認め難い。

　この点、Xは、Cも担当していたYの大口取引先の関連業務をXに割り当てないことにより、業務上の接触が完全になくなるようにすることは可能であったなどとも主張する。しかし、Cによる具体的な問題行為がおよそ見受けられないようになっている中、Cに対して口頭注意も経て、Xもひとまずこれを了としており、倉庫業務担当者と営業補助担当者との接触の機会自体、そもそも乏しかった中、Yが、全体の業務負担の状況を考慮し、X指摘の上記措置までは直ちにとらなかったとしても不合理とはいえず、これに反し、そのような措置までとるべき具体的な注意義務がYに生じていたとまでは認め難い。

4．以上から、YにXが指摘するような義務違反があったと認められず、YはXに対して債務不履行責任を負わない。

結 論

Yに安全配慮義務ないし職場環境配慮義務違反は認められない。

本判決は、従業員からセクハラの相談を受けた企業の対応に違法がないとされた事例です。ハラスメントが発生した際の企業の採るべき対応について、参考となる事例といえます。

ただし、本事例は、セクハラの態様が、被害者の身体の安全や行動の自由が著しく害される不安を覚えるような程度には至っておらず、さらに、加害者に対する注意の後はメール送信も止み、被害者も加害者からの謝罪を了としていたという事情もありました。また、会社の規模も、従業員12名程度で、従業員の職種も、営業と、内勤である営業補助及び倉庫業務に限られ、本社建物以外に事業所も存在せず、配置転換等の対応にも限界があった事例です。

セクハラの行為態様（程度）、今後生じ得る危険の程度、会社の業務内容やその規模などにも鑑みて、企業として採るべき対応を検討する必要があります。最終的にはケースバイケースの判断が求められますので、その対応方法については慎重に検討する必要があります。

参照条文等

民法415条

2 マタハラ

❶ マタハラとは

　マタニティハラスメント（マタハラ）とは、職場における妊娠、出産等に関するハラスメントのことをいいます。

　ここでいう「職場」については、前述のパワハラと同様に、事業主が雇用する女性労働者が業務を遂行する場所を指し、当該女性労働者が通常就業している場所以外の場所であっても、当該女性労働者が業務を遂行する場所については、「職場」に含まれます。

　事業主が職場における妊娠、出産等に関する言動に起因する問題に関して雇用管理上講ずべき措置についての指針（マタハラ指針、平成28年厚労告312号）では、マタハラについて、以下の2つの類型に整理しています。

①制度等の利用への嫌がらせ型

　　雇用する女性労働者の労基法65条1項の規定による休業（産前産後休業）その他の妊娠又は出産に関する制度又は措置の利用に関する言動により就業環境が害されるもの

【例】

・女性労働者が、制度等の利用の請求等をしたい旨を上司に相談したこと、制度等の利用の請求等をしたこと、又は制度等の利用をしたことにより、上司が当該女性労働者に対し、解雇その他不利益な取扱いを示唆すること（例えば、産前休業の取得を上司に相談したところ、「休みをとるなら辞めてもらう」と言われた場合）

・女性労働者が制度等の利用の請求等をしたい旨を上司に相談したところ、上司が当該女性労働者に対し、当該請求等をしないよう言うこと（例えば、育児休業の取得について上司に相談したところ、「育児休業をとるなんてあり得ない」と言われ、取得をあきらめざるを得ない状況

になっている場合等)

※ここでいう「制度等」には、具体的には以下のものが該当します。

　(ア)妊娠中及び出産後の健康管理に関する措置（母性健康管理措置）（均等則2条の3第3号）

　(イ)坑内業務の就業制限及び危険有害業務の就業制限（均等則2条の3第4号）

　(ウ)産前休業（均等則2条の3第5号）

　(エ)軽易な業務への転換（均等則2条の3第6号）

　(オ)変形労働時間制がとられる場合における法定労働時間を超える労働時間の制限、時間外労働及び休日労働の制限並びに深夜業の制限（均等則2条の3第7号）

　(カ)育児時間（均等則2条の3第8号）

---

②状態への嫌がらせ型

　その雇用する女性労働者が妊娠したこと、出産したことその他の妊娠又は出産に関する言動により就業環境が害されるもの

【例】

・女性労働者が妊娠等したことにより、上司が当該女性労働者に対し、解雇その他不利益な取扱いを示唆すること（例えば、上司に妊娠を報告したところ「他の人を雇うので早めに辞めてもらうしかない」と言われた場合）

・女性労働者が妊娠等したことにより、上司又は同僚が当該女性労働者に対し、繰り返し又は継続的に嫌がらせ等をすること（例えば、上司・同僚が「妊婦はいつ休むかわからないから仕事は任せられない」と何度も言い、仕事をさせない状況となっており、就業にあたって支障が生じる状況となっている場合）

❷ マタハラ該当性判断

　妊娠や出産等に関する言動の中でも、企業の業務分担や安全配慮等の観点から、客観的にみて、「業務上の必要性」に基づく言動はマタハラに該当しません。例えば、妊娠中に医師から休業指示が出た場合、労働者の体調を考慮してすぐに取得させなければならない休業について、「業務上の必要性」を理由に、上司が休業を妨げる場合はマタハラに該当します。その一方で、ある程度調整が可能な休業（定期的な妊婦健診の日時等）について、その時期をずらすことが可能か、労働者の意向を確認するといった行為まで、全てマタハラとして禁止されるものではありません（ただし、休業の調整を事実上強要するような場合は許容されません）。

　具体的には、以下のような言動は、業務上の必要性に基づく言動だと解される可能性が高いでしょう。

①制度等の利用に関する言動

・業務体制を見直すため、上司が育児休業をいつからいつまで取得するのか確認する。

・業務状況を考えて、上司が「次の妊婦健診はこの日は避けてほしいが調整できるか」と確認する。

・同僚が自分の休暇との調整をする目的で休業の期間を尋ね、変更を相談する。

②状態に関する言動

・上司が、長時間労働をしている妊婦に対して、「妊婦には長時間労働は負担が大きいだろうから、業務分担の見直しを行い、あなたの残業量を減らそうと思うがどうか」と配慮する。

・上司・同僚が「妊婦には負担が大きいだろうから、もう少し楽な業務にかわってはどうか」と配慮する。

・上司・同僚が「つわりで体調が悪そうだが、少し休んだ方が良いので

はないか」と配慮する。

③ マタハラ防止措置

　マタハラ等に関する法規制については、均等法において、事業者による妊娠・出産を理由とする不利益取扱いの禁止（均等法9条3項）、育介法において、育児休業・介護休業等を理由とする不利益取扱いの禁止が定められていました（育介法10条、16条）。

　平成29年には、これに加えて、事業者に対する上司・同僚からのマタハラ等の防止措置が義務付けられました（均等法11条の2、育介法25条）。

　この措置の具体的内容については、マタハラ指針において示されており、セクハラの場合と同様、❶事業主の方針等の明確化及びその周知・啓発、❷相談（苦情含む）に応じ、適切に対応するために必要な体制の準備、❸マタハラに係る事後の迅速かつ適切な対応といった点から整理されています。

　ただし、セクハラ指針と異なり、マタハラ指針では、マタハラの原因や背景となる要因を解消するための措置を講じるべきだとされています。具体的には、業務体制の整備など、事業主や妊娠等した労働者その他の労働者の実情に応じ、必要な措置を講ずること（例えば、妊娠等した労働者の周囲の労働者への業務の偏りを軽減するよう、適切に業務分担の見直しを行うこと）が必要であると規定しています。

④ マタハラに関する均等法改正

　マタハラについても、その防止対策の強化が均等法改正によって図られています。その内容はセクハラと同様のものですが、以下整理します。

①国・事業主及び労働者の責務の明確化（改正均等法11条の4）

　いずれも努力義務ではありますが、改正均等法において、マタハラに起因する問題につき、国、事業主及び労働者の責務の明確化が図られています。内容としては、前述のセクハラの場合と同様です。

　イ．国の責務（改正均等法11条の4第1項）

国は、職場における妊娠、出産等に関する言動に起因する問題に対する事業主その他国民一般の関心と理解を深めるため、広報活動、啓発活動その他の措置を講ずるように努めなければなりません。

ロ．事業主の責務（改正均等法12条の4第2・3項）

事業主は、当該問題に対するその雇用する労働者の関心と理解を深めるとともに、当該労働者が他の労働者に対する言動に必要な注意を払うよう、研修の実施その他の必要な配慮をするほか、国の講ずる措置に協力するように努めなければなりません。

また、事業主（その者が法人である場合にあっては、その役員）は、自らも、当該問題に対する関心と理解を深め、労働者に対する言動に必要な注意を払うように努めなければなりません。

ハ．労働者の責務（改正均等法12条の2第4項）

労働者は、当該問題に対する関心と理解を深め、他の労働者に対する言動に必要な注意を払うとともに、事業主の講ずる職場における性的な言動に起因する問題に関する雇用管理上の措置に協力するように努めなければなりません。

②マタハラの相談をした労働者に対する不利益取扱いの禁止（改正均等法11条の3第2項）

事業主は、職場における妊娠、出産等に関する言動に起因する問題に関する相談を行ったこと又は事業主による当該相談への対応に協力した際に事実を述べたことを理由として、当該労働者に対して解雇その他不利益な取扱いをしてはなりません。

相談関係者への不利益取扱い禁止については、従来マタハラ指針においても定められていたところ、今回の法改正で、指針から格上げがなされ、法律上明記されるに至ったものであり、これもセクハラの場合と同様です。

⑤ 企業の対応

　マタハラが発生した場合、他のハラスメントと同様、企業には使用者責任（民法715条）を負う可能性があります。また、これも他のハラスメントと同様、企業は、労働者の健康に配慮し、職場環境を整える義務（職場環境調整義務）を負っているところ、企業がマタハラを把握しながら十分な調査を行わなかった場合や、前述のマタハラ防止措置義務を履行していない状態でマタハラが発生した場合等では、職場環境調整義務違反に基づく債務不履行又は不法行為責任を負う可能性があります（これらの企業責任を認めた事例として、後述のツクイほか事件（福岡地小倉支判・平28.4.19労判1140号39頁）があります）。

　また、マタハラに関しては、均等法に定める不利益取扱いが禁止されており、これは妊娠・出産と不利益取扱い（解雇など）との間に因果関係が認められることを指します。妊娠・出産を「契機として」不利益取扱いを行った場合には、原則として不利益取扱いとの因果関係があると解されており、企業としては、①業務上の必要性から不利益取扱いをせざるを得ず、業務上の必要性が当該不利益取扱いにより受ける影響を上回ると認められる特段の事情が存在すること、もしくは②労働者が当該取扱いに同意している場合で、有利な影響が不利な影響の内容や程度を上回り、事業主から適切に説明がなされる等、一般的な労働者なら同意するような合理的な理由が客観的に存在することを説明することができなければ法違反となります（この判断枠組みを示した事例として、後述の広島中央保健生活協同組合事件（最判・平26.10.23労判1100号5頁）があります）。こうした法違反は、企業のレピュテーションリスクにも関わりますので、慎重な検討が必要です。

　他のハラスメントと同様、適切なマタハラ防止措置を講じ（事前対応）、実際にマタハラ事案が発生した場合にも、迅速な調査・対応を行うこと（事後対応）が肝要であるといえるでしょう。

⑥ 判決事例

⑦ 広島中央保健生活協同組合事件

〈最判・平 26.10.23 労判 1100 号 5 頁〉

事案の概要

> Yに雇用され副主任の職位にあった理学療法士であるXが子を妊娠
> し、労基法 65 条 3 項に基づく妊娠中の軽易な業務への転換を希望し、
> 副主任を免ぜられた。その後、Xは産前産後休業・育児休業を取得し、
> 職場復帰したが、軽易業務への転換希望以前に命じられていた副主任
> に任ぜられなかった。そこで、XはYに対し、上記の副主任を免じた
> 措置は均等法 9 条 3 項に違反し無効であるなどと主張して、管理職（副
> 主任）手当の支払及び債務不履行又は不法行為に基づく損害賠償を求
> めた事例。

争 点

労基法に基づく妊娠中の軽易業務転換を契機としてなされた降格の適法
性。

原告の主張

本件措置は均等法 9 条 3 項の「不利益取扱い」に該当し、無効である。

被告の主張

業務遂行上・管理運営上・人事配置上の必要性に基づくものであって、
合理性があり、濫用はなく、「不利益取扱い」には該当しない。

判例要旨

1. 女性労働者につき妊娠中の軽易業務への転換を契機として降格させる
   事業主の措置は、原則として同項の禁止する取扱いに当たるものと解さ

れるが、当該労働者が軽易業務への転換及び上記措置により受ける有利な影響並びに上記措置により受ける不利な影響の内容や程度、上記措置に係る事業主による説明の内容その他の経緯や当該労働者の意向等に照らして、当該労働者につき自由な意思に基づいて降格を承諾したものと認めるに足りる合理的な理由が客観的に存在するとき、又は事業主において当該労働者につき降格の措置を執ることなく軽易業務への転換をさせることに円滑な業務運営や人員の適正配置の確保などの業務上の必要性から支障がある場合であって、その業務上の必要性の内容や程度及び上記の有利又は不利な影響の内容や程度に照らして、上記措置につき同項の趣旨及び目的に実質的に反しないものと認められる特段の事情が存在するときは、同項の禁止する取扱いに当たらないものと解するのが相当である。

2. Xが軽易業務への転換及び本件措置により受けた有利な影響の内容や程度は明らかではない一方で、Xが本件措置により受けた不利な影響の内容や程度は管理職の地位と手当等の喪失という重大なものである上、本件措置による降格は、軽易業務への転換期間の経過後も副主任への復帰を予定していないものといわざるを得ず、Xの意向に反するものであったというべきである。

それにもかかわらず、育児休業終了後の副主任への復帰の可否等についてXがYから説明を受けた形跡はなく、……本件措置による影響につき不十分な内容の説明を受けただけで、育児休業終了後の副主任への復帰の可否等につき事前に認識を得る機会を得られないまま、本件措置の時点では副主任を免ぜられることを渋々ながら受け入れたにとどまるものであるから、……自由な意思に基づいて降格を承諾したものと認めるに足りる合理的な理由が客観的に存在するということはできないというべきである。

3. YにおいてXにつき降格の措置を執ることなく軽易業務への転換をさせることに業務上の必要性から支障があったか否か等は明らかではなく、……本件措置については、Yにおける業務上の必要性の内容や程度、Xにおける業務上の負担の軽減の内容や程度を基礎付ける事情の有無などの点が明らかにされない限り、……均等法9条3項の趣旨及び目的に実質的に反しないものと認められる特段の事情の存在を認めることはできない。

結論

本件措置が均等法9条3項の禁止する取扱いに当たらないと判断した原審の判断には、審理不尽の結果、法令の解釈適用を誤った違法がある。

判例からひもとく！留意点とポイント

人事権の行使としての降格処分には、使用者の裁量が認められるところ、当該裁量の濫用の有無という枠組みでその有効性が検討されます。

しかしながら、本判決は、妊娠等に伴う軽易業務への転換を契機とした降格は、原則として強行法規たる均等法9条3項に違反するものとして無効であるが、例外的に、①労働者の自由意思に基づく承諾を認めうる場合、②業務上の必要性に基づく特段の事情が認められる場合には、同項に違反しないという枠組みを示しました。これは、原則として、妊娠等に伴う軽易業務への転換を契機とした降格については無効とすることで、立証責任を転換したものといえます。

そのため、企業としては、妊娠に伴う軽易業務への転換を契機として降格を行うような場合には、上記例外事由で示されているような業務上の必要性を十分に説明することが求められます。また、労働者から同意を得るとしても、自由な意思に基づく承諾でなければならず、慎重に対応する必

要があるでしょう。

均等法9条3項、労基法65条3項

◻ TRUST 事件

〈東京地立川支判・平 29.1.31 労判 1156 号 11 頁〉

事案の概要

> Ｙ社に勤務し、建築測量や墨出し工事等に従事していたＸが、妊娠の判明により、Ｙ社代表者などとの間で墨出し工事などの現場業務は難しいとの話に及び、Ｙ社代表者はＸに対し、生活保障的な代替手段として、派遣会社に登録することを勧めた。Ｘはそれを受け入れたが、Ｙ社に退職届を提出した事実はなかったものの、Ｙ社を退職扱いになっていることが判明した。退職合意があったとするＹ社に対して、Ｘが労働契約上の地位確認などを求めた事例。

争点

退職合意の有無や慰謝料請求の成否など。

原告の主張

　退職の合意はしておらず、また、本件は実質的に見て妊娠を理由とした解雇にほかならず、均等法９条３項、４項に違反する不法行為である。同不法行為によって、生活費を確保するための仕事を奪われたのであるから、その苦痛は少なくとも 150 万円をもって慰謝されるべきである。

被告の主張

　ＸとＹ社代表者は、平成 26 年１月末頃、Ｘの退職を合意した。仮に退職合意が認められなかったとしても、ＸとＹ社との間で、平成 26 年１月末頃、休職を合意した。

判例要旨

1.　退職は、一般的に、労働者に不利な影響をもたらすところ、均等法 1

条、2条、9条3項の趣旨に照らすと、女性労働者につき、妊娠中の退職の合意があったか否かについては、特に当該労働者につき自由な意思に基づいてこれを合意したものと認めるに足りる合理的な理由が客観的に存在するか慎重に判断する必要がある。

2. Y社が退職合意のあったと主張する平成27年1月末頃以降、平成27年6月10日時点まで、Y社側からは、Xから連絡のあった社会保険について、Xの退職を前提に、Y社の下では既に加入できなくなっている旨の明確な説明や、退職届の受理、退職証明書の発行、離職票の提供等の、客観的、具体的な退職手続がなされていない。他方で、Xは、Y社に対し、継続して、社会保険加入希望を伝えており、平成27年6月10日に、Y社代表者から退職扱いとなっている旨の説明を受けて初めて、離職票の提供を請求した上で、自主退職ではないとの認識を示している。

　さらに、Y社の主張を前提としても、退職合意があったとされる時に、Y社は、Xの産後についてなんら言及をしていないことも併せ考慮すると、Xは、産後の復帰可能性のない退職であると実質的に理解する契機がなかったと考えられ、また、Y社に紹介された株式会社Bにおいて、派遣先やその具体的労働条件について決まる前から、Xの退職合意があったとされていることから、Xには、Y社に残るか、退職の上、派遣登録するかを検討するための情報がなかったという点においても、自由な意思に基づく選択があったとは言い難い。

3. Xにつき自由な意思に基づいてこれを退職合意したものと認めるに足りる合理的な理由が客観的に認められない以上、平成27年6月10日に、退職扱いとしたY社には、少なくとも過失があり、不法行為が成立すると解される。しかしながら、Y社は、Xに一方的に不利益を課す意図はなかったと推察され、慰謝料額は20万円と認められる。

　Xが自由な意思に基づいて退職を合意したものと認めるに足りる合理的な理由が客観的に存在することについて、認めることはできない。よって、Xは、Y社における労働契約上の権利を有する地位にあることが認められる。また、慰謝料請求については、20万円として認容した。

判例からひもとく！留意点とポイント

　妊娠・出産に伴う降格などの人事上の措置を講じられた事例とは異なりますが、妊娠判明後における退職合意が争点となった事例であり、マタハラに関する裁判例の一つと整理できます。

　均等法9条3項では、妊娠、出産、労基法に基づく産休取得等を理由とする解雇その他の不利益取扱いを禁じているところですが、合意退職自体を禁じているわけではありません。もっとも、同条の潜脱にならないよう、本裁判例の示すように、合意の有効性については慎重な判断が求められるといえます（本裁判例では、「女性労働者につき、妊娠中の退職の合意があったか否かについては、特に当該労働者につき自由な意思に基づいてこれを合意したものと認めるに足りる合理的な理由が客観的に存在するか慎重に判断する必要がある。」としています）。

　企業としては、女性従業員が妊娠を契機に退職を申し入れてきた場合には、十分な意思確認を行っておく必要があるといえるでしょう。

参照条文等

　均等法1条・2条・9条3項

ハ ツクイほか事件

〈福岡地小倉支判・平 28.4.19 労判 1140 号 39 頁〉

事案の概要

Xは、介護サービス等を業とするY1社において介護職員として就労していた。Xは、Y1社の営業所の所長であったY2に対し、妊娠の報告をしたところ、Y2は、担当業務のうち何ができて何ができないか確認するようXに指示し、それから1か月以上経過してからようやく業務軽減に向けた面談が行われた。Y2はXに対し、「妊婦として扱うつもりないんですよ」、「万が一何かあっても自分は働きますちゅう覚悟があるのか、最悪ね。だって働くちゅう以上、そのリスクが伴うんやけえ」などの発言を行い、できる業務とできない業務を再度医師に確認し申告するよう指示したのみで、業務内容の変更などの措置を講じることはなかった。

Xは、Y1社の本部長に対し、再度業務の軽減を要望したところ、その後は業務が軽減された。その後、Xは子を出産し、育児休暇等を取得したが、マタハラ等があったとして、Y1社およびY2に対し、慰謝料500万円などの支払いを求めた事例。

争点

Y2の配慮義務違反及びY1社の環境整備義務違反の有無など。

原告の主張

Xから妊娠の報告を受け、業務の軽減を求められたY2は、Xのできる業務内容を詳しく聞き、Xの主治医に問い合わせるなどして、できる業務とできない業務を仕分け、軽易な業務に転換するなどして妊婦労働者の就業環境を整備する義務を負っていたにも関わらず、当該義務に反した。

Y１社は、従業員であるY２による不法行為の使用者責任を負うとともに、Xに対し、労働契約上の義務として就労環境整備義務を負っていたにもかかわらず、Y２を指導するなどして上記義務違反に対応することなく、上記就業環境整備義務に違反した。

被告の主張

Y２や他の従業員等は、Xから妊娠の報告を受けた後、悪阻があればトイレに行くよう話すなど、原告の身体に配慮していたもので、配慮義務違反はない。

判例要旨

1. Y２は、具体的な指導の中で、労働者が妊娠を理由として業務の軽減を申し出ることが許されない（「妊婦として扱うつもりないんですよ。」）とか、流産をしても構わないという覚悟をもって働くべき（「万が一何かあっても自分は働きますちゅう覚悟があるのか、最悪ね。だって働くちゅう以上、そのリスクが伴うんやけえ」）と受け止められる発言をするなど、必ずしも肯定的ではないXに対する評価を前提としても、やや感情的な態度と相まって、妊娠をした者（X）に対する業務軽減の内容を定めようとする機会において、業務態度等における問題点を指摘し、これを改める意識があるかを強く問う姿勢に終始しており、受け手（X）に対し、妊娠していることを理由にすることなく、従前以上に勤務に精励するよう求めているとの印象、ひいては、妊娠していることについての業務軽減等の要望をすることは許されないとの認識を与えかねないもので、相当性を欠き、また、速やかにXのできる業務とできない業務を区分して、その業務の軽減を図るとの目的からしても、配慮不足の点を否定することはできず、全体として社会通念上許容される範囲を超えているものであって、使用者側の立場にある者として妊産婦労働者（X）の人格権を害するものといわざるを得ない。

2. Ｙ２は、平成 25 年８月１日にＸから妊娠した旨の報告を受け、上司から妊婦の健康に配慮した業務内容の変更を指示されたにもかかわらず、１か月以上経過した同年９月 13 日になって初めてＸの話を聞いた（本件９月面談）ものの、これを受けて具体的な業務内容の変更を決定してＸや他の職員に指示することはなく、さらに同年 12 月になるまで、Ｘや他の職員の自主的な配慮に委ねるのみで、Ｘと再度の面談を行うことも含めて具体的な措置を講じることはなかった。

　Ｙ２のＸに対する言動には違法なものがあり、これによりＸが委縮していることをも勘案すると、指示をしてから一月を経過してもＸから何ら申告がないような場合には、Ｙ２においてＸに状況を再度確認したり、医師に確認したりしてＸの職場環境を整える義務を負っていたというべきである。そして、Ｙ２は、同年 10 月 13 日以降も拱手傍観し、何らの対応をしていないところ、Ｙ２が、Ｘに対して負う職場環境を整え、妊婦であった原告の健康に配慮する義務に違反したものといえる。

3. Ｙ２の言動は、Ｙ１社の事業の執行として行ったものであるから、これによりＸに生じた損害につきＹ１は賠償する責任（使用者責任）を負う。

　Ｙ１社は、Ｘの使用者として、雇用契約に付随する義務として妊娠したＸの健康に配慮する義務を負っていたが、Ｙ２から本件営業所の従業員が妊娠したとの報告を受けながら、その後、Ｙ２から具体的な措置を講じたか否かについて報告を受けるなどして、さらにＹ２を指導することや他の者をして具体的な業務の軽減を指示することなくいたことからすれば、Ｘから妊娠したとの申し出があった平成 26 年８月以降適切な対応をすることのないまま、再度Ｘからの申し出を受けた同年 12 月になってようやく業務軽減等の措置を執ったことからすれば、それ以降、Ｙ１社において、関係部署に事情を周知させて対応を求め、あるいは１日の勤務時間及び配置を決定するなど、Ｘの状況に配慮した対応をしたこと

を考慮しても、その従前の対応は、上記就業環境整備義務に違反したものということができる。

結論

Y2に不法行為責任（民法709条）、Y1社にY2の雇用主としての使用者責任（民法715条）と上記の就業環境整備義務に違反した債務不履行責任（民法415条）を認め、Y1社とY2に連帯して慰謝料35万円の支払いを命じた。

判例からひもとく！留意点とポイント

　従業員が妊娠した場合、企業としては、本人の意向を確認しながら、業務の軽減などの具体的な措置を採る必要があります。本件では、上司の違法な発言があり、従業員が委縮していたという事情もありますが、判旨では、上司から状況を再度確認したり、医師に確認したりして、Xの職場環境を整える義務を負っていたことを指摘しています。

　妊娠した従業員に対して企業が何もしなかったと捉えられないよう、妊娠した個々の従業員に対して、企業の側から積極的に配慮の要否を確認することが求められているといえるでしょう。

　なお、Xは500万円の損害賠償を求めていましたが、結果として35万円という低額な結果に留まっています。ハラスメントによる慰謝料請求については、低額に終わるものも少なくありませんが、企業としてはレピュテーションリスク回避のためにも、ハラスメントが生じない職場環境を整備する必要があります。

参照条文等

民法415条・709条・715条、労基法65条3項

3 ソジハラ

① ソジハラとは

　ソジハラ（SOGI ハラ）とは、性的指向（Sexual Orientation）や性自認（Gender Identity）について、差別的な言動をするなどのハラスメント行為をいいます。

　性的指向とは、どの性に恋愛感情を抱くかという感情の方向性のことをいい、性自認とは、どの性に属しているかという認識のことをいいます。SOGI（ソジ）とは、この性的指向と性自認の頭文字をとった略称で、全ての人の性の特徴をこの 2 つの視点から表すものです（例えば、性的指向が男性、性自認が男性（ゲイ）、性的指向が女性、性自認が女性（レズビアン）、性的指向はどちらともいえないが、性自認は男性といった形で多様な性のあり方を示すことができます）。

　「ホモ」、「レズ」などと言って、相手方を侮辱することはもちろん、自身の性的指向を同意なく他人に暴露するアウティングもソジハラの一つとなり得ます。

　セクハラ指針においては、2013 年の改正により、職場におけるセクハラには、同性に対するものも含まれることが明記され、いわゆる LGBT（女性の同性愛者を意味するレズビアン（Lesbian）、男性の同性愛者を意味するゲイ（Gay）、両性愛者を意味するバイセクシュアル（Bisexual）、性別越境者を意味するトランスジェンダー（Transgender）の頭文字語）の存在を踏まえた形に改正されました。

　その後、2016 年のセクハラ指針の改正により、「被害を受けた者の性的指向又は性的自認にかかわらず、当事者に対する職場におけるセクシュアルハラスメントも、本指針の対象になるものである」として、ソジハラもセクハラ指針の対象になることが明記されました。

❷ 改正パワハラ指針

　改正パワハラ指針（詳細は第1節を参照してください）においては、典型的なパワハラの例を列挙していますが、ソジハラについてもパワハラの対象になり得ることが示されました。

　具体的には、パワハラの6類型（217ページ）のうち、「精神的な攻撃（脅迫・名誉棄損・侮辱・ひどい暴言）」に該当する例として、「人格を否定するような言動を行うこと。相手の性的指向・性自認に関する侮辱的な言動を行うことを含む。」が規定されました。

　同様に、「個の侵害（私的なことに過度に立ち入ること）」の類型に該当する例として、「労働者の性的指向・性自認や病歴、不妊治療等の機微な個人情報について、当該労働者の了解を得ずに他の労働者に暴露すること。」を規定しています。

　さらに改正パワハラ指針では、ソジハラに関して、事業主が講ずべき措置として、プライバシー保護の観点から、労働者の性的指向・性自認のように機微な個人情報を暴露（アウティング）することのないよう、労働者に周知・啓発する等の措置を講じることが必要であることも規定しています。

❸ 企業の対応

　就業規則等の社内ルールにおいて、パワハラやセクハラ等のハラスメント禁止を謳っている例は多くありますが、ソジハラについても明記しておくことが考えられます。厚労省のモデル就業規則（平成31年3月）では、「その他あらゆるハラスメントの禁止」として、「性的指向・性自認に関する言動によるものなど職場におけるあらゆるハラスメントにより、他の労働者の就業環境を害するようなことをしてはならない」という規定例を示しており、参考になります。

　このほか、ソジハラ・LGBTに関する社内研修を実施して、社内のLGBTに対する偏見を取り除くことも考えられるでしょう。

また、性同一性障害を有する従業員との関係では、職場の環境整備が
より求められるといえ、例えば、女性のみに制服の着用を義務付けてい
るようなケースであれば、性自認に従った制服の着用を認めたり、そも
そも男女別となっている制服そのものを見直すことも検討されるべきで
しょう。

④ **判決事例**

イ **経産省事件**

〈東京地判・令元.12.12 労経速 2410 号 3 頁〉

事案の概要

> トランスジェンダー（身体的性別は男性、性自認は女性）であるⅩが、
> その所属する経済産業省（Ｙ）において、Ⅹの執務室があるフロアか
> ら２階以上離れた女性用トイレの使用しか認めない処遇を行ったこと
> 等に関し、Ｙの職員らがその職務上尽くすべき注意義務を怠ったもの
> として、国家賠償法第１条第１項の規定に基づく損害賠償の支払いを
> 求めた事例（なお、Ⅹは、人事院に対してした勤務条件に関する行政措置
> 要求を認めない旨の判定をしたことの取消も求めている）。

争 点

トイレの処遇等に関する違法性

原告の主張

Ⅹの容姿、仕草、発声等は、女性そのもので、職場の内外でⅩが性別を
問われたり、男性に間違われたりすることはなく、ⅩがＹの庁舎内の女性
用トイレを使用していることに関する他の職員からのクレームやトラブル
も一度もない。また、Ｙの庁舎内の女性用トイレは全て個室が設けられ、
使用する者同士のプライバシーが保たれており、Ⅹが女性用トイレを使用

することに伴い新たな施設の設置等が必要となるものではなく、Yに負担は生じない。さらに、Xは、女性職員として十分に職場に馴染んでいたことなどから、Xによる女性用トイレの使用を制限する必要性はなかった。したがって、本件トイレに係る処遇は、自認する性別のトイレの使用を認めなければならないという職務上の注意義務に違反する状態にあり、違法である。

被告の主張

当該措置に係る具体的な判断については、組織全体を把握し、その管理運営の権限と職責を有する各府省の裁量に委ねられていると解される。Yは庁舎管理の責任者として、組織全体の調和を図るという観点から様々なリスクを最小限にしつつ、全ての職員が最大限の能力を発揮することができる職場環境を整える責務を負う。

Xが他の女性に対して性的な危害を加えるという事態が生ずる可能性がないとしても、Xが当該女性職員から軽犯罪法に規定する窃視行為等をしたなどと疑われるトラブルが生ずるおそれがある。また、身体的性別が男性である者が洗面台等の共有スペースを含む女性用トイレを使用することに対する羞恥心や違和感を抱く女性職員との間ではトラブルが生ずるおそれがある。その一方で、Xが執務室のあるフロアから離れた階の職員に対しては日常的な会話等の中でXの身体的性別に関する情報が明らかになる可能性は低い。そこでYは、上記トラブルを避けるため、Xに対して、執務室のフロアから2階以上離れた階の女性用トイレの使用を認めつつ、本件トイレに係る処遇を行ったのであり、庁舎管理の責任者であるYにおいて果たすべき上記の責務を遂行した合理的な判断といえる。

1．トイレの処遇の違法性

　(1)庁舎管理権

　　トイレを設置し、管理する者に対して当該トイレを使用する者をして
その身体的性別又は戸籍上の性別と同じ性別のトイレを使用させること
を義務付け、トイレを使用する者がその身体的性別又は戸籍上の性別と
異なる性別のトイレを使用することを直接的に規制する法令等の規定
は、見当たらない。そうすると、本件トイレに係る処遇については、専
らY（経済産業大臣）が有するその庁舎管理権の行使としてその判断の下
に行われているものと解することができる。

　(2)法的利益

　　性別は、社会生活や人間関係における個人の属性の一つとして取り扱
われており、個人の人格的な生存と密接かつ不可分のものということが
できるのであって、個人がその真に自認する性別に即した社会生活を送
ることができることは、重要な法的利益として、国家賠償法上も保護さ
れるものというべきである。Xが専門医から性同一性障害との診断を受
けている者であり、その自認する性別が女性なのであるから、本件トイ
レに係る処遇は、Xがその真に自認する性別に即した社会生活を送るこ
とができることという重要な法的利益を制約するものである。

　(3)制約の正当性

　　生物学的な区別を前提として男女別施設を利用している職員に対して
求められる具体的な配慮の必要性や方法も、一定又は不変のものと考え
るのは相当ではなく、性同一性障害である職員に係る個々の具体的な事
情や社会的な状況の変化等に応じて、変わり得るものである。当該性同
一性障害である職員に係る個々の具体的な事情や社会的な状況の変化等
を踏まえて、その当否の判断を行うことが必要である。

本件についてみると、Xは、性同一性障害の専門家である医師が適切な手順を経て性同一性障害と診断した者であって、Yにおいても、女性ホルモンの投与によってXが遅くとも平成22年3月頃までには女性に対して性的な危害を加える可能性が客観的にも低い状態に至っていたことを把握していた。また、Yの庁舎内の女性用トイレの構造に照らせば、当該女性用トイレにおいては、利用者が他の利用者に見えるような態様で性器等を露出するような事態が生ずるとは考えにくいところである。さらに、Xについては、私的な時間や職場において社会生活を送るに当たって、行動様式や振る舞い、外見の点を含め、女性として認識される度合いが高いものであった。加えて、2000年代前半までに、Xと同様に、身体的性別及び戸籍上の性別が男性で、性自認が女性であるトランスジェンダーの従業員に対して、特に制限なく女性用トイレの使用を認めたと評することができる民間企業の例が本件証拠に現れた範囲だけでも少なくとも6件存在し、Yにおいても平成21年10月頃にはこれらを把握することができた。そして、我が国において、性同一性障害者特例法が制定されてから現在に至るまでの間に、トランスジェンダーが職場等におけるトイレ等の男女別施設の利用について大きな困難を抱えていることを踏まえて、より働きやすい職場環境を整えることの重要性がますます強く意識されるようになってきており、トランスジェンダーによる性自認に応じたトイレ等の男女別施設の利用を巡る国民の意識や社会の受け止め方には、相応の変化が生じているものということができるし、このような変化の方向性ないし内容は、諸外国の状況から見て取れる傾向とも軌を一にするものということができる。これらの事情に照らせば、平成26年4月7日の時点において、Yの主張に係るトラブルが生ずる可能性は、せいぜい抽象的なものにとどまるものであり、Yにおいてもこのことを認識することができた。

Xが女性用トイレの使用について制限を設けないことを求めた後の遅くとも平成26年4月7日の時点においては、Xの法的利益等に対する制約を正当化することはできない状態に至っていたというべきである。したがって、Y（経済産業大臣）による庁舎管理権の行使に一定の裁量が認められることを考慮しても、Yが同日以降も本件トイレに係る処遇を継続したことは、庁舎管理権の行使に当たって尽くすべき注意義務を怠ったものとして、国家賠償法上、違法の評価を免れない。

結論

　本件トイレに係る処遇の継続のほか、Y担当者がXに対し、「なかなか手術をうけないんだったら、もう男に戻ってはどうか」といった趣旨の発言をしたことが違法であるとして、Yに132万円の慰謝料（弁護士費用含む）の支払義務を認めた。

判例からひもとく！留意点とポイント

　本件は、トランスジェンダーのトイレ使用に関する処遇の違法性を認めた事例です（なお、上記慰謝料の支払のほか、女性用トイレの自由な利用などを求める措置要求を認めない人事院の判定の取消も認めています）。

　一般に、トイレは男性用、女性用に分けられているところ、身体的な性別と性自認が一致しないトランスジェンダーの場合、性自認に応じたトイレ利用の要望が出されることがあります。もっとも、企業としても、その事業場施設の構造上の問題や、改修に要するコストなどの問題が生じ、各企業の個別的な事情を考慮して、取り得る対応を検討することが必要となるでしょう。多目的トイレを利用することも検討され、例えば、障害がない場合であっても利用が妨げられないよう配慮すべく、その旨の表示をすることが検討されます（北海道帯広市が策定した「多様な性に関する職員ガイ

ドライン（令和2年12月）」によれば、多目的トイレの表示例として、「身体の不自由な方、妊娠されている方、見た目ではわかりにくい困難を抱えている方など、このトイレしか使えない方がいます。思いやりの心をもって利用しましょう。」といった文言を紹介しています）。

　本事件の判旨によれば、2000年代前半までにトランスジェンダーの従業員に対して、特に制限なく女性用トイレの使用を認めた民間企業の例が少なくとも6件存在したことが認められていますが、性の多様性に関する社会的な理解は日々深化しつつあります。企業担当者としては、こうした社会的な情勢を考慮しつつ、まずは自社の状況に応じた現実的な対応をすることが求められるでしょう。

参照条文等

　国家公務員法86条、国家賠償法1条1項

☐ Ｙ交通事件

〈大阪地判・令2．7.20 労経速 2431 号9頁〉

事案の概要

タクシー会社Ｙのタクシー乗務員であるＸは、医師により性同一性障害との診断を受けており、生物学的性別は男性であるものの、性自認は女性であった。そのため、Ｘは、ホルモン療法の施行を受けつつ、眉を描き、口紅を塗るなどの化粧を施し、女性的な衣類を着用するなどして、社会生活全般を女性として過ごしており、タクシー乗務員として勤務中も、顔に化粧を施していた。

Ｙは、令和2年2月7日の4時頃、男性の乗客から、Ｘに男性器をなめられそうになったとの苦情を受けた。同日、Ｘとの間で面談が行われ、ＹはＸに対し「乗務させられない」と告げ、退職を示唆する等した。そこで、ＸはＹに対し、債務者の責めに帰すべき事由による就労拒否があったと主張して、民法 536 条2項に基づき、賃金の仮払いを求めた事例。

争　点

Ｘに対する就労拒否の有無、就労拒否についてのＹの帰責性の有無

原告の主張

Ｙは、苦情の内容が事実であるか否かは問題でなく、苦情が来ること自体が問題であるとして、Ｘに対し「乗務させられない」と述べ、Ｘの就労を拒否した。また、Ｘは、そもそも乗客の下半身をなめようとする行為を行っていないし、性同一性障害者であるＸが、女性乗務員と同様に化粧をすることを認めないことに正当な理由があるとはいえないことから、Ｘの就労拒否は債務者の責めに帰すべき事由によるものである。

　Xは面談において極めて濃い化粧を施していたところ、反省せずに現状のままであるならば乗務をさせることはできないが、今後の対応についてはX自身で判断するよう伝えたのであって、Xの就労を拒否した事実はなく、Xは就労不能の状態にない。

　また、第三者が単にいたずらで、本件苦情のような内容の通告をするとは考えられず、Xは男性の乗客に対し、下半身をなめようとする行為又はそれと疑われる行為を行ったものというべきである。また、Xが濃い化粧をして乗務を行うことは、就業規則違反であって、Xに対して就労拒否したと評価される場合であっても、それは正当なものであって、Yに帰責性はない。

判例要旨

１．YがXの就労を拒否したか否か

　本件面談において、Xに対し、Xを「乗せるわけにはいかない」と告げたり、Xが化粧を止めるか否かにかかわらず乗務させることはできない旨を告げたり、あるいは、他社でタクシーに乗務することも方法の一つであるなどとしながら、今後の行動についてはX自身で考えるよう述べて、退職を示唆するなどしている。このように、タクシー乗務員であるXの唯一の労務提供方法であるタクシー乗務について、本件面接以後のXの行動いかんにかかわらず、行わせることはできないと告げ、退職すら示唆していることからすると、債務者が債権者の就労を拒否したことは明らかである。

　これに対し、Yは、Xに対して反省を促し、Xの今後の行動についてXの自主性に委ねる趣旨のものであって、就労を拒否するものではないという趣旨の主張をするが、本件面談における発言内容とおよそ整合す

るものではなく、上記主張を採用することはできない。

2．Xの就労拒否についてのYの帰責性の有無

(1)本件苦情について

　Xは、本件苦情の内容が真実であると認めていない上、一件記録上、Yが本件苦情の内容の真実性について調査を行った形跡もみられない。Yの上記主張の唯一の根拠となっているのは、朝4時頃に、いたずらで本件苦情のような内容を通告する者がいるはずはないという点にあるものの、こうした点を考慮しても、本件苦情の存在をもって、直ちに本件苦情の内容が真実であると認めることはできない（なお、仮に上記苦情の内容が事実であるとすると、Yは、懲戒処分としての出勤停止命令等の手段によって、Xの就労を拒否することが考えられるものの、Yは、上記の手段を講じるなどしておらず、就労拒否の法的な根拠が明らかにされていない）。以上によれば、本件苦情の内容が真実であることを理由として、Xに対しその就労を拒否することは、正当な理由に基づくものとはいえない。

　また、Yは、上記苦情の存在自体をもって、Xの就労を正当に拒否することができるとの見解を前提にしているものと考えられるところ、かかる見解を言い換えれば、Yは、仮に上記苦情の内容が虚偽であるなど、非違行為の存在が明らかでないとしても、上記苦情を受けたこと自体をもって、正当にXの就労を拒むことができることとなる。しかしながら、非違行為の存在が明らかでない以上は、上記苦情の存在をもって、Xに対する就労拒否を正当化することはできない。

(2)Xの化粧が濃いとの点について

　社会の現状として、眉を描き、口紅を塗るなどといった化粧を施すのは、大多数が女性であるのに対し、こうした化粧を施す男性は少数にとどまっているものと考えられ、その背景には、化粧は、主に女性が行う行為であるとの観念が存在しているということができる。そのため、一般

論として、サービス業において、客に不快感を与えないとの観点から、男性のみに対し、業務中に化粧を禁止すること自体、直ちに必要性や合理性が否定されるものとはいえない。

しかしながら、Ｘは、医師から性同一性障害であるとの診断を受け、生物学的な性別は男性であるが、性自認が女性という人格であるところ、そうした人格にとっては、性同一性障害を抱える者の臨床的特徴に表れているように、外見を可能な限り性自認上の性別である女性に近づけ、女性として社会生活を送ることは、自然かつ当然の欲求であるというべきである。

外見を性自認上の性別に一致させようとすることは、その結果として、一部の者をして、当該外見に対する違和感や嫌悪感を覚えさせる可能性を否定することはできないものの、そうであるからといって、上記のとおり、自然かつ当然の欲求であることが否定されるものではなく、個性や価値観を過度に押し通そうとするものであると評価すべきものではない。そうすると、性同一性障害者であるＸに対しても、女性乗務員と同等に化粧を施すことを認める必要性があるといえる。

以上によれば、Ｙが、Ｘに対し、化粧の程度が女性乗務員と同等程度であるか否かといった点を問題とすることなく、化粧を施した上での乗務を禁止したこと及び禁止に対する違反を理由として就労を拒否したことについては、必要性も合理性も認めることはできない。

結論

Ｘに対する就労拒否は、①本件苦情を理由とする点、②Ｘの化粧を理由とする点のいずれにおいても、正当な理由を有さず、Ｘは、Ｙに対し、民法536条2項に基づいて、令和2年2月7日以降分につき、賃金支払請求権を有する。

　本事例では、性同一性障害の従業員に対し、当該従業員が苦情を受けたこと、化粧をして乗務していることから乗客に不安感を与えること等を理由に就労拒否したことについて、当該措置に正当な理由は認められず、会社の帰責性を認めています。前述の経済産業省事件においても、個人が真に自認する性別に即した社会生活を送ることができることは重要な法的利益として認められており、性同一性障害者に対するあまりに不寛容な取扱い、合理的理由のない取扱いは避けるべきです。判旨では、「外見を可能な限り性自認上の性別である女性に近づけ、女性として社会生活を送ることは、自然かつ当然の欲求である」と指摘されており、性同一性障害者Xに女性乗務員と同等に化粧を施すことの必要性を肯定しています。企業としても、こうした性同一性障害者が有する法的利益に配慮しつつ、従業員への対応、措置を決定する必要があるといえるでしょう。

　なお、判旨では、会社に寄せられた苦情に対する調査が不十分なまま、本件措置（就労拒否）に踏み切ってしまった点が指摘されています。このような調査の必要性は、ソジハラ事例に限るものではなく、ハラスメント事例や従業員の不祥事事例など一般に求められるものであって、当該従業員に対する措置・処分の有効性に大いに影響するといえますから、十分に注意する必要があります。

参照条文等

　民法 536 条 2 項

（弁護士：織田　康嗣）

第3節 育児・介護休業法の改正ポイント

1 改正の背景

1 職場におけるハラスメント

職場においては、パワーハラスメント、セクシュアルハラスメント、マタニティハラスメント、育児・介護休業に関するハラスメント等の様々なハラスメントが起こり得ますが、これら職場におけるハラスメントは、働く人の尊厳や人格を傷つけるなどの人権に関わる許されない行為です。また、働く人が能力を十分に発揮することを妨げるなど、企業の経営上の損失につながる行為でもあり、あってはならないものです。

しかし、都道府県労働局等に設置された「総合労働相談コーナー」に寄せられた平成30年度の相談件数をみると、「いじめ・嫌がらせ」に関する相談件数は82,797件と過去最高となっており、民事上の個別労働紛争相談件数の4分の1を占め、この10年間増え続けています（次ページ【図表3-4】）。

【図表3-4】総合労働相談コーナーへの「いじめ・嫌がらせ」に関する相談件数推移

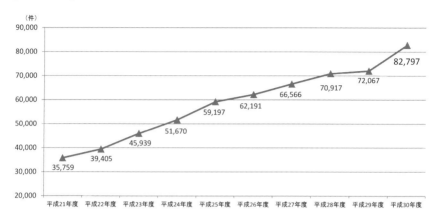

(厚労省「平成30年度個別労働紛争解決制度の施行状況」に基づき加工)

❷ 育介法の改正経緯

　育介法においては、次のような段階を経て、育児・介護休業等に関する不利益取扱いが禁止されるなどしてきました。

　　・平成4年4月1日制定　　　：解雇の禁止

　　・平成13年11月16日改正　　：解雇その他不利益な取扱いの禁止

　　・平成29年1月1日改正　　　：ハラスメント防止措置の義務化

　今回の改正では、育児・介護休業等に関するハラスメントを防止する措置の実行性を向上させるための見直しが行われています。

2 改正内容

❶ 国、事業主及び労働者等の責務の明確化

　育児・介護休業等に関するハラスメントに関して、国、事業主、労働者等のそれぞれの責務が明文化されました（改正育介法25条の2）。

　それぞれの責務の内容は次表のとおりです。

区　分	責　務
国	● 育児・介護休業等に関するハラスメントを行ってはならないこと等について、事業主その他国民一般の関心と理解を深めるための措置を講ずるよう努める
事業主	● 育児・介護休業等に関するハラスメントを行ってはならないこと等について、雇用する労働者の関心と理解を深めるとともに、当該労働者が他の労働者に対する言動に注意を払うよう、研修の実施その他の配慮をするよう努める ● 国が講ずる措置に協力するよう努める
事業主法人役員	● 育児・介護休業等に関するハラスメントを行ってはならないこと等について自らも関心と理解を深め、労働者に対する言動に必要な注意を払うよう努める
労働者	● 育児・介護休業等に関するハラスメントを行ってはならないこと等について関心と理解を深め、他の労働者に対する言動に必要な注意を払うよう努める ● 事業主が講ずる措置に協力するよう努める

② 相談等をした労働者に対する不利益取扱いの禁止

　労働者が育児・介護休業等に関する相談をしたことにより、事業主から不利益な取扱いを受けることがあるとすれば、労働者はそれを懸念して容易に相談することができなくなります。

　そこで、労働者が事業主に対して育児・介護に関する相談を行ったり、その相談への対応に協力した際に事実を述べたことを理由として、当該労働者に対して解雇その他の不利益な取扱いをしてはならないことが義務として明文化されました（改正育介法 25 条 2 項）。

　なお、上記に関しては、パワーハラスメントに関しては改正労総施策法において、また、セクシュアルハラスメント及びマタニティハラスメントに関しては改正均等法において同様の内容で明文化されました。

　育介指針についても、新たに制定されたパワハラ指針及び改定されたセ

クハラ指針に合わせて内容の見直しが行われました。

③ 施行日

改正法の施行日は、令和2年6月1日です。

④ その他

男性の育児休業については、制度を利用しづらい雰囲気がある職場もみられるなど、現状では女性よりも取得率が低い状況にあります。このため、男性の育児休業の取得促進等を図るべく、子の出生直後の休業の新設、本人又は配偶者の妊娠・出産に関する申出をした労働者に対する休業制度の個別の周知・働きかけや相談窓口の設置等の義務化、育児休業の分割取得などを盛り込んだ改正案が、令和3年の通常国会に提出されました。

3 判決事例と企業の対応策

① 東朋学園事件

〈最一小判・平 15.12.4 労判 862 号 14 頁〉

事案の概要

学園 Y の従業員である X が、産後 8 週間休業し、これに引き続き子が 1 歳になるまでの間、1 日につき 1 時間 15 分の勤務時間短縮措置を受けたところ、出勤率が 90％以上であることを必要とする旨を定めた就業規則及び回覧文書の賞与支給要件を満たさないとして賞与が支給されなかったため、上記取扱いの根拠となった就業規則の定めは、労基法 65 条、育休法 10 条の趣旨に反し、公序に反する等と主張して、従業員 X が学園 Y に対し賞与の支払いを求めて提訴した。
一審（東京地判・平 10.3.25 労判 735 号 15 頁）は従業員 X の請求を認め、二審（東京高判・平 13.4.17 労判 803 号 11 頁）も一審の判断をほぼ支持したため、学園 Y が上告した事例。

争 点

主な争点は、賞与の支給要件である出勤率 90％条項を産後休業及び育児のための勤務時間短縮措置により短縮した勤務時間に適用することを無効とした場合に、賞与額の算定にあたり産後休業等による不就労期間を減額の対象とする除外条項は適用されないものとして、賞与全額の支払いが必要となるか。

原告の主張

産後休業及び育児のための勤務時間短縮措置により短縮した勤務時間が欠勤日数に算入されないとすれば、出勤率は 100％であり、除外規定を適

用せず計算された額の賞与請求権を有する。

　賞与の支給要件である出勤率90％条項の基準を充足しないから、賞与請求権は発生していない。

判例要旨

1.　産前産後休業を取得し、又は勤務時間短縮措置を受けた労働者は、その間就労していないから、労使間に特段の合意がない限り、その不就労期間に対応する賃金請求権を有しておらず、当該不就労期間を出勤として取り扱うかどうかは原則として労使間の合意にゆだねられており、従業員の出勤率の低下防止等の観点から、出勤率の低い者につきある種の経済的利益を得られないこととする措置ないし制度を設けることは、一応の経済的合理性を有する。

2.　90％条項は、労基法で認められた産前産後休業を取る権利及び育介法を受けて育児休職規程で定められた勤務時間短縮措置を請求し得る法的利益に基づく不就労を含めて出勤率を算定するものだが、当該権利等の行使を抑制し、労基法等が権利等を保障した趣旨を実質的に失わせるものと認められる場合に限り、公序に反するものとして無効となるのが相当である。

3.　90％条項は、賞与額の算定に当たり、単に労務が提供されなかった産後休業等の時間分に対応する賞与の減額を行うというにとどまるものではなく、出勤率が90％未満の場合には、一切賞与が支給されないという不利益を被らせるものであり、年間総収入額に占める賞与の比重も大きく、また、90％という出勤率の数値からみて、従業員が産前産後休業を取得し、又は勤務時間短縮措置を受けた場合には、それだけで当該条項に該当し、賞与の支給を受けられなくなる可能性が高く、当該権利等

の行使に対する事実上の抑止力は相当強いものとみるのが相当であり、90％条項のうち、出勤すべき日数に産前産後休業の日数を算入し、出勤した日数に産前産後休業の日数及び勤務時間短縮措置による短縮時間分を含めないものとしている部分は、当該権利等を保障した趣旨を実質的に失わせるものというべきであるから、公序に反し無効であるというべきである。

4. 90％条項のうち、出勤すべき日数に産前産後休業の日数を算入し、出勤した日数に産前産後休業の日数及び勤務時間短縮措置による短縮時間分を含めないものとしている部分が無効であるとしても、産前産後休業の日数及び勤務時間短縮措置による短縮時間分は、回覧文書の定めるところに従って欠勤として減額の対象となるというべきである。これは、90％条項とは異なり、賞与の額を一定の範囲内でその欠勤日数に応じて減額するにとどまり、また、労働者は産前産後休業を取得した場合等における不就労期間の賃金請求権を有しておらず、就業規則においても無給とされているのであるから、減額したとしても、権利等の行使を抑制し、労基法等が権利等を保障した趣旨を実質的に失わせるものとまでは認められず、直ちに公序に反し無効なものということはできない。

結論

90％条項のうち、出勤すべき日数に産前産後休業の日数及び勤務時間短縮措置による短縮時間分を含めないものとしている部分は、権利等の行使の著しい抑制に当たり公序に反し無効であるが、産前産後休業の日数等を欠勤日数に含めた所定の減額を行わずに賞与全額を容認した原審の判断には違法があるとして、原審に差し戻した。

（なお、意見及び反対意見がある。）

判例からひもとく！留意点とポイント

　本事例では、賞与の支給要件である出勤率90％条項は、産後休業等の法律で認められた権利等の行使によって当該要件を満たせず賞与を不支給とするものである等から、当該権利等の行使に対する事実上の抑止力が相当強いものとされ、公序に反し無効とされましたが、賞与の額については、法律上、当該権利等の行使による不就労期間に対する賃金請求権は有しておらず、当該不就労期間に応じて賞与が減額されたとしても、当該権利等の行使を抑制し権利等を保障した趣旨を実質的に失わせるものとは認められないため、不就労期間に応じて賞与を減額することは直ちに公序に反し無効なものということはできないとされました。

　労基法や育介法等が保障した休暇・休業等について、当該権利等の行使を抑制し、権利等を保障した趣旨を実質的に失わせるものと認められる場合には公序に反するものとして無効となることが、本事例においても過去の最高裁判例（エヌ・ビー・シー工業事件〈最三小判・昭60.7.16労判455号16頁〉、日本シェーリング事件〈最一小判・平元.12.14労判553号16頁〉、沼津交通事件〈最二小判・平5.6.25労判636号11頁〉）を援用して示されています。

　本事例を踏まえると、欠勤により賞与が減額される仕組みがある場合に、産後休業等による不就労期間も欠勤と同様に取扱う旨を予め定めて、欠勤時と同様に産後休業等による不就労期間に応じて賞与を減額する措置までは認められるといえます。賞与の取扱いについてはこの点も踏まえて制度設計するとともに、賞与の減額等の計算基準は給与規程等に規定し明確にする対応が求められます。

参照条文等

　民法90条、労基法65条、育休法10条

② 医療法人稲門会（いわくら病院）事件

〈大阪高判・平 26.7.18 労判 1104 号 71 頁〉

事案の概要

病院Yで看護士として勤務していた従業員Xが、3か月の育児休業を取得したところ、3か月の不就労を理由として、平成23年度の昇給について、本人給は昇給させたものの職能給は昇給させず、また、平成24年度の昇格試験を受験する機会を与えなかったため、育介法10条に定める不利益取扱いに該当し、公序に反する等と主張して、従業員Xが、病院Yに対し昇給・昇格していた場合の給与及び退職金と実際のそれとの差額に相当する損害の支払い等を求めて提訴した。

一審（京都地判・平 25.9.24 労判 1104 号 80 頁）は、昇格試験を受験する機会を与えなかったことは公序良俗に反して違法であるとしたが、昇給させなかったことは経済的な不利益も月 2,800 円にとどまる等違法とまではいえないとしたため、従業員Xが控訴した事例。

争 点

　主な争点は、3か月以上の育児休業をした従業員について、その翌年度の定期昇給において職能給の昇給をしないとする部分（以下、「本件不昇給規定」という）の適法性・有効性と昇格試験受験の機会を付与しなかったことによる損害の有無。

原告の主張

1. 本件不昇給規定の適法性・有効性

(1) 育児休業は、権利として法的に保障された休業であることから、育児休業による不利益は、休業期間中の不就労に相応する合理的限度にとどめるべきであり、これを超えて不利益を課すことは、育介法10

条に反し、違法というべきである。

⑵　本件不昇給規定は、1 年の評価期間のうち 3 か月を育児休業し、残りの 9 か月を就労した場合に、就労実績を一切考慮せず、翌年度の昇給を一律に否定するものであるから、休業期間に相応する限度を超えて合理的理由なく不利益を課すものといえる。しかも、病院 Y の賃金制度は、いったん昇給が遅れると、その後の昇給、昇格も遅れ、退職金の額にも差が出るから、減収の不利益は単年度にとどまらず、蓄積、増大する。

⑶　本件不昇給規定は、休業が権利として保障され、休業による不利益取扱いの禁止が法定されている育児休業と労働者の責めに帰すべき事由により労務提供ができなかった私傷病による欠勤とを同等に取り扱う趣旨であるという点においても不合理である。

⑷　本件不昇給規定は、育介法 10 条に反し、違法かつ無効というべきである。

2.　昇格試験受験の機会を付与しなかったことによる損害の有無

従業員 X が昇格試験を受験していれば、合格し、平成 24 年度に昇格していたはずであるから、昇格後の給与・賞与及び昇格を前提とする退職金の額と実際の支給額との差額を損害として認めるべきである。

被告の主張

1.　本件不昇給規定の適法性・有効性

本件不昇給規定は、私傷病による欠勤であれ、育児休業であれ、昇給にふさわしい実務経験や労働能力向上の機会がなかった者を昇給対象外とするものであり、病院 Y の業務内容、規定の沿革、給与体系、労使の交渉経緯等の事情を踏まえると、合理性、公平性を有しているといえる。

2.　昇格試験受験の機会を付与しなかったことによる損害の有無

従業員 X が昇格試験を受けていたとしても合格する高度の蓋然性が

あったとはいえないから、昇格した場合に得られたであろう財産上の利益を病院Ｙの不法行為による損害ということはできない。

判例要旨

1.　育介法10条は、事業主において、労働者が育児休業を取得したことを理由として、当該労働者に対し、解雇その他不利益な取扱いをしてはならない旨定めているところ、このような取扱いが、育介法が労働者に保障した同法上の育児休業取得の権利を抑制し、ひいては同法が労働者に前記権利を保障した趣旨を実質的に失わせる場合は、公序に反し、不法行為法上も違法になるものと解するのが相当である。

2.　本件不昇給規定は、同じ不就労でありながら、遅刻、早退、年次有給休暇、生理休暇、慶弔休暇、労働災害による休業・通院、同盟罷業による不就労、協定された組合活動離席などは、職能給昇給の欠格要件である３か月の不就労期間には含まれないというのであるから、育児休業を上記欠勤、休暇、休業に比べて不利益に取り扱っているといえる。

3.　本件不昇給規定は、１年のうち４分の１にすぎない３か月の育児休業により、他の９か月の就労状況いかんにかかわらず、職能給を昇給させないというものであり、休業期間を超える期間を職能給昇給の審査対象から除外し、休業期間中の不就労の限度を超えて育児休業者に不利益を課すものであるところ、育児休業を私傷病以外の他の欠勤、休暇、休業の取扱いよりも合理的理由なく不利益に取り扱うものである。育児休業についてのこのような取扱いは、人事評価制度の在り方に照らしても合理性を欠くものであるし、育児休業を取得する者に無視できない経済的不利益を与えるものであって、育児休業の取得を抑制する働きをするものであるから、育介法10条に禁止する不利益取扱いに当たり、かつ、同法が労働者に保障した育児休業取得の権利を抑制し、ひいては同法が

労働者に保障した趣旨を実質的に失わせるものであるといわざるを得ず、公序に反し、無効というべきである。

4. 病院Yにおいては、評価期間1年のうち勤務期間が3か月以上の者を全て人事評価の対象とすると定めており、従業員Xについても平成22年度の人事評価をし、BBの総合評価を下したことが認められ、総合評価Bを取得した年数が標準年数の4年に達したのであるから、平成24年度にS5に昇格するための試験を受験する資格を得たことが認められ、正当な理由なく従業員Xに昇格試験受験の機会を与えなかった病院Yの行為は、不法行為法上違法というべきである。

5. 昇給していれば得られたはずの給与、賞与及び退職金相当額と実際の支給額との差額相当の損害を被ったと認められる（なお、退職金についての損害はない）。

6. 昇格試験は、平成24年度と平成25年度の2回分の実績しかなく、昇格試験の内容が小論文であり、その審査項目は多岐にわたると認められることに照らせば、昇格試験を受験していれば合格した高度の蓋然性があるとまで認めることはできないというべきである。

7. 平成24年度の昇格試験受験の機会を与えられず、同年度の昇格の機会を失ったことで精神的苦痛を受けたと認めるのが相当である。

結論

病院Yが、平成24年度の昇格試験の受験資格を認めなかったことのほか、平成23年度に職能給を昇給させなかったことについても不法行為の成立を認め、従業員Xに対して、職能給を昇給していれば得られたはずの給与及び賞与の支払い並びに昇格の機会を失ったことによる慰謝料の請求を一部認容した。

　本事例では、３か月の育児休業のための不就労を理由に、職能給を昇給させず、また、昇格試験を受験する機会を与えなかったことが、育介法10条の不利益取扱いの禁止にあたるか否かが争われました。

　職能給の不昇給については、一審では、３か月という評価期間の４分の１にすぎない期間就労しなかったことによって、従業員の能力の向上がないと形式的に判断し、一律に昇給を否定する点の合理性については疑問が残るものの、本人給の昇給は行われ、経済的な不利益も月2,800円にとどまること等から、育介法10条の趣旨からして望ましいものではないが、労働者の同法上の育児休業取得の権利を抑制し、ひいては同法が労働者に権利を保障した趣旨を実質的に失わせるものとまでは認められないから、公序良俗に反する違法なものとまではいえないとされました。

　一方、高裁では、育児休業を私傷病以外の他の欠勤、休暇、休業の取扱いよりも合理的理由なく不利益に取り扱うものであり、人事評価制度の在り方に照らしても合理性を欠くものであるし、育児休業を取得する者に無視できない経済的不利益を与えるものであって、育児休業の取得を抑制する働きをするものであるから、育介法10条に禁止する不利益取扱いに当たり、労働者に保障した育児休業取得の権利を抑制し、ひいては同法が労働者に保障した趣旨を実質的に失わせるものであるといわざるを得ず、公序に反し、無効というべきとされ、一審とは異なる判断がなされています。

　また、昇格試験を受験させなかったことについては、評価期間のうち勤務期間が３か月以上の者を人事評価の対象とする旨を定めており、それに基づいて、昇格するための試験を受験する資格を得たことが認められるから、正当な理由なく昇格試験受験の機会を与えなかったことは不法行為にあたり違法であるとして、一審の判断を維持しました。

給与制度における休業・休暇等の不就労期間の取扱いにおいて、育児・介護休業等の法律で保障された休業・休暇等とそれ以外の休業・休暇等で差を設ける場合は、前者が後者の休業・休暇等と比べて、昇給の取扱いや賞与の算定、昇格等の人事考課において不利益な取扱いとなっていないか、また、両者の取扱いがバランスを欠いていないかの確認が必要になります。

　なお、1年間の一部について育児休業をした職員に対して定期昇給の機会を与えなかった事案で、育児休業以外の事由による休業の場合にも同様に昇給が抑制されるという事実があったとしても、育児休業をしたことを契機として昇給抑制による不利益を受けたといえるから、育児休業と昇給の機会を与えなかった不利益の因果関係は否定されず、育介法10条（不利益取扱いの禁止）の適用は妨げられないとした裁判（学校法人近畿大学事件〈大阪地判・平31.4.24労経速2387号3頁〉）もあります。

参照条文等

　民法90条、育介法10条

❸ 社会福祉法人全国重症心身障害児（者）を守る会事件

〈東京地判・平 27.10.2 労判 1138 号 57 頁〉

事案の概要

社会福祉法人Ｙで勤務している従業員Ｘらが、6時間の育児短時間勤務制度（契約上の労働時間は8時間）を利用したところ、昇給が8分の6に減額され、本来昇給すべき程度の昇給が行われなかったことから、このような昇給抑制は法令及び就業規則に違反して無効であるとして、昇給抑制がなければ適用されている号給の労働契約上の地位を有することの確認、及び労働契約に基づく賃金請求として昇給抑制がなければ支給されるべきであった給与と現に支給された給与の差額等の支払いを求め提訴した事例。

争 点

　主な争点は、育児短時間勤務制度を利用したことによる昇給抑制が育介法23条の2の不利益取扱いの禁止規定に違反し無効となるか。

原告の主張

　短時間勤務をしている間は基本給が減額されており、その上で昇給も抑制されることになれば、ノーワーク・ノーペイの原則を超える二重の不利益な取扱いを受けることになる。また、従業員Ｘらは1年間の業績やその間に身につけた執務能力等を考慮して評価を受けたにもかかわらず、社会福祉法人Ｙは、従業員Ｘらに対して一律に1日の労働時間に応じた4分の3を乗じた号俸を適用しており、従業員Ｘらそれぞれの実績や執務能力等に全く配慮していないなど、社会福祉法人Ｙのいう1年間の業績やその間に身につけた執務能力等を考慮して決定される1年ごとの賃金改定であるという定期昇給の趣旨に鑑みても本件昇給抑制は不当である等、育介法23

条の2によって禁止される不利益取扱い等に該当するから無効である。

1.　短時間勤務の結果、基本給が減額されることと、昇給抑制は各々別個の事由に関する措置であるから二重の不利益な取扱いではない。また、4分の3を乗じた号俸を適用する措置は勤務の実態に則った措置であって、最も公平妥当な措置であり、実績等に全く配慮していないとの非難は当たらない。

2.　4分の3を乗じた号俸を適用する措置は、短時間勤務者の労働実態をそのまま割合的に昇給に反映させたもので、所定労働時間の短縮措置等の適用において現に短縮された時間の総和に相当する日数を超えて働かなかったものとして取り扱うものではない。

　　また、算定される従業員Ｘらそれぞれの仮の実損割合（年収額のうち報酬の差額が占める割合）は0.37％から0.97％の間にすぎないなど不利益が少ないこと、従業員Ｘらの業務はいずれも高度の専門性とともに、臨床経験により能力、キャリアが上昇することが予定ないし期待された業務であり、就労時間の実態を昇給に反映させることは相応の合理性があること、社会福祉法人Ｙにおいては、同法23条で定める3歳に満たない子を養育する者だけを対象とするのではなく、3歳到達から小学校就学前までの間の子を養育するための短時間勤務をも法律に上乗せして制度化しているから、本件昇給抑制は違法ではない。

1.　育介法の規定の文言や趣旨等に鑑みると、労働者が所定労働時間の短縮措置等の申出をし、又は短縮措置が講じられたことを理由として、解雇その他不利益な取扱いをしてはならないとする同法23条の2の規定

は、これに反する事業主による措置を禁止する強行規定として設けられたものと解するのが相当であり、労働者につき、所定労働時間の短縮措置の申出をし、又は短縮措置が講じられたことを理由として解雇その他不利益な取扱いをすることは、その不利益な取扱いをすることが同条に違反しないと認めるに足りる合理的な特段の事情のない限り、同条に違反するものとして違法であり、無効であるというべきである。

2.　本件昇給抑制は、本件制度の取得を理由として、労働時間が短いことによる基本給の減給（ノーワーク・ノーペイの原則の適用）のほかに本来与えられるべき昇給の利益を不十分にしか与えない形態により不利益な取扱いをするものであると認められる。また、どのような良好な勤務成績であった者に対しても一律に8分の6を乗じた号俸を適用するものであり、昇給は、1年間の業績やその間に身につけた執務能力等を考慮して決定されるものであるから、そこで得られた評価から更に勤務時間に応じて一律に昇給抑制することに合理性は乏しい。また、それがされた年度の号俸が抑制されるだけでなく、翌年度以降も抑制された号俸を前提に昇給するもので、本件昇給抑制が行われた期間だけをとらえてその不利益の大小を論ずるのは相当でなく、その不利益が小さいとはいえない。本件昇給抑制は、労働者に本件制度の利用を躊躇させ、ひいては、育介法の趣旨を実質的に失わせるおそれのある重大な同条違反の阻止たる実質を持つものであるというべきであるから、同法23条の2に違反する不利益な取扱いに該当するというべきである。

3.　強行規定である同法23条の2の禁止する不利益取扱いの行為は無効となるのが原則であるが、本来与えられるべき利益を与えないという不作為の形で不利益取扱いをする場合において、併せて不十分な利益を与える部分が併存するとき、この利益を与える部分を含めて当該行為を全部無効とすれば、かえって労働者は不十分な利益すら失ってしまうこ

とになるので、同法 23 条の 2 の規定の趣旨を没却するものでない限り、その限度で不利益取扱いには当たらないと解すべきであり、また、不作為の行為の無効ということを観念する実益に乏しいことから、本件昇給抑制に係る行為を無効とは解さない。

4. 育介法 23 条の 2 が、事業主において解雇、降格、減給などの作為による不利益取扱いをする場合に、禁止規定としてこれらの事業主の行為を無効とする効果を持つのは当然であるが、本件昇給抑制のように、本来与えられるべき利益を与えないという不作為の形で不利益取扱いをする場合、そのような不作為が違法な権利侵害行為として不法行為を構成することは格別、更に進んで本来与られるべき利益を実現するのに必要な請求権を与え、あるいは法律関係を新たに形成ないし擬制する効力までをも持つものとは、その文言に照らし解することができない。

5. 強行法規に違反する本件昇給抑制によって、本来、従業員 X らに支給されるべきであった給与と現に支給された給与との差額に相当する額の損害を被っているものであるから、この差額相当額の損害については、不法行為に基づいて支払の請求をなし得る。

結論

育児短時間勤務制度を利用したことによる昇給抑制は、育介法 23 条の 2 に規定する不利益取扱いにあたる。ただし、昇給行為自体は無効ではなく、昇給抑制されなければ従業員 X らに支給されるべきであった給与と現に支給された給与との差額に相当する額を損害として認め、一部慰謝料を容認した。

　本事例では、育児短時間勤務制度を利用したことにより、短縮した時間に応じて昇給が抑制されたことが、育介法の不利益取扱いの禁止規定にあたるか否かが争われました。

　育介法の不利益取扱いの禁止規定は強行規定として設けられたもので、その不利益な取扱いをすることが同条に違反しないと認めるに足りる"合理的な特段の事情"が存在しない限り、同条に違反し無効であると判示されました。

　なお、当該昇給抑制は不利益取扱いの禁止規定に当たり無効であるとされたものの、給与の号俸の決定自体は無効とせずに、賃金請求権は認めず、昇給抑制されなければ支給されるべきであった給与と現に支給された給与との差額に相当する額を損害賠償として認めました。

参照条文等

　育介法 23 条の 2

④ フーズシステム事件

〈東京地判・平 30.7.5 労判 1200 号 48 頁〉

事案の概要

法人Yに無期雇用の嘱託社員として雇用され、事務統括という役職にあった従業員Xが、自身の妊娠、出産を契機として、法人Yの取締役等から、意に反する降格や退職強要等を受けたうえ、有期雇用契約への転換を強いられ、最終的に解雇されたため、降格や有期雇用契約への転換及び解雇がいずれも無効であるとして、事務統括としての雇用契約上の権利を有する地位にあることの確認等を求めて提訴した事例。

争点

　主な争点は、①年次有給休暇請求権を有する確認の訴えにおける確認の利益、②当初雇用契約の期間の定めの有無、③事務統括からの降格の肯否、④第1子出産に伴う法人Yからの退職の肯否、⑤パート契約の有効性、⑥解雇又は雇止めの有効性、⑦年次有給休暇請求権の有無、⑧賞与請求権の有無、⑨債務不履行及び不法行為の成否。本稿では、育介法の観点から⑤パート契約の有効性について取り上げる。

原告の主張

（⑤パート契約の有効性）

1.　第1子出産後に復職するにあたり、就業時間の短縮について相談したところ、法人Yの取締役から勤務時間を短縮するためにはパートタイムの雇用契約とするほかないと言われたため、パート契約書に署名押印した。

2.　法人Yは、育介法23条に基づき、所定労働時間の短縮措置を講ずる義務があったにもかかわらず、そのような措置をとることなくパート契

約に変更したことにより、賞与が支給されなくなり、雇用期間も6か月ごとの更新になる不利益を被ったから、パート契約書による契約内容の変更は効力を生じない。

被告の主張

(⑤パート契約の有効性)

法人Yが従業員Xとの間で締結したパート契約は、第1子出産に伴って法人Yを退職した後に新たに締結した雇用契約であるから、そもそも不利益な取扱いに当らない。また、パート契約締結以降、更新時期の度に面談しており、従業員Xも契約書に書面押印しているから、従業員Xは同契約書どおりの契約内容を了解している。

判例要旨

(⑤パート契約の有効性)

1.　従業員Xは、第1子出産後の面談において、育児のために時短勤務を希望したところ、法人Yの取締役から、勤務時間を短くするためにはパート社員になるしかないと言われ、パート契約に署名捺印したことが認められる。

2.　育介法23条（所定労働時間の短縮措置等）及び所定労働時間の短縮措置等の申出等をした労働者に対して解雇その他不利益な取扱いを禁止する同法23条の2は、子の養育又は家族の介護を行う労働者等の雇用の継続及び再就職の促進を図り、これらの者の職業生活と家庭生活との両立に寄与することを通じて福祉の増進を図るため、育児のための所定時間の短縮申出を理由とする不利益取扱いを禁止し、同措置を希望する者が懸念なく同申出をすることができるようにしようとしたものと解される。上記の規定の文言や趣旨等に鑑みると、同法23条の2の規定は、上記の目的を実現するために、これに反する事業主による措置を禁止す

る強行規定として設けられたものと解するのが相当であり、育児のための所定労働時間の短縮申出及び同措置を理由として解雇その他不利益な取扱いをすることは、同法に違反するものとして違法であり、無効というべきである。

3. もっとも、同法23条の2の対象は事業主による不利益な取扱いであるから、当該労働者と事業主との合意に基づき労働者を不利益に変更したような場合には、事業主単独の一方的な措置により労働者を不利益に取り扱ったものではないから、直ちに違法、無効であるとはいえない。

4. 労働者に不利益な内容を含む使用者と労働者の合意が有効に成立したというためには、当該合意により労働者にもたらされる不利益な内容及び程度、労働者が当該合意をするに至った経緯及びその態様、当該合意に先立つ労働者への情報提供又は説明の内容等を総合考慮し、当該合意が労働者の自由な意思に基づいてされたものと認めるに足りる合理的な理由が客観的に存在することが必要であるというべきである。

5. 本件では、それまで無期雇用から有期雇用であるパート契約に変更するもので、長期間の安定的稼働という観点から従業員Xに相当の不利益を与えるものであり、賞与の支給がなくなり、従前の職位であった事務統括に任用されなかったことにより、経済的にも相当の不利益な変更であるなど、パート契約締結は、従前の雇用契約に基づく労働条件と比較して相当大きな不利益を与えるが、当該不利益について法人Yから十分な説明を受けたと認める証拠はなく、勤務時間を短くするためにはパート社員になるしかないと説明したものの、従前の無期雇用の嘱託社員のままでも時短勤務は可能であったこと、従業員Xは同契約の締結にあたり、釈然とはしないものを感じながらも、第1子出産により他の従業員に迷惑をかけているとの気兼ねなどから同契約の締結に至ったことなどの事情を総合勘案すると、パート契約への変更が従業員Xの自

由な意思に基づいて行われたものと認めるに足りる合理的な理由が客観的に存在すると認めることはできない。

6.　パート契約の更新時期に面談をし、数回署名押印したたけでは、パート契約が従業員Xの自由な意思に基づいてされたものとは認められないとする判断を左右するには足りないだけでなく、従業員Xの自由な意思によりパート契約が締結されたとも認めることはできないから、その成立に疑問があるだけでなく、育介法23条の所定労働時間の短縮措置を求めたことを理由とする不利益な取扱いに当ると認めるのが相当である。

結論

（⑤パート契約の有効性）

従業員Xと法人Yとの間で締結したパート契約は、育介法23条の2に違反し無効とした。

判例からひもとく！留意点とポイント

　本事例では、所定労働時間の短縮措置等の申出等をした労働者に対して解雇その他不利益な取扱いを禁止する育介法23条の2の規定は、強行規定として設けられたものであり、これに違反するものは違法であり、無効だとされました。一方、労働者と事業主との合意に基づき労働者を不利益に変更した場合には、事業主の一方的な措置により労働者を不利益に取り扱ったものではないから、直ちに違法、無効とはいえないことも示されました。

　育児関連の申出等に際して、労働条件を不利益にすることは可能ですが、それを有効なものとするためには、当該変更が労働者の自由な意思に基づく合意による必要があり、労働者の自由な意思に基づく合意として認

められるためには、当該合意により労働者にもたらされる不利益な内容及び程度、労働者が当該合意をするに至った経緯及びその態様、当該合意に先立つ労働者への情報提供又は説明の内容等を総合考慮することが示されました。なお、これは就業規則の不利益な変更に対する労働者の同意の有無等について争われた山梨県民信用組合事件〈最二小判・平28.2.19労判1136号6頁〉で判事されたものと同様の内容です。

参照条文等

育介法23条・23条の2

⑤ ジャパンビジネスラボ事件

〈東京高判・令元.11.28 労経速 2400 号 3 頁〉

事案の概要

語学スクールを経営する法人Yに正社員として雇用されていた従業員X
は、育児休業終了後、子を入れる保育園が見つからなかったため、期間
1年、週3日勤務の契約社員として復職することに合意（以下、「本件合意」
という）して復職した。なお、復職に関する面談の際、法人Yが交付し
た就業形態が記載された書面には、補足説明として「契約社員は、本人
が希望する場合は正社員への契約再変更が前提です」「時短勤務または
契約社員が正社員（フルタイム）に復帰する時は、正社員時に期待され
ていた役割に戻すことを前提とします」との記載がなされていた。

契約社員として復職後、まもなくして子を入れる保育園が見つかった
ことから、法人Yに対して正社員に戻すよう求めたが、法人Yはこれ
に応じなかった。そして、従業員Xに対して契約社員の契約を期間満
了により更新しない旨を通知したため、従業員Xは正社員として労働
契約上の権利を有する地位にあることの確認等を求めて提訴した。

一審〈東京地判・平 30.9.11 労判 1195 号 28 頁〉は、本件合意は、正
社員契約を解約し、別途の契約社員契約を締結する合意で、従業員 X
の自由な意思に基づくものであり、不利益な取扱い等にもあたらない
ため有効としたが、契約社員契約の雇止めは、客観的に合理的な理由
を欠くもので、社会通念上相当であると認められないから無効とし、
契約社員契約に基づく地位とその契約による未払い賃金等の請求を認
めた。また、法人 Y の不誠実な対応等が交渉当事者間の信義則上の
義務に違反するとして損害賠償の一部を容認した。この判決を受けて
従業員X・法人Yの双方が控訴した事例。

主な争点は、本件合意の解釈とその有効性、契約社員契約の更新の有無、法人Yの不法行為の有無及び従業員Xの不法行為の有無。

1. 本件合意の解釈とその有効性

⑴　本件合意は、正社員としての無期労働契約を継続したまま一時的に勤務日数及び勤務時間を減らすという合意にすぎず、本件合意によっても、正社員契約は解約されず、潜在的に存続している。

⑵　仮に本件合意が正社員契約の解約を含む合意であったとしても、本件合意により、期間の定めのない労働契約上の地位を失い、正社員として月例給与や賞与の支払を受ける権利等も失ったのであって、このような処遇は不利益な取扱いに当たり、均等法9条3項及び育介法10条等に違反し無効である。また、本件合意は従業員Xにとって不利益な労働条件の変更を内容とするものであり、従業員Xが自由な意思に基づいて同意したものと認めるに足りる合理的な理由はなく、また、正社員に復帰するためには従業員Xの希望以外の条件が課される旨認識していたとすれば、本件合意をすることはなかった等の錯誤があるから無効である。

⑶　仮に、本件合意が正社員契約の解約を含む合意であったとしても、本件合意は、従業員Xが正社員への復帰を希望することを停止条件とする無期労働契約を含む合意で、所定労働時間1日6時間の就業形態で正社員に復帰したいとの意思表示をしたから、所定労働時間1日6時間の正社員（時短勤務）としての無期労働契約（時短正社員契約）に基づく権利を有する地位にある。

⑷　従業員Xが子を預ける保育園を確保して正社員に戻ることを希望した場合には、正社員に復帰させるという合意が成立しており、それに基づき正社員の地位を有する地位にある。

2. 契約社員契約の更新の有無

⑴ 契約社員契約は、育児休業が終了した社員が正社員に復帰するまでのつなぎの制度であり、雇止めを想定していないものであって、期間の定めのない、あるいはそれと同視し得る労働契約であり、少なくとも、従業員Xにおいて契約期間満了時に更新されるものと期待することについて合理的な理由があると認められる労働契約であり、本件雇止めは、客観的に合理的な理由を欠き、社会通念上相当であると認められない。

⑵ 従業員Xが、法人Yに対し、正社員への復帰を強く求め、労働局に相談したり、労働組合に加入して団体交渉を求めたり、マスコミに訴え出たりしたのは、当然のことであって、非難される理由はない。

3. 法人Yの不法行為の有無

⑴ 法人Yは、妊娠、出産、育児休養を経た従業員Xを嫌悪し、従業員Xを法人Yから追放するために、一連の嫌がらせを重ねて、雇止めとし、その後も嫌がらせを重ねて、従業員Xに復職を断念させようとした。法人Yがした正社員から契約社員への契約変更、正社員に戻すことの拒否、雇止め、クラスの担当から外すこと、業務改善指導に関する書面17通の交付等の行為は、それぞれが違法であるとともに、全体としていわゆるマタニティハラスメントに当たるものであり、従業員Xはこれによって非常に大きな不利益を被った。

⑵ 従業員Xが法人Yの一連の不法行為により被った精神的苦痛に対する慰謝料としては少なくとも300万円が相当である。また、本件に要した弁護士費用としては少なくとも30万円が相当である。

4. 従業員Xの不法行為の有無

⑴ 従業員Xの各発言は、訴状の記載内容を説明し、従業員Xの心情を述べたものにすぎず、これによって法人Yの社会的評価を著しく低下させるものではなく、事実の摘示ではなく意見又は評論に当たるものである。

⑵　従業員Ｘの各発言の内容は、いずれも真実であり、育児休業から復
　　職する者が安心して働き続けることを求めるために各発言をしたもので
　　あるから、公益の目的でされたものである。

⑶　従業員Ｘがマスコミに対して行った対応は、訴えを提起された旨報
　　道された企業が通常行うであろう範囲にとどまるものであって、損害に
　　は当たらない。

被告の主張

１．　本件合意の解釈とその有効性

⑴　従業員Ｘは、育児休業終了日までに子を預ける保育園が決まる見込み
　　がなく、週５日勤務の正社員として復職することができないことから、
　　週３日勤務の契約社員として復職することとして合意をしたのであり、
　　本件合意において、契約社員契約を締結すると同時に正社員契約を解約
　　する旨の合意をしたものである。

⑵　従業員Ｘは、育児休業終了に当たり、週５日勤務の正社員として復職
　　できない状況にあり、仮に本件合意により契約社員契約を締結して週３
　　日４時間勤務の契約社員として復職することができなければ、自己都合
　　により退職するか、就労できずに解雇され得る立場にあったのであり、
　　本件合意は、正社員として復職できないことを理由としてされたもので
　　あるから、均等法９条３項及び育介法10条の定める不利益な取扱いに
　　当たらない。また、従業員Ｘは、複数の選択肢の中から、自らの自由な
　　意思で週３日４時間勤務の契約社員を選択したものであり、本件合意
　　は、育介法23条に反するものではないし、そもそも、同条には私法的
　　効力は認められていない。

⑶　従業員Ｘは、契約社員契約の内容や、正社員としての契約への変更は
　　法人Ｙとの合意により可能である旨を理解した上で、雇用契約書に署名
　　したのであり、本件合意は従業員Ｘの真意に基づく同意により成立した

ものであるし、錯誤もない。

(4) 従業員Xが正社員に戻るためには、両者でその旨合意することが必要なのであって、従業員Xが一方的に希望すれば正社員としての無期労働契約が成立するものではない。

2. 契約社員契約の更新の有無

(1) 従業員Xは、契約社員契約を正社員としての契約に変更するよう要求し続けており、契約社員契約の更新を申し込んだことはなく、契約社員契約に基づき契約社員として就労する意思もなかった。

(2) 契約社員契約締結の直後から法人Y代表者の説明を無視したり、マスコミに対して法人Yからマタニティハラスメントを受けたとの虚偽の事実を吹聴し、また、就業時間内に業務外の電子メールを作成・送信した上で電子メールを削除したことがないと虚偽の説明をする等、法人Yの社内秩序を侵害し、法人Yとの信頼関係を毀損した。

(3) 原判決の言渡し後であるが、従業員Xは、保育園がみつかったとして正社員契約の再締結を求めていたが、実際は、保育園はみつかっておらず、従業員Xは、虚偽の事実を述べて交渉していたことが判明した。

(4) このように、法人Yからの指示や指導に一切従わない姿勢を示し、法人Yの服務心得に多数回違反した従業員Xに、改善の余地はなく、雇止めには、客観的に合理的な理由があり、社会通念上相当であるというべきである。

3. 法人Yの不法行為の有無

(1) 本件は、育児休業の取得を理由とするものではなく、育児休業が終了し復職した後の従業員Xの数々の問題行動が原因となっているものであって、マタニティハラスメントなどではなく、本件合意は、均等法9条3項及び育介法10条の定める「不利益な取扱い」に当たるものではない。

⑵　従業員Ｘは、原審において、法人Ｙから、契約社員として復職するか、自己都合退職するかを迫られていたことをマタニティハラスメントと主張していたところ、原判決は、契約社員契約の締結が「不利益な取扱い」に該当せず、従業員Ｘの自由な意思に基づきされたものであり、育介法に反するものではなく、マタニティハラスメントには該当しないことが認定された。もっとも、原判決は、契約準備段階における信義則上の義務違反を認定したので、「弊社に至らぬ点があったとして」一部損害賠償責任が認められたことを明らかにした上、「教訓として真摯に受け止める」としたものであり、何ら不法行為を構成するものではない。

4.　従業員Ｘの不法行為の有無

　　従業員Ｘの各発言は、一般人の感受性を基準とすれば、法人Ｙ代表者らが法人Ｙ全体として妊娠・出産・育児休業を経て復職する女性従業員に対していじめや嫌がらせ・退職強要などといったマタニティハラスメントを行う企業であるという評価を法人Ｙの従業員や顧客を含めた社会一般に与え、法人Ｙの社会的評価すなわち名誉や信用を毀損するものである。従業員Ｘの各発言の内容は真実ではなく、従業員Ｘがこれを真実と信じたことについての相当性もないなど、従業員Ｘの各発言に基づく報道がされたことにより、法人Ｙの経営や営業活動には、マスコミや受講者等への対応を強いられるなどの支障が生じ、従業員Ｘの各発言の内容や態様、従業員Ｘの意図等を考慮すれば、法人Ｙの被った損害の額は少なくとも300万円に弁護士費用30万円を加えた合計330万円が相当である。

判例要旨

1.　本件合意の解釈とその有効性

⑴　法人Ｙにおいては、雇用形態として「正社員」と「契約社員」が明確に区分されており、雇用形態として選択の対象とされていた中から正社

員ではなく契約社員を選択し、法人Ｙとの間で雇用契約書を取り交わし、契約社員として期間を１年更新とする有期労働契約を締結したものであるから、これにより、正社員契約を解約したものと認めるのが相当である。

(2)　法人Ｙによる雇用形態の説明及び契約社員契約締結の際の説明の内容並びにその状況、従業員Ｘが育児休業終了時に置かれていた状況、従業員Ｘが自ら退職の意向を表明したものの、一転して契約社員としての復職を求めたという経過等によれば、本件合意には、従業員Ｘの自由な意思に基づいてしたものと認めるに足りる合理的な理由が客観的に存在するものといえ、本件合意は、均等法９条３項や育介法10条の「不利益な取扱い」には当たらないというべきである。

(3)　従業員Ｘは、法人Ｙから育児休業後の多様な雇用形態の説明を受け、自己が復職する際の雇用形態について約６か月の十分な検討期間が与えられていた中で、結局、子を預ける保育園が見付からず、家族のサポートも十分得られないため、時間短縮措置を講じても正社員として週５日の就労ができない状況にあったことから、従業員Ｘにおいて、そのような状況に適合する週３日４時間勤務の契約社員を自らの意思で選択し、契約社員契約を締結したものであって、法人Ｙが契約社員契約を強要した事実など全くないのであるから、本件合意に至る経緯、法人Ｙによる雇用形態等の説明等に照らし、本件合意は、従業員Ｘの自由な意思に基づいてされたものと認めるに足りる合理的な理由が客観的に存在するものというべきである。また、契約社員から再度正社員に戻るには、法人Ｙとの合意が必要であることは、従業員Ｘにおいても、十分認識していたものと認められるから、本件合意には錯誤はない。

(4)　書面の「契約社員は、本人が希望する場合は正社員への契約再変更が前提です」との記載は、契約社員については、将来、正社員として稼働

する環境が整い、本人が希望をした場合において、本人と法人Yとの合意によって正社員契約を締結するという趣旨であり、本人からの申出のみで正社員としての労働契約の効力が生じるというものではないし、契約社員が正社員に戻ることを希望した場合には、速やかに正社員に復帰させる合意があったとはいえない。

2. 契約社員契約の更新の有無

(1) 法人Yにおける契約社員制度は、育児休業明けの社員のみを対象とするものであり、子の養育状況等によって、将来、正社員（週5日勤務）として稼働する環境が整い、本人が希望する場合には、正社員として期間の定めのない労働契約の再締結を想定しているものであるから、契約社員契約は、労働者において契約期間の満了時に更新されるものと期待することについて合理的な理由があるものと認められる有期労働契約（労契法19条2号）に当たるものというべきである。

(2) 法人Yにおいては就業規則上、秘密保持義務が規定され、従業員Xが署名した誓約書には、法人Yが秘密保持すべき対象として指定した情報を法人Yの許可なく開示し、漏えい又は使用しないことを約する旨が記載される等しており、また、従業員Xが録音機器を執務室に持ち込み秘密に録音した行為が認められた際、執務室内における録音を禁止するよう法人Yが指導したこと等が認められる。しかし、あえてこれに従うことなく、執務室内における録音を止めなかったのみならず、自らが署名した誓約書を撤回すると述べたり、執務室内における録音をしない旨を約する確認書を自ら提出したにもかかわらずこれを破棄して録音をしたものであるから、このような従業員Xの行為は、服務規律に反し、円滑な業務に支障を与える行為というべきである。

(3) 従業員Xは、労働局に相談し、労働組合に加入して交渉し、労働委員会にあっせん申請をしても、自己の要求が容れられないことから、広く

社会に報道されることを期待して、マスコミ関係者らに対し、法人Ｙの対応等について客観的事実とは異なる事実を伝え、録音したデータを提供することによって、社会に対して法人Ｙが育児休業明けの労働者の権利を侵害するマタハラ企業であるとの印象を与えようと企図したものと言わざるを得ない。

(4)　従業員Ｘは、多数回にわたり、勤務時間内に、法人Ｙから業務上使用が許されていたパソコン及びメールアドレスを私的に利用していたものであり、職務専念義務違反があったものと認められる。

(5)　法人Ｙ代表者の命令に反し、自己がした誓約にも反して、執務室における録音を繰り返した上、職務専念義務に反し、就業時間中に、多数回にわたり、業務用のメールアドレスを使用して、私的なメールのやり取りをし、法人Ｙをマタハラ企業であるとの印象を与えようとして、マスコミ等の外部の関係者らに対し、あえて事実とは異なる情報を提供し、法人Ｙの名誉、信用を毀損するおそれがある行為に及び、法人Ｙとの信頼関係を破壊する行為に終始しており、かつ反省の念を示しているものでもないから、雇用の継続を期待できない十分な事由があるものと認められる。

3.　法人Ｙの不法行為の有無

(1)　従業員Ｘが就業規則違反と情報漏えいのため自宅待機処分となった事実は、一般的には他人に知られたくない情報であって、これを社外の者らに伝える必要性はないから、たとえ、相手方が従業員Ｘが就業時間内に上記メールアドレスを使用してやり取りをしていたマタハラ Net 関係者らであったとしても、その情報を伝えることは、従業員Ｘのプライバシーを侵害する行為であることに変わりがない。

(2)　その他の従業員Ｘが主張する法人Ｙの行為が違法なものとは認められない。

4. 従業員Xの不法行為の有無

⑴ 報道機関に対する記者会見は、弁論主義が適用される民事訴訟手続における主張、立証とは異なり、一方的に報道機関に情報を提供するものであり、相手方の反論の機会も保障されているわけではないから、記者会見における発言によって摘示した事実が、訴訟の相手方の社会的評価を低下させるものであった場合には、名誉毀損、信用毀損の不法行為が成立する余地がある。

⑵ 本件発言のうち、本件発言［１］（育児休業期間終了を迎えたが、保育園が見付からなかったため休職を申し出たものの認められず、法人Yから週３日勤務の契約社員になるか自主退職するかを迫られた。）、本件発言［３］（子を産んで戻ってきたら、人格を否定された。）、本件発言［４］（上司の男性が、「俺は彼女が妊娠したら俺の稼ぎだけで食わせるくらいのつもりで妊娠させる」と発言した。）及び本件発言［５］（従業員Xが労働組合に加入したところ、一審被告代表者が「あなたは危険人物です」と発言した。）はいずれも法人Yの社会的評価を低下させるものというべきである。

⑶ 事実を摘示しての名誉毀損にあっては、その行為が公共の利害に関する事実に係り、かつ、その目的が専ら公益を図ることにあった場合に、摘示された事実がその重要な部分について真実であることの証明があったときには、上記行為には違法性がなく、仮に上記証明がないときにも、行為者において上記事実の重要な部分を真実と信ずるについて相当の理由があれば、その故意又は過失は否定されるが、本件発言［４］は真実であると認められるが、その他は真実であるとは認められず、また、真実と信ずるについて相当の理由があるとも認められない。

結論

1. 正社員の地位確認及び未払賃金等の請求、正社員復帰合意の債務不履

行による損害賠償請求には理由がない。また、契約社員としての雇止め
は、客観的に合理的な理由を有し社会通念上相当であるというべきで、
契約社員契約は期間満了により終了しているから、契約社員としての地
位確認及び未払賃金等の請求も理由がないとした。

2.　法人Yの行為のうち、従業員Xが就業規則違反と情報漏えいのため自
宅待機処分となった旨を記載したメールを第三者に送信したことについ
てのみ不法行為が成立するとして、従業員Xに対する慰謝料として5万
5,000円（慰謝料5万円、弁護士費用5,000円）及びこれに対する遅延損害
金の支払いを認めた。

3.　従業員Xの各発言に基づく報道は、法人Yがあたかもマタハラ企業で
あるような印象を与えて社会的評価を低下させるものである等から、法
人Yに対する名誉又は信用を毀損されたことによる慰謝料として55万
円（慰謝料50万円、弁護士費用5万円）及びこれに対する遅延損害金の支
払いを認めた。

判例からひもとく！留意点とポイント

　本事例では、育児休業後になされた正社員から契約社員への契約変更と
契約社員としての雇止めの有効性等が争われました。

　正社員から契約社員への契約変更については、本判決においても、一審
と同様に、法人Yと従業員Xとの契約変更に関する合意は、育介法10条等
にいう不利益な取扱いにあたらず、従業員Xの真意により成立し、錯誤も
ない等から有効とされました。

　一方、契約社員としての雇止めについては、一審では、契約社員契約の
更新を拒絶する客観的に合理的な理由にあたり得る事実は、法人Y内で就
労時間中に法人Y代表者の同意を得ず一方的に録音を開始する等したこと
と、就業時間中に業務用のパソコンを用いて業務外の電子メールの送受信

をしたことの２点にとどまるが、法人Ｙが契約社員契約の更新を拒絶する
ことが客観的に合理的な理由が十分にあるとは容易に解し得ず、雇止めが
社会通念上やむを得ないものと解するには足りないとして無効とされまし
たが、本判決では、上記２点について、当該録音行為は服務規律に反し、円
滑な業務に支障を与える行為というべきであるとし、また、多数回にわた
り業務外の電子メールの送受信をしたことは職務専念義務違反があり、従
業員Ｘの備忘のためである等としても私的利用が正当化されるものではな
いと判断したことに加えて、法人Ｙをマタハラ企業であるとの印象を与え
ようとして、マスコミ等の外部の関係者らに対し、あえて事実とは異なる
情報を提供し、法人Ｙの名誉、信用を毀損するおそれがある行為に及び、
法人Ｙとの信頼関係を破壊する行為に終始している等、雇用の継続を期待
できない十分な事由があるとして有効としました。なお、実際には保育園
の申込みをしていないにもかかわらず、それを秘して正社員への再契約を
求めて交渉をする不誠実な態度についても言及されましたが、それ以外の
行為のみをもっても雇用継続できない十分な事由だとしています。

　また、不法行為については、一審では、従業員Ｘを正社員に戻す交渉に
おいて不誠実な対応に終始した等として法人Ｙのみに対して110万円の慰
謝料の支払いを認めましたが、本判決では、法人Ｙについて、従業員Ｘが
自宅待機処分となった事実を社外の者に伝えた点に関してのみ従業員Ｘの
プライバシーを侵害する行為として不法行為を認め（慰謝料５万5,000円）、
また、従業員Ｘについて、マスコミ等への情報提供に関して、一部を除き
虚偽であり、法人Ｙの社会的評価を低下させたとして新たに不法行為（慰
謝料55万円）を認め、一審の判断を変更しています。

　なお、最高裁〈最三小決・令2.12.8.　共同通信社令2.12.9.付記事〉
は、従業員Ｘの上告を退ける決定をしています。

育介法10条・23条・均等法9条3項

（特定社会保険労務士：岩楯 めぐみ）

第4節 取引先や顧客からの著しい迷惑行為(カスハラ)に関する指針

1 要点解説

① カスハラとは

　カスタマーハラスメント（カスハラ）とは、顧客や取引先からの暴力や悪質なクレームなどの著しい迷惑行為のことをいいます。報道によれば、顧客や取引先からのクレームによる精神障害が仕事に起因したとして、厚生労働省が労災認定した労働者が過去10年間で78人に上り、うち24人が自殺していたことが明らかになりました（2019年10月23日毎日新聞）。

　こうした著しい迷惑行為については、労働者に大きなストレスを与える悪質なものがあり、社会的にも重要な課題となっています。その態様としても、店舗での直接のクレームのほか、コールセンターに対するクレームの電話など多岐に渡っています。

② 労災認定基準

　職場におけるメンタルヘルスを原因として精神障害を発病した場合、それが業務に起因するものであれば、労災認定を受けることができます。この点、厚労省では、「精神障害の認定基準」（平成23年12月26日基発1226号）を策定し、同認定基準で列挙されている具体的な出来事のいずれに該当するか、また、出来事ごとの心理的負荷の強度（強・中・弱）を検討する

371

ことで、精神障害の業務起因性の有無を判断する枠組みを設けています。顧客や取引先とのトラブルについては、同認定基準においても指摘されています。

　具体的には、同認定基準において、「顧客や取引先から無理な注文を受けた」、「顧客や取引先からクレームを受けた」という項目がそれぞれ具体的な出来事として挙げられています。そして、前者の項目では、「通常なら拒むことが明らかな注文（業績の著しい悪化が予想される注文、違法行為を内包する注文等）ではあるが、重要な顧客や取引先からのものであるためにこれを受け、他部門や別の取引先と困難な調整に当たった」場合は、心理的負荷が「強」と評価されると整理されています。同様に、後者の項目では、「顧客や取引先から重大なクレーム（大口の顧客等の喪失を招きかねないもの、会社の信用を著しく傷つけるもの等）を受け、その解消のために他部門や別の取引先と困難な調整に当たった」場合には、心理的負荷が「強」と評価されると整理されています。

　心理的負荷が「強」であると評価された場合には、労災認定要件を満たすと判断されます。このように、労災認定上も、顧客や取引先とのトラブルについては、精神疾患を発症させるに足りる心理的負荷を伴う可能性があると捉えられているのです。

③ カスハラに関する議論

　カスハラについては、平成30年3月30日に厚労省で取りまとめられた「職場のパワーハラスメント防止対策についての検討会報告書」においても取り上げられています。

　同報告書では、使用者には労働契約に伴って安全配慮義務があり、その内容は具体的状況によって異なるものの、一般的には、顧客や取引先など外部の者から著しい迷惑行為があった場合にも、事業者は労働者の心身の

健康も含めた生命、身体等の安全に配慮する必要がある場合があることを
考えることが重要であるとしたうえで、職場のパワーハラスメントと類似
性があるものとして整理されました。

　もっとも、①職場のパワーハラスメントと比べて実効性のある予防策を講
じることは一般的には困難な面がある、②顧客には就業規則など事業主がつ
かさどる規範の影響が及ばないため、対応に実効性が伴わない場合がある、
③顧客の要求に応じないことや、顧客に対して対応を要求することが事業の
妨げになる場合がある、④問題が取引先との商慣行に由来する場合には、事
業主ができる範囲での対応では解決につながらない場合がある、⑤接客や営
業、苦情相談窓口など顧客等への対応業務には、それ自体に顧客等からの一
定程度の注文やクレームへの対応が内在しているといった点において、職場
のパワーハラスメントとは相違があると指摘されていました。

　また、第2節で述べたとおり、セクハラ指針やマタハラ指針において、
事業主が雇用管理上講ずべきとされている措置の内容と照らした場合、「行
為者への対処方針・対処内容の就業規則等への規定」、「周知・啓発や、事
実関係の迅速・正確な確認」、「行為者に対する対応の適正な実施、再発防
止に向けた対応の実施」などの措置については、カスハラの行為者が事業
主の労働者ではないため、カスハラへの対応として事業主が取り組むこと
に一定の限界があるとも指摘されていました。

④ パワハラ指針における明記

　2019年5月に成立した改正労総施策法において、パワーハラスメント防
止に関する事業主の措置義務が設けられました。そして、同法では、事業
主が講ずべき措置等に関して、その適切かつ有効な実施を図るために必要
な指針を定め、公表することが規定され（同法30条の2第3項）、これに基
づいてパワハラ指針が定められました（詳細は第1節を参照）。

カスハラに関する前記のような議論を踏まえ、パワハラ指針において、カスハラに関する雇用管理上の配慮として事業主が行うことが望ましい取り組みが明記されました。具体的には、以下のとおりです。

①相談に応じ、適切に対応するために必要な体制の整備

　事業主は、他の事業主が雇用する労働者等からのパワーハラスメントや顧客等からの著しい迷惑行為に関する労働者からの相談に対し、その内容や状況に応じ適切かつ柔軟に対応するために必要な体制の整備として、㋐相談先（上司、職場内の担当者等）をあらかじめ定め、これを労働者に周知すること、㋑相談を受けた者が、相談に対し、その内容や状況に応じ適切に対応できるようにするといった取組みを行うことが望ましい。

　また、労働者が当該相談をしたことを理由として、解雇その他不利益な取扱いを行ってはならない旨を定め、労働者に周知・啓発することが望ましい。

②被害者への配慮のための取組み

　事業主は、相談者から事実関係を確認し、他の事業主が雇用する労働者等からのパワーハラスメントや顧客等からの著しい迷惑行為が認められた場合には、被害者のメンタルヘルス不調への相談対応や、著しい迷惑行為を行った者に対する対応が必要な場合に一人で対応させない等、速やかに被害者に対する配慮のための取組みを行うことが望ましい。

③カスハラによる被害を防止するための取組み

　事業主が、カスハラへの対応に関するマニュアルの作成や研修の実施等の取組みを行うことも有効であり、業種・業態等によりその被害の実態や必要な対応も異なると考えられることから、業種・業態等における被害の実態や業務の特性等を踏まえて、それぞれの状況に応じ

た必要な取組みを進めることも、被害の防止に当たっては効果的である。

5 企業の対応策

　カスハラといっても、顧客・取引先からの正当なクレーム（苦情）も存在するため、カスハラとして対応するか否かの判断にあたっては、正当なクレームとの区別が重要となります。企業としては、まずはクレームの内容を吟味し、正当な理由のない悪質なクレームに対しては、毅然とした対応をとる必要があります。従業員に土下座を強要する、会社の物品を壊す、店舗に居座って怒鳴り続ける、暴行・脅迫が行われるに至る場合には、刑法上の犯罪（強要罪、器物損壊罪、威力業務妨害罪、暴行罪、脅迫罪等）に該当する可能性もあり、警察との連携が必要になる場合もあるでしょう。

　労契法5条では、「使用者は、労働契約に伴い、労働者がその生命、身体等の安全を確保しつつ労働することができるよう、必要な配慮をするものとする」と定めており、会社の労働者に対する安全配慮義務を定めています。従業員との関係では、カスハラが発生していることを放置し、従業員が精神疾患等を患った場合、会社が安全配慮義務違反を理由とする損害賠償責任を問われる可能性もあるので注意が必要です。後述の川義事件（最判・昭59.4.10民集38巻6号557頁）のように、会社の直接の従業員以外の第三者との関係でも、安全配慮義務違反を問題としています。

　会社としては、従業員がカスハラを受けているにもかかわらず放置することは当然避けるべきですし、カスハラ行為に対する対応マニュアルなどを予め定め、社内研修等を実施すべきでしょう。とはいえ、前記の指針でも、雇用主にカスハラのマニュアルの策定や研修の実施を行うことが有効だと述べているものの、具体的な対応方法への言及はありません。厚労省では、令和3年度にカスハラに関する企業向けの対応マニュアルを策定す

る方針であり、接客での注意点や苦情処理の方法、従業員が被害を受けた場合の企業対応がまとめられる予定ですので（令和 2 年 10 月 18 日共同通信社）、今後の企業のカスハラ対応策の策定の参考とすべきです。

2 判決事例と企業の対応策

① 川義事件

〈最判・昭 59.4.10 民集 38 巻 6 号 557 頁〉

事案の概要

　Ｙ社において、宿職勤務中の従業員Ａが窃盗の意図を持って訪れた元従業員Ｂに殺害された事件について、Ａの両親がＹ社の安全配慮義務違反を主張して、損害賠償を求めた事例。

争　点

　Ｙ社の安全配慮義務違反の有無。

原告の主張

　使用者の義務には、労働場所や施設等から直接、間接に生ずる危険あるいは就労過程に付随する危険が労働者に及ばないように労働者の生命身体の安全につき配慮する義務をも含む。しかしながら、ＹはＡを含む宿直員に対し、戸締りを厳重にチェックせよと指示したのみで、宿直に当っての心得や、夜間の来客に対する具体的な応対の仕方等、宿直の要領を教えず、その他盗賊対策を何らとらなかった。

被告の主張

　Ｙは宿直員に対し戸締りを厳重にせよと指示していた。本件社屋の構造、設備からみると、戸締りさえ厳重にしておれば盗賊の侵入予防には万全であり、それを遵守しなかったＡに責任がある。Ｙは安全配慮義務を履行しているというべきである。また、Ｙは、本件事故を予見し得べき状況になかったので、具体的安全配慮義務の履行をしなかったとしても、それはＹの責に帰すべき事由によるものではない。

1. 雇用契約は、労働者の労務提供と使用者の報酬支払をその基本内容とする双務有償契約であるが、通常の場合、労働者は、使用者の指定した場所に配置され、使用者の供給する設備、器具等を用いて労務の提供を行うものであるから、使用者は、右の報酬支払義務にとどまらず、労働者が労務提供のため設置する場所、設備もしくは器具等を使用し又は使用者の指示のもとに労務を提供する過程において、労働者の生命及び身体等を危険から保護するよう配慮すべき義務（以下、「安全配慮義務」という）を負っているものと解するのが相当である。

   Y社は、A一人に対し午前9時から24時間の宿直勤務を命じたのであるから、宿直勤務の場所である本件社屋内に、宿直勤務中に盗賊等が容易に侵入できないような物的設備を施し、かつ、万一盗賊が侵入した場合は盗賊から加えられるかも知れない危害を免れることができるような物的施設を設けるとともに、これら物的施設等を十分に整備することが困難であるときは、宿直員を増員するとか宿直員に対する安全教育を十分に行うなどし、もって右物的施設等と相まって労働者たるAの生命、身体等に危険が及ばないように配慮する義務があったものと解すべきである。

2. Y社の本件社屋には、昼夜高価な商品が多数かつ開放的に陳列、保管されていて、休日又は夜間には盗賊が侵入するおそれがあったのみならず、当時、Y社では現に商品の紛失事故や盗難が発生したり、不審な電話がしばしばかかってきていたというのであり、しかも侵入した盗賊が宿直員に発見されたような場合には宿直員に危害を加えることも十分予見することができたにもかかわらず、Y社では、盗賊侵入防止のためののぞき窓、インターホン、防犯チェーン等の物的設備や侵入した盗賊から危害を免れるために役立つ防犯ベル等の物的設備を施さず、また、盗

難等の危険を考慮して休日又は夜間の宿直員を新入社員一人としないで適宜増員するとか宿直員に対し十分な安全教育を施すなどの措置を講じていなかったというのであるから、Y社には、Aに対する安全配慮義務の不履行があったものといわなければならない。

結論

Y社に安全配慮義務違反があったとして、Y社の損害賠償責任を認めた。

判例からひもとく！留意点とポイント

顧客や取引先を行為者とし、同人からの迷惑行為を内容とするカスハラの典型例とは異なりますが、使用者の直接の労働者ではない第三者を行為者とする点では、カスハラ事例と共通します（本事件の行為者は会社の元従業員でした）。

本件において、使用者の安全配慮義務とされたのぞき窓、インターホン、防犯チェーン等の盗賊防止のための物的設備、宿直員の増員などの措置は、一般的な防犯の類の義務です。安衛法によって、（例えば、転落防止措置などの）作業環境などに関しては、使用者が負うべき義務として定められていますが、労働契約に基づく付随義務である安全配慮義務は、より広いものだと解されます。

本件は、事案としてやや特異であったといえますが、判例は、盗賊の侵入防止および危害防止のための物的施設の設置のみならず、それらを十分に整備することが困難な場合は、宿直員の増員や十分な安全教育の実施等、物的施設と相まって労働者の生命・身体等に危険が及ばないように配慮する義務を負うとして、安全配慮義務の内容を広く捉えている点が注目されます。いわゆるカスハラの事例においても、労働者の職種や業務内容など安全配慮義務が問題となる具体的状況に照らしつつ、労働者に対するハラ

スメントが及ばないよう、使用者が配慮すべき具体的義務の内容が検討されることになるでしょう。

参照条文等

民法 415 条

② 佐賀県農業協同組合事件

〈佐賀地判・平30.12.25 労働判例ジャーナル86号42頁〉

事案の概要

農業協同組合Yの職員であるXが、Yの組合員による研修旅行に随行した際、Yの組合員で構成され、自主的な組織である部会の長であったAからわいせつ行為を受けたため、心的外傷後ストレス障害（PTSD）を発症したとして、Yに対し、債務不履行（安全配慮義務違反）に基づく損害賠償を求めた事例。

争点

Yの安全配慮義務違反の有無。

原告の主張

Xは、以前から、Yの組合員からセクハラを受けており、その都度、上司に報告・相談していた。したがって、Yには、本件事件について予見可能性があった。そもそも、研修は農業生産の振興のために行っているのであり、性的接待は不要である。また、Yは、女性であるXが営農指導員となった時点で、また、Xが被害の相談をした時点で、生産者への性的接待をやめるべきであった。少なくとも、女性であるXについては、随行員から外す配慮が必要であったにもかかわらず、これをしなかった（事前防止義務違反）。

Yは、事後的な措置として、事実関係の把握、被害者に対する配慮、行為者に対する措置、再発防止措置といった措置を講ずる義務があったにもかかわらず、コンプライアンス委員会からAへの聞き取り要請はなく、Yからセクハラ防止のための改善措置を講じたという連絡もない等、必要な措置を講じなかった（事後措置義務違反）。

　本件事件は、部会の懇親会とは関係のない突発的かつ個人的な犯行であり、Yには予見可能性がないから、安全配慮義務違反（事前防止義務違反）の責任を負わない。

　また、Yは、Xの心身に配慮して、事務職への配置転換を行い、有給休暇が取得できないXに10日間の特別休暇を付与するなど、事後措置義務違反の事実も認められない。

判例要旨

1.　事前防止義務違反

　安全配慮義務が肯定されるためには、使用者に予見可能性があることが前提となるところ、Yの予見可能性を基礎付ける出来事としてXが主張するのは、Y組合員が、以前から、部会の研修旅行中に昼間から飲酒の上、移動のバスの中でXの脚を触り、背後からXに抱き付いて胸に手を当てた、全裸でサービスをするコンパニオンを懇親会に呼んだというものである。

　しかしながら、上記の出来事に係る行為者は、いずれもAではないし、Aが、本件事件より前に、Xに対しわいせつな行為をした事実も認められない。Aの行為は、好意を抱いていた女性の部屋で、深夜2人きりになったことを奇貨として及んだわいせつ行為であり、営農指導員としての業務の遂行に内在又は随伴する危険が現実化したものと評価することは困難である。したがって、Xが主張する出来事が本件事件を予見させるものであったとは認められず、本件事件について、Yに予見可能性があったということはできない。

2.　事後措置義務違反

(1)　セクハラ指針が定める措置義務は、事業主に課された公法上の義務であって、事業主が労働者に対して負う私法契約上の義務ではなく、その

内容は、直ちに労働契約上の安全配慮義務の内容を示すものではない
し、その違反があれば労働契約上の債務不履行となるというわけでもな
い。

　また、Aは、Yの組合員であって、職員ではない。農業協同組合の組
合員は、就業規則など事業主がつかさどる規範の影響が及ぶ者ではな
い。職員以外の行為について実効性のある防止策を講ずることは、行為
者が事業主、上司、同僚等である場合に比べて、一般的には困難な面が
あるし、対応に実効性が伴わない場合もあるといえる。したがって、事
業主、上司、同僚等ではない者に対し、事実関係の確認・行為者に対す
る措置・再発防止措置を講ずることについては、事業主が取り組むこと
に一定の限界があると考えられる。以上の点からすれば、セクハラ指針
が定める措置義務の内容を、そのまま本件におけるYの安全配慮義務の
内容とみることは困難である。もっとも、本件指針が定める措置義務の
内容は、本件でも参考にすることができるといえる。

(2)　Xは、本件事件の直後、複数の上司に対し本件事件について説明し、
当該上司から報告を受けた部長は、Aから事情聴取を試み、Xの同僚か
らも話を聞いている。Yは、本件事件の発生を把握した後、（職員でない
Aに懲戒処分等をすることはできないものの）直ちにXとAの間を取り持っ
て、謝罪の場としてホテルの一室を用意し、Aに謝罪をさせた。Xの復
職に当たっては、Xの希望を考慮するとともに、主治医とも面談して指
導を受けながら、配置転換、業務軽減等をするなどの配慮をした。

　また、本件事件後、Yは、酒席での節度ある行動を呼びかける旨の文
書を作成・回覧し、女性職員の酒席を伴う会議等への出席の範囲を限定
する基準を作成するといった措置を講じ、Yの女性職員は、男性のみに
よる宿泊を伴う研修旅行に随行していない。

　Xは、懇親会にコンパニオンを呼ぶこと自体をやめるべきであるとい

うが、研修旅行・懇親会の内容について決定するのは部会自身であり、コンパニオンを呼ばない等の懇親会に係る監督・指示・決定の権限がYにあるとは認められない。Yの職員は、部会の研修旅行に随行するにすぎないから、随行を要しないとすることは、再発防止に向けた措置として、より現実的なものというべきである。

　以上から、Yに事後措置義務違反があったとはいえない。

結論

　Xの請求を棄却した。

判例からひもとく！留意点とポイント

　本件は、Yの職員ではないAが行ったセクハラに関する事例であって、カスハラの事例として位置付けることができます。Xはセクハラ指針の内容に照らしつつ、Yの安全配慮義務違反を主張しましたが、結論として請求が棄却されています。

　判旨では、加害者が会社の職員ではないことに鑑みて、就業規則などの規範の影響が及ばず、実効性のある防止策を講じることが困難であること、事実関係の確認や行為者に対する措置・再発防止措置について一定の限界があるとして、カスハラ一般にいえる問題意識を示しながらも、指針を参考に安全配慮義務の内容を検討しており、実務上も参考になります。

　もっとも、控訴審判決（福岡高判・令和元.6.19労旬1954号55頁）では、Xの請求を棄却した第1審判決を変更し、コンパニオンが性的な接待をする懇親会に出席させられたことについて違法性を認め、Yに55万円の支払いを命じました。ただし、Xの請求金額が600万円（第1審では2,440万円）であったことに鑑みると、認容された金額は低額にとどまっています。

　とはいえ、企業のレピュテーションリスクを考慮すれば、認容金額にか

かわらず、こうした事態が生じないようにすべきことは言うまでもありません。また、本件第1審では、女性単独での随行を不要とすることで、再発防止に向けた事後措置としては現実的だとしていますが、行為者に対する懲戒処分等が不可能なカスハラ事例においては、講じ得る措置が限定的とならざるを得ない難しさを示しているといえます。

　企業としては、まずは事前防止措置を十分に講じることが重要であり、積極的に顧客・取引先からのハラスメントがないか調査を行うことはもちろん、労働者が相談・報告をしやすい環境を構築し、相談・報告があった場合には、迅速かつ適切な配慮措置を講じることが重要であるといえるでしょう。

参照条文等

民法 415 条

❸ 医療法人社団こうかん会（日本鋼管病院）事件

〈東京地判・平 25.2.19 労判 1073 号 26 頁〉

事案の概要

> 医療法人社団Yが経営するY病院の看護師であったXが、業務中に入院患者からの暴力により傷害を受けて休職し（第1事故）、復職後にも、入院患者の食事介助中に入院患者から暴力を振るわれたとして（第2事故）、医師により適応障害の診断を受け、就労が困難な状況に至って休職していたところ、Yから休職期間満了による解雇通告を受けた事例。Xは、上記2件の事故に遭ったことにつき、いずれもYに雇用契約上の安全配慮義務違反があると主張して、Yに対し、債務不履行に基づく損害賠償を請求するとともに、Xの上記適応障害が業務上の傷病であることから、Yによる本件解雇は労基法19条に違反するもので無効であるとして、解雇後の賃金を請求した。

争点

　第1事故に関するYの安全配慮義務違反の有無、第2事故に関するYの安全配慮義務違反の有無、Xの解雇の有効性など。

原告の主張

　Xは、日勤勤務からの申し送りにおいて、過去に大声で叫んだり暴れたりしたことがあった患者につき、再び暴れる可能性があることなどについては何も引き継ぎを受けていなかった。Yにおいては、事故発生時に、患者による病院職員への暴力について病院全体で話し合われたこともなければ、安全管理対策マニュアルも作成されていないなど、何ら具体的な措置が採られておらず、Yの安全確保体制の不備は明白である。

　また、Yは、第1事故から職場復帰したXについて、第1事故と同じよ

うな事故の起こる可能性のある病棟勤務で患者に対応する業務に従事させた。そして、第2事故については、Yは、Xの同僚らに対し、Xが第1事故に被災したこととそれにより就労できる業務に制限があることを説明していなかったため、同僚看護師から患者への食事介助の業務を指示され、第1事故と同じように患者からの暴力に遭遇したものである。

次に、本件解雇は、業務上の傷病によるXの療養中になされたもので、労基法19条1項により無効である。すなわち、第2事故において、Xは、患者から拳骨で殴られそうになるなどの暴行を受け、第1事故の時の恐怖感がよみがえり、不眠とフラッシュバックが続き、Y病院方面に向かう電車に乗るだけで猛烈な不安感に襲われるようになり、適応障害と診断されたものであることから、本件適応障害が業務上の傷病であることは明らかである。

被告の主張

第1事故に係る患者について、入院が今回初めてであることや高齢であることから、転倒事故や不穏になることも考えられる旨を看護記録に記載し、Xも含めた準夜勤の看護師に対し申し送りを行っている。また、当該患者は、Y病院に初めて入院したことからすれば、同人がその時点で看護師に危害を及ぼすような行動をとることは予測できず、Yに当該患者が暴行を行う可能性があることを引き継ぐべき注意義務は存しない。仮にYに安全配慮義務違反があるとしても、当該安全配慮義務違反とXが傷害を負った事実との間には因果関係がない。

第2事故発生に関しても、Yは、Xの要望を聞いて配属先を検討し、最終的にXの了解の下に当該病棟に配属していたものであるから、安全配慮義務違反は存しない。

本件解雇に関しては、本件適応障害は業務上の傷病に当たらないから、労基法19条1項の解雇制限に抵触するものではなく、有効である。

1. 第1事故の安全配慮義務違反

　　Yの第5北病棟においては、看護師がせん妄状態、認知症等により不穏な状態にある入院患者から暴行を受けることはごく日常的な事態であったということができる。入院患者中にかような不穏な状態になる者がいることもやむを得ない面があり、完全にこのような入院患者による暴力行為を回避、根絶することは不可能であるといえるが、事柄が看護師の身体、最悪の場合生命の危険に関わる可能性もあるものである以上、Yとしては、看護師の身体に危害が及ぶことを回避すべく最善を尽くすべき義務があったというべきである。したがって、Yとしては、そのような不穏な患者による暴力行為があり得ることを前提に、看護師全員に対し、ナースコールが鳴った際、患者が看護師を呼んでいることのみを想定するのではなく看護師が患者から暴力を受けている可能性があるということをも念頭に置き、自己が担当する部屋からのナースコールでなかったとしても、直ちに応援に駆けつけることを周知徹底すべき注意義務を負っていたというべきである。

　　しかるに、第1事故の当時、Yは、このような義務を怠った結果、暴行を受けたXがナースコールを押しているにもかかわらず、他の看護師2名は直ちに駆けつけることなく、その対応が遅れた結果、Xに傷害ないし後遺障害を負わせる結果を招いたものであって、この点で、Yには、Xに対する安全配慮義務違反があったといわざるを得ない。

2. 第2事故の安全配慮義務違反

　　第1事故にみられるように、病院内で不穏な患者による暴力が日常的に起こっているという状況下において、看護師が患者から暴力を振るわれることにより傷害を負うということ自体は一般的に予見可能であるということができるが、同じ状況下であっても、患者から暴力を振るわれ

たことによる心理的負荷を原因として精神障害を発症するということが当然に予見可能であるということはできないから、本件の事実関係の下で、Xの適応障害発症について、Yに予見可能性があったということはできない。

　このように、Xを病棟勤務としたこと自体が、Yの安全配慮義務違反であるということはできない。そして、病棟勤務となれば、いずれは何らかの形で入院患者と接することが不可避というべきであるところ、Y病院側としては、復職後、Xの勤務状況を観察しつつ、徐々にXに依頼する業務を増やしていき、その中で入院患者に対する食事介助を依頼したという経緯があるのであるから、Xの心情にかんがみ、それなりに慎重に対応していたということができる。したがって、Y病院側が、同僚看護師らに対し、Xについて就労可能な業務が限定されている旨伝えていなかったことをもって、Yの安全配慮義務違反があるということはできない。

　①第2事故の態様は、Xが腕を掴まれたほかは、実際に殴られたわけではない上、患者とのやりとりはごく短時間に止まるもので、第1事故とは明らかにその暴行の程度や態様において異なるといわざるを得ないことや、②同事故の直後、Xが通常どおり業務をこなし、周囲の者もその事故の存在に気付かないような状況であったこと、③Xが、第2事故当日、同事件について上司に報告をせず、初めて報告したのが2日後の同月10日になってからであったことなどを考慮すれば、第2事故は、第1事故の後遺障害が残る状況下で発生したものではあるものの、客観的にみて、これが精神障害発症の引き金になるほど、重度の心理的負荷をもたらす内容のものであったとは認め難い。

　したがって、Xの適応障害とX主張にかかる安全配慮義務違反に該当する事実との間に、相当因果関係があるということもできない。

3. 解雇の有効性

　業務の危険性の判断は、当該労働者と同種の平均的労働者、すなわち、何らかの個体側の脆弱性を有しながらも、当該労働者と職種、職場における立場、経験等の点で同種の者であって、特段の勤務軽減まで必要とせずに通常業務を遂行することができる者を基準とし、このような意味の平均的労働者にとって、当該労働者の置かれた具体的状況における心理的負荷が一般に精神障害を発病させる危険性を有し、当該業務による負荷が他の業務以外の要因に比して相対的に有力な要因となって当該精神障害を発病させたと認められれば、業務と精神障害発病との間に相当因果関係が認められると解するのが相当である。

　これを本件についてみるに、第2事故については、第1事故の後遺障害が残る状況下で発生したものではあるものの、客観的にみて、これが精神障害発症の引き金になるほどの重度の心理的負荷をもたらすものであったとは認め難いし、復帰後の配属先を第2北病棟としたことについても、それによりXが多大な心理的負荷を受けていたと認めることはできない。

　したがって、Xが主張する各事象については、平均的労働者にとって精神障害を発症させる危険性のある心理的負荷をもたらすものであったと認めることはできないから、Xの従事していた業務と適応障害発症との間に、相当因果関係を認めることはできない。

　以上のとおり、Xの適応障害が、労基法19条1項の「業務上」の傷病であると認めることはできないから、休職期間満了を理由としてなされた本件解雇は有効と認められる。

結論

　Xの休職期間満了を理由とする本件解雇は有効としたが、第1事故に関

する限りでYの安全配慮義務違反を認め、Xに対する損害賠償義務を認めた。

判例からひもとく！留意点とポイント

　本判決では、第1事故について、安全配慮義務違反を認め、第2事故については同義務違反を否定しています。本事例では、認知症などにより不穏な状態にある患者の対応をしていたという、やや特殊事案ではありますが、「看護師が患者から暴力を受けている可能性があるということをも念頭に置き、自己が担当する部屋からのナースコールでなかったとしても、直ちに応援に駆けつけることを周知徹底すべき注意義務を負っていた」と具体的な使用者の注意義務が認定されています。こうした判示は、第三者（顧客や取引先など）との関係で危険・問題が生じやすい業務における、事前のマニュアル作成や研修実施の重要性を示しているといえます。

　企業としては、カスハラが頻発している業務は存在しないか、仮にそのような業務が存在しているのであれば、安全配慮義務の観点から、当該危険を排除するよう努めるとともに、どのような対処をすべきか、マニュアルや研修などで社員に周知しておくことが肝要です。

参照条文等

　民法415条、労基法19条1項、民法623条、労契法5条
（弁護士：織田 康嗣）

執筆者代表

岩出 誠（弁護士／ロア・ユナイテッド法律事務所代表パートナー）

略歴　昭和44年　都立日比谷高校卒業

　　　昭和48年　千葉大学人文学部法経学科法律専攻卒業

　　　　　　　　東京大学大学院法学政治研究科入学（労働法専攻）／司法試験
　　　　　　　　合格

　　　　　50年　同研究科を修了

　　　　　50年　司法研修所入所

　　　　　52年　同所修了

　　　　　61年　岩出綜合法律事務所を開設

　　　平成 8 年　千葉県女性センター運営委員に就任

　　　　　10年　柏市男女共同参画推進審議会会長就任（～平成14年3月）／東京
　　　　　　　　簡易裁判所調停委員に就任

　　　　　13年　厚生労働省労働政策審議会労働条件分科会公益代表委員に就任
　　　　　　　　（～平成19年 4 月）／ロア・ユナイテッド法律事務所に改組

　　　　　17年　青山学院大学大学院ビジネス法務専攻講師（労働法）に就任

　　　　　18年　首都大学東京（現：東京都立大学）法科大学院（労働法）講師
　　　　　　　　（現任）、青山学院大学客員教授に各就任（～平成30年3月）

　　　　　19年　千葉大学法科大学院講師（労働法）に就任
　　　　　　　　人事院職員福祉局補償課精神疾患等認定基準研究会委員に就任

　　　　　20年　千葉大学法科大学客員教授に就任（～平成29年 3 月）

　　　　　22年　東京地方裁判所調停委員に就任／厚生労働省「外ぼう障害に係
　　　　　　　　る障害等級の見直しに関する専門検討会」専門委員就任

　　　　　30年　明治学院大学客員教授に就任

◆主な著書・論文

〈著作〉「注釈労働組合法」（上下）（共著、有斐閣）、「第3版・労使関係の法律相談」（共
著、有斐閣）、「注釈労働時間法」（共著、有斐閣）、「注釈労働基準法」（上・下）（共著、

有斐閣）、「労働法実務大系」第2版（民事法研究会）、「実務労働法講義」第3版上・下巻（民事法研究会）、「新型コロナ対応人事・労務の実務Q＆A─災害・感染症から日常のリスクマネジメントまで」（編著、民事法研究会）、「労働契約法のしくみと企業対応Q＆A　1冊でわかる新たな雇用ルール」（共著、ぎょうせい）」、『労災民事賠償マニュアル　申請、認定から訴訟まで』（ぎょうせい）、「論点・争点　現代労働法」改訂増補版（編著、民事法研究会）、「判例にみる労務トラブル解決のための方法・文例」（編著、中央経済社）、「会社と社員の法律相談（岩出誠ほか編著、学陽書房）、「働く人のための法律相談」（編著、青林書院）、「改正労働法への対応と就業規則改訂の実務」（日本法令）、「労働事件実務マニュアル」（編著、ぎょうせい）、「会社分割における労働契約承継法の実務Q＆A」（共著、日本法令）、「雇用機会均等法・育児介護休業法」（共著、中央経済社）、「労基法・派遣法の改正点と企業の実務対応」（日本法令）、「詳解・労基法改正点と企業実務のすべて」（日本法令）、「社員の健康管理と使用者責任」（労働調査会）、「人材ビジネスの法務」（編著、第一法規）、「職場のトラブル解決の手引き」（共著、日本労働研究機構・改訂）、「労働安全衛生法・労災保険法等の改正点と企業の実務対応」（日本法令）、「労働契約法・改正労基法の個別的論点整理と企業の実務対応」（日本法令）、「労働契約法って何？（共著、労務行政）、「Q&A労働契約法・パートタイム労働法等の要点」（共著、新日本法規）、「変貌する労働と社会システム」（共著、信山社、所収「『過労死・過労自殺』等に対する企業責任と労災上積み補償制度」外多数

〈論文〉「従業員の健康管理をめぐる法的諸問題」日本労働研究雑誌441号12頁／「雇用・就職情報誌への法的規制をめぐる諸問題」ジュリスト850号82頁、「脳・心臓疾患等の労災認定基準改正の与える影響」ジュリスト1069号47頁、「パワハラによる自殺と企業の賠償責任」（ダイバーシティ21　2010/秋　第2号12頁）、「派遣元・派遣先に求められる実務対応」（単著、ビジネスロー・ジャーナル平成22年8月、29号38頁）、「会社分割に伴う労働契約承継手続と同手続違反の効果」─日本アイ・ビー・エム事件─（商事法務1915号4頁）、「偽装請負的態様で就労中の派遣労働者の過労自殺と企業責任」ジュリスト1414号252頁外多数

執筆者

中野 博和（なかの ひろかず）

弁護士（ロア・ユナイテッド法律事務所）

中央大学法学部卒業、中央大学法科大学院修了。2018年弁護士登録（東京弁護士会）。東京弁護士会労働法制特別委員会委員。

主な著書・論文等に、『労災の法律相談』（共著、青林書院）、『新・労働法実務相談〔第3版〕』（共著、労務行政研究所）、『新労働事件実務マニュアル〔第5版〕』（共著、ぎょうせい）、『2020年版 年間労働判例命令要旨集』（共著、労務行政研究所）のほか、「労政時報」等専門誌への寄稿多数。

織田 康嗣（おだ やすつぐ）

弁護士（ロア・ユナイテッド法律事務所）

中央大学法学部卒業、中央大学法科大学院修了。東京弁護士会労働法制特別委員会幹事。

主な著書に『最新整理 働き方改革関連法と省令・ガイドラインの解説』（共著、日本加除出版）、『労災の法律相談』（共著、青林書院）、『新労働事件実務マニュアル（第5版）』（共著、ぎょうせい）、『新・労働法実務相談（第3版）』（共著、労務行政研究所）、『労働契約法のしくみと企業対応Q&A』（共著、ぎょうせい）のほか、「労政時報」等専門誌への寄稿多数。

岩楯 めぐみ（いわだて めぐみ）

特定社会保険労務士（社会保険労務士事務所岩楯人事労務コンサルティング代表）

2015年9月よりロア・ユナイテッド法律事務所の客員特定社会保険労務士。

主な著書に『企業再編・組織再編 実践入門』（共著、日本実業出版社）、『実務Q&Aシリーズ募集・採用・内定・入社・試用期間』（共著、労務行政研究所）、『アルバイト・パートのトラブル相談Q&A─基礎知識から具体的解決策まで─』（共著、民事法研究会）、『最新整理 働き方改革関連法と省令・ガイドラインの解説』（共著、日本加除出版）、『労災の法律相談』（共著、青林書院）などがある。

（執筆順、所属・肩書は本書発刊時）

判例解釈でひもとく
働き方改革関連法と企業対応策

2021年4月12日　発行

編著者　　岩出 誠 ⓒ

発行者　　小泉 定裕

発行所　　株式会社 清文社

東京都千代田区内神田1-6-6（MIFビル）
〒101-0047　電話 03(6273)7946　FAX 03(3518)0299
大阪市北区天神橋2丁目北2-6（大和南森町ビル）
〒530-0041　電話 06(6135)4050　FAX 06(6135)4059
URL https://www.skattsei.co.jp/

印刷：大村印刷㈱

ISBN978-4-433-75461-7